"一带一路"倡议
对中国价值链重构的影响研究

赵景瑞 著

中国财经出版传媒集团

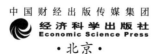

经济科学出版社
Economic Science Press

·北京·

图书在版编目（CIP）数据

"一带一路"倡议对中国价值链重构的影响研究/
赵景瑞著 . －－北京：经济科学出版社，2024.1
ISBN 978 - 7 - 5218 - 5506 - 7

Ⅰ.①一… Ⅱ.①赵… Ⅲ.①"一带一路"－影响－
中国经济－经济发展－研究 Ⅳ.①F124

中国国家版本馆 CIP 数据核字（2024）第 008760 号

责任编辑：李 雪 袁 溦
责任校对：刘 昕
责任印制：邱 天

"一带一路"倡议对中国价值链重构的影响研究

"YIDAI YILU" CHANGYI DUI ZHONGGUO JIAZHILIAN
CHONGGOU DE YINGXIANG YANJIU

赵景瑞 著

经济科学出版社出版、发行 新华书店经销
社址：北京市海淀区阜成路甲 28 号 邮编：100142
总编部电话：010 - 88191217 发行部电话：010 - 88191522
网址：www. esp. com. cn
电子邮箱：esp@ esp. com. cn
天猫网店：经济科学出版社旗舰店
网址：http://jjkxcbs. tmall. com
固安华明印业有限公司印装
710 × 1000 16 开 17 印张 220000 字
2024 年 1 月第 1 版 2024 年 1 月第 1 次印刷
ISBN 978 - 7 - 5218 - 5506 - 7 定价：86.00 元
（图书出现印装问题，本社负责调换。电话：010 - 88191545）
（版权所有 侵权必究 打击盗版 举报热线：010 - 88191661
QQ：2242791300 营销中心电话：010 - 88191537
电子邮箱：dbts@ esp. com. cn）

前　　言

科学技术进步、贸易成本持续下降以及各类贸易壁垒削减加速了以全球化分工为代表的全球价值链（global value chains，GVC）生产模式的兴起。中国凭借人口红利、充裕的资源禀赋和广阔的潜在市场积极融入发达国家主导的全球分工体系，并有效地推动了中国经济增长与产业结构的转型升级。然而，随着全球分工内在不平衡加剧，现有的全球价值链分工体系逐渐暴露出分工固化、收益分配不均衡、发展中国家难以获取平等的发展机会等问题，各国纷纷呼吁重构全球价值链以实现公平发展。中国当前同样面临着陷入"低端嵌入"和"低端锁定"的风险，因而通过价值链重构以优化自身的全球价值链参与、推动价值链升级就成为中国化解当前嵌入全球分工过程中面临的一系列问题的重要路径。而"一带一路"倡议作为中国倡议的国家间合作平台与顶层对话机制，被普遍认为有助于推动全球范围内的价值链重构进程，促进中国与共建国家实现公平发展。在此背景下，以中国价值链重构为视角，从理论和实证两方面探讨"一带一路"倡议能否有效推动中国价值链重构，进而助推中国的全球价值链参与度、分工位置的改善就成为亟待解决的重要问题。

据此，本书系统梳理了关于全球价值链重构以及"一带一路"倡议与中国价值链领域的相关文献。全书遵循"理论分析—现状描述—

实证检验"的思路。在理论分析部分首先创新性地从产业关联的角度规范了特定国家价值链重构的基础性内容,区分了特定国家价值链重构的产业关联层和重构效应层。其后从理论演绎的角度剖析了"一带一路"倡议对中国价值链重构的影响以及由此引致重构效应,即中国的全球价值链参与度与分工位置的变化,从而构建起从政策冲击到现实影响进而到重构结果的理论分析框架。在现状描述部分,基于全球价值链分解框架,刻画了2007~2020年中国价值链重构的演进历程以及中国嵌入全球价值链分工的基本特征。进入实证检验部分,结合多时点双重差分模型,实证检验了"一带一路"倡议对中国价值链重构的政策效应。作为"一带一路"倡议推动中国价值链重构的必然结果,基于产业关联所表征的中国价值链重构必然会引致中国全球价值链参与度与分工位置的变化,即产生重构效应。为此本书沿价值链重构的议题纵向延伸,就"一带一路"倡议推动中国价值链重构后是否有助于中国的全球价值链参与度、分工位置优化展开进一步实证检验,从而全面呈现"一带一路"倡议对中国价值链重构的影响。具体而言,经过系统研究,本书的主要研究结论如下:

归纳了"一带一路"倡议与中国价值链重构的演进趋势。"一带一路"倡议作为中国提出的国家间合作平台与顶层对话机制,自提出以来得到了多个国家的积极响应,并已经在政治互通、设施联通、贸易畅通、资金融通以及民心相通等领域取得了一定的进展。就中国价值链重构的具体演进趋势而言:第一,中国同各国间的价值链重构指数整体呈下降趋势,中国总产出中对于增加值进出口所反映的跨国产业关联的依赖性下降、内循环属性显著增强是造成这一现象的主要原因。第二,以"一带一路"倡议逐步扩大的2016年为拐点,在此之前中国同共建国家间的价值链重构指数持续下降,在此之后中国同共

建国家间的价值链前向和后向重构指数均有所上升。第三，相较于
"一带一路"共建国家，显然非"一带一路"国家在中国价值链前向
和后向重构进程中的占比更高。但是随着非"一带一路"国家与中国
价值链重构的发展潜力下降以及"一带一路"倡议的深入推进，共建
国家在中国价值链重构进程中的相对重要性有了明显提升。第四，从
重构方式来看，后向重构视角下，中国同各国间的价值链重构仍然主要
通过中间产品的方式实现。而在前向重构视角下，中国同非"一带一
路"国家间的价值链前向重构进程以最终产品为主要形式，而在中国
同共建国家的前向重构进程中，显然中间产品发挥了更加重要的作用。

刻画了中国参与全球价值链分工的基本特征。针对中国参与全球
价值链分工过程中参与度与分工位置等特征的测度和分析结果表明，
后向为主的嵌入方式仍然是中国参与国际分工的典型特征，中国长期
处在全球价值链分工中下游环节的基本现状没有得到根本性转变。就
动态演进趋势来看，中国国家层面的全球价值链前向和后向参与度在
本书的考察期内均呈现下降趋势，中国经济增长动能转换、出口转型
升级、外部冲击的影响以及中国国内价值链的发展和完善是造成这一
现象的主要原因。但是在 2014 年后，得益于中国价值链升级步伐加
快，中国部分制造业已经逐步向美国、德国和日本所处的分工环节靠
拢。服务业则以 2012 年左右为拐点，在拐点之前中国服务业在全球
价值链中的分工位置持续下降，在拐点之后中国服务业开始向全球价
值链分工的上游环节延伸。

验证了"一带一路"倡议对中国价值链重构的积极意义。在实证
检验部分，立足于"一带一路"倡议对中国价值链重构以及优化中国
全球价值链参与特征的重要意义，本书基于多时点双重差分模型就
"一带一路"倡议对中国价值链重构的政策影响展开实证检验。研究

结果表明，"一带一路"倡议在贸易畅通、设施联通的中介作用下，有效促进了中国同共建国家间前向和后向产业关联的提升，推动了中国同共建国家之间的价值链重构进程。行业异质性视角下，中国同共建国家之间的价值链重构更多地表现为优势产业的互补。而在"一带一路"倡议框架下开展更多深层次的合作显然更加有助于"一带一路"倡议促进中国同共建国家之间的价值链重构进程。

论证了"一带一路"倡议促进中国价值链重构进而优化中国全球价值链参与特征的正面意义。针对"一带一路"倡议推动中国价值链重构进程所产生的重构效应，本书沿纵向延伸的思路就这一问题展开了实证检验。结果表明：中国同共建国家之间的价值链重构进程对中国的全球价值链后向参与度的影响未通过显著性检验，出现这一现象的核心原因在于"一带一路"倡议框架下的"五通"建设在一定程度上推进了中国同共建国家间的定向贸易自由化。中国在扩大从共建国家进口中间产品的同时在一定程度上挤出了来自非"一带一路"国家的同类产品，从而在丰富上游供应商的同时避免了中国生产对于国外进口中间产品的过度依赖。与此同时，贸易自由化推动的贸易创造效应使得"一带一路"倡议所推动的中国同共建国家间的价值链前向重构主要通过增量实现，从而有效提升了中国的全球价值链前向参与度，客观上助推了中国价值链升级进程。基于重构效应的另一个维度，即全球价值链分工位置视角的实证结果表明，"一带一路"倡议所推动的中国同共建国家间的价值链重构进程无论是在前向视角还是后向视角上，均有助于中国在全球价值链分工中位置的提升。"一带一路"倡议引致的规模经济效应以及强化中国的比较优势是其得以实现的内在机制。

赵景瑞

2024 年 1 月

目　　录

绪　　论

1.1　研究背景与研究意义

1.1.1　研究背景

（1）全球价值链的兴起为中国带来全新的发展机遇

20 世纪以来，随着科学技术进步、贸易成本持续下降以及各类贸易壁垒的削减，全球范围内分工细化所催生的全球价值链（global value chains）生产模式逐渐兴起。在全球价值链生产模式下，资本、技术、劳动力以及中间产品等生产要素跨国流动，产品或服务的全产业链条按照不同生产阶段被"切割"为多个相互独立而又紧密关联的生产环节，企业出于利润最大化的目的将自身所从事的生产环节分散在不同国家，以求最大限度地利用各个地区的要素禀赋和比较优势。作为全球范围内分工细化的必然结果，全球价值链生产模式的兴起深刻改变了国际贸易和分工体系。中间产品在不同国家间流转使得产品的国别属性逐渐模糊，取而代之的是附加于生产环节上增加值的国际流动和分配。同时，不同生产阶段之间的专业化分工更为明确，各国根据自身的要素禀赋和比较优势嵌入全球价值链的不同环节，直接导致各个国家间所从事的分工职能与获利的巨大差异。全球价值链兴起所引发的变革也为新兴经济体的发展提供了全新机遇，"碎片化"生产加速了东道国创新能力的提升和经济结构转型，中国正是这一模式的主要推动者和受益者之一（Ernst，2008；Kergroach，2019）。

20世纪90年代开始，中国依托充裕的劳动力要素和广阔的潜在市场积极融入全球分工体系，逐渐取得了"世界工厂"的地位（Ge et al.，2018；Shen & Zheng，2020）。积极参与全球价值链分工不仅为中国创造了大量就业机会，同时借助广阔的国际市场，中国得以在加工、制造等生产性环节形成比较优势，并有效地推动了中国经济增长与产业结构的转型升级。经过多年的发展，从生产的绝对体量来看，中国已经跃居世界第一大工业国，工业总产值占世界的三分之一以上（易宇和周观平，2021）。以装备制造业、电子与光学设备制造业为代表的高端制造占国民经济的比重不断上升，传统制造业转型升级步伐明显加快，产业结构得到进一步优化（杨合湘和李天健，2019）。在外贸领域，中国进出口总额持续增长，常年稳居全球第一大货物贸易国。此外，中国经济的快速崛起还推动国际分工格局的演变。中国在中低端制造业的竞争优势不仅巩固了自身"世界工厂"的地位，并沿流程升级、产品升级、功能升级的路径逐步将国内价值链条延伸至生产性环节以外的上游研发、设计以及下游的市场性活动等中高端分工环节，开始逐步从全球价值链的被动参与者向共同治理者的角色转变（余振和王净宇，2019）。

（2）全球范围内的价值链重构成为未来发展的必然趋势

值得注意的是，全球分工的收益并非平等地为所有参与国所共享，全球价值链上的利益分配呈现明显"双核"特征的"哑铃型"结构（马永飞，2021）。以美国、西欧和日本为代表的上游先进制造业集群依托先发优势，基于对核心技术和关键环节的垄断攫取了全球分工的超额收益。发展中国家只能依靠劳动力成本优势、资源禀赋以及潜在市场等被动嵌入全球价值链分工体系，长期被锁定在全球分工的中低端环节，获得的收益远少于发达国家。显然，在全球价值链生产模式下，各国既没有从中获得完全平等的发展机会，全球价值链本身也缺少保障收益公平分配的机制，因而现有的全球价值链生产模式在积累了大量内部矛盾的同时也面临着难以实现可持续发展的困境。发展中国家纷纷呼吁构建新的分工体系和增加值分配机制以实现公平发展。

与此同时，世界范围内比较优势的此消彼长正在不断冲击旧有的国际分工体系。以中国、韩国为代表的新兴经济体不断巩固自身在中低技术制造业竞争优势的同时，开始重点培育诸如机械设备制造、电子与光学设备制造、半导体产业等中高端制造业以及金融、物流、总部经济、互联网等高端服务业，对发达国家的传统优势领域形成了挑战（刘洪愧和谢谦，2017）。发达国家则面临着人力成本高昂、制造业外流和产业空心化的困扰，对于国际分工的控制和治理能力均有所减弱。面对此情形，发达国家为维护其在全球价值链分工中的主导地位，一方面尝试通过政策扶持、实现"再工业化"等途径解决产业空心化的问题，另一方面试图通过贸易保护主义、挑起国际贸易摩擦等手段重塑在全球分工中的优势，这进一步加速了以"生产再组织"和"产业再转移"为特征的全球价值链重构的发展。加之近年来全球经济增长放缓、国际投资活跃程度下降、贸易增长乏力等现象加速了各国比较优势的演化（李坤望等，2021）。全球价值链重构已经不仅是各国对国际分工未来发展方向的现实诉求，同时也是国际分工和利益分配格局对世界范围内比较优势变迁的主动适应。

（3）"一带一路"倡议助推全球价值链重构

中国一直以来都是全球化坚定的倡导者和推动者之一。随着中国经济的快速发展以及制造业和服务业高端化进程加快，中国构建了完整而成熟的国内价值链分工体系，部分制造业也已经占据世界领先水平，这使得中国有意愿也有能力改进现有的国际分工格局以推动全球范围内的公平发展。而"一带一路"作为中国倡议的国家间合作平台与顶层对话机制，为中国扩大开放、开展国际产能合作、提升多边合作水平、共享发展机遇、构建人类命运共同体提供了新的契机。中国与"一带一路"共建国家间比较优势的高度互补，使得双方得以在强化产业关联的同时避免因分工环节的相似所导致的直接利益冲突，赋予了中国同共建国家间广阔的价值链重构潜力。而"一带一路"共建国家在要素禀赋、比较优势、经济发展水平、社会结构等方面存在巨大的差异决定了共建国家能够以差异化的方式嵌入全球分工的不同环节，并具备将不同国家所从事的分工职能重组的可能。全球价值链重构要求参与各方都能在价值链条上找到合适于自身的位置，并在公平的条件下实现共同发展。党的十九届六中全会通过的《中共中央关于党的百年奋斗重大成就和历史经验的决议》明确指出，中国坚持共商共建共享，推动共建"一带一路"高质量发展，推进一大批关系共建国家经济发展、民生改善的合作项目，建设和平之路、繁荣之路、开放之路、绿色之路、创新之路、文明之路，使共建"一带一路"成为当今世界深受欢迎的国际公共产品和国际合作平台。

总的来看，全球价值链生产模式的兴起无疑为各国发展提供了重要的外部机遇，中国也在积极参与全球分工的过程中实现了经济发展与产业升级。但是，应该看到，现有的全球价值链分工体系与利益分配格局难以适应各国经济发展的现实需要。中国作为发展中国家，尽管部分行业已经迈向全球分工的中高端环节，但是从中国整体来看，目前依旧面临着"低端锁定"和"低端嵌入"的风险。中国不仅要面对垂直专业分工环境下发达国家的"纵向压榨"，同时还要面临来自其他发展中国家对中国传统优势分工领域的"横向挤压"。加之中国经济借助全球化浪潮实现快速崛起的同时，对于现有全球分工格局的挑战也招致了部分国家打压，以美国挑起中美贸易摩擦为代表的单边主义行径以及针对中国日渐增多的非关税贸易保护措施，为中国继续深度嵌入全球价值链分工体系增加了诸多不确定性因素。而始于2019 年的新冠疫情则进一步重创了全球分工体系，各国经济均陷入不同程度的衰退，价值链断裂的风险骤增（李春顶和张瀚文，2021）。因而通过价值链重构以优化中国的全球价值链参与特征、推动价值链升级成为中国化解当前嵌入全球分工过程中面临一系列问题的重要路径。而"一带一路"倡议作为中国重塑对外贸易格局、实现共同发展的国家间合作平台与顶层对话机制，为中国实现价值链重构创造了新的历史机遇。在此背景下，研究"一带一路"倡议的实施对中国价值链重构进程的影响，以及这一影响是否有助于中国的全球价值链参与度优化与推动中国价值链升级，就成为了当前亟待解决的问题。

1.1.2 研究意义

(1) 理论意义

首先,本书从理论上扩展了价值链重构的相关研究。在充分梳理、归纳和总结前人关于全球价值链重构概念、表现、驱动力等研究的基础上,本书将价值链重构的概念内涵拓展了特定国家,特别是区分了价值链重构的内在动因、产业关联特征以及重构效应,从而规范了特定国家价值链重构的基础性内容。与此同时,本书基于全球价值链分解框架,从产业关联的角度构建了适用于特定国家的价值链重构指数测度方法,并以中国倡议共建"一带一路"的典型事实,刻画了"一带一路"倡议提出前后中国价值链重构的演化特征,并剖析了这一变化引致的中国价值链重构效应,全面呈现了特定国家价值链重构的基础性内容。

其次,本书以中国为核心研究对象和出发点,对现有关于"一带一路"倡议相关研究中的中国视角形成有益补充。已有关于"一带一路"倡议与全球价值链的相关研究主要从"一带一路"共建国家的视角展开,鲜有研究聚焦于"一带一路"倡议对中国价值链的影响。本书以中国价值链重构为核心视角切入,从理论和实证两方面分析和检验了"一带一路"倡议对中国价值链重构的积极意义以及由此产生价值链重构效应,进而肯定了以"一带一路"倡议为契机推动中国价值链重构并优化中国全球价值链参与特征的可能性,从而对"一带一路"倡议相关研究中的中国视角做出补充。

此外,本书还关注到"一带一路"倡议所推动的中国价值链重构进程将不可避免地会对中国的全球价值链参与特征产生影响,即产生价值链重构效应，为此本书从纵向的角度拓展了价值链重构的相关内容。中国价值链重构作为近年来中国与其他国家在产业关联领域变化的高度总结，"一带一路"倡议所引致的中国价值链重构进程的变化将进一步传导至中国的全球价值链参与特征，但是目前仍鲜有文献揭示价值链重构与全球价值链参与特征之间的关系。本书基于"一带一路"倡议推动中国价值链重构的典型事实以及由此将导致的重构效应的理论演绎，从纵向的维度延伸了关于"一带一路"倡议对中国价值链重构产生影响的相关研究议题，并在理论分析的基础上进一步结合实证检验的方法探讨了"一带一路"倡议、中国价值链重构与重构效应间的关系及其内在机理，从而对现有关于价值链重构的研究框架做出有益拓展。

（2）现实意义

本书的研究有力地证明了"一带一路"倡议对中国价值链重构的积极影响，即"一带一路"倡议不仅有效推动了中国价值链重构进程，这一转变同时优化了中国的全球价值链参与度以及分工位置，有助于中国价值链升级的实现。面对中国在全球分工中长期处于加工、制造等生产性环节，陷入"低端锁定"和"低端嵌入"的风险仍然存在的基本事实。本书的研究表明，"一带一路"倡议的持续推进不仅有效强化了中国与共建国家之间的产业关联，直接推动了中国价值链重构进程。中国同"一带一路"共建国家间的产业互补还同时为中国拓展了价值链上游环节原材料和中间产品的来源、扩展了下游环节的市场规模，使得中国与共建国家的比较优势得以更加充分的发挥，增强了中国上下游产业链的稳定性，避免了价值链断裂的风险，并进一步有效改善中国在全球价值链的分工位置和获利能力。因而继续深入推进"一带一路"倡议，不仅为中国价值链重构提供了良好的外部契机，同时也是中国摆脱中低端生产环节、实现向全球分工中高端环节演进的重要路径。

本书的研究也为"一带一路"倡议推进提供了经验参考与事实支持。中国提出"一带一路"倡议的重要背景是中国经济的持续发展与价值链升级，针对中国当前在对外开放领域遭遇的一系列问题，持续推动"一带一路"倡议的广化和深化、助推中国价值链重构，不仅有助于中国将"一带一路"倡议的"创新、协调、绿色、开放和共享"五大制度理念进一步落到实处，也有助于改进和完善现有的国际经贸规则，推动"一带一路"共建国家共享发展成果，这些令本书的研究更具现实意义。

1.2　文　献　综　述

本节主要从全球价值链重构、"一带一路"与中国价值链的相关研究两个方面逐级展开对已有的相关文献的梳理和回顾。以此在明晰已有的理论与观点以及当前本领域前沿问题的同时，发掘现有的研究尚未关注到的某些细节，并为全书的有序展开和深入分析提供一定的理论支持。

1. 2. 1　全球价值链重构的相关研究

（1）全球价值链重构的概念

全球价值链（global value chains）这一经济现象最早由格里菲

（Gereffi，1994）使用全球商品链（global commodity chains）的概念加以描述。格里菲在其研究中将全球商品链定义为：实现最终产品生产的连续制造过程之间的连接，商品链中的每个环节都涉及获取必要的原材料、半成品投入、劳动力的使用、运输、分销体系的构建以及消费。全球资本主义对于国际分工的整合是全球商品链产生的核心原因。克鲁格曼（Krugman，1995）使用"分割价值链"（slice up the value chain）的概念来描述附加在链条状生产过程中的价值分配，并首次从理论上明确了价值链的内涵："人们开始注意到制造业沿着价值链被分割到多个不同的阶段，在每个阶段增加一部分价值，这种分割能够极大地提升国际贸易的潜在规模"。格里菲（Gereffi，1999）在其后的研究中进一步将全球商品链区分为"购买者驱动"和"生产者驱动"两种形式。由少数跨国企业掌控商品生产的主要环节并组织、协调其他企业在生产网络中的分工，这是"生产者驱动"型全球商品链的主要特征，"生产者驱动"型全球商品链主要集中在垂直专业化分工更为明确的资本和技术密集型行业中。"购买者驱动"型全球商品链通常是指为利用各国的比较优势和要素禀赋，将商品生产的全过程分散在不同的国家内，并由大型跨国公司负责下游市场营销活动的商品生产模式，这类全球商品链大多为劳动密集型产业。进入 21 世纪，以格里菲和卡普林斯基（Gereffi & Kaplinsky，2001）为代表的一批学者在经过深入讨论后，在全球商品链相关研究的基础上正式提出"全球价值链"这一核心概念来概括全球范围内复杂的网络状生产以及附加于生产环节上的增加值分配，认为"全球价值链强调了将产品或服务从概念转变到生产的不同阶段（包括物理转化和各种生产性服务的投入）、交付给最终消费者以及使用后的最终处置所需活动的相对价值"。

全球价值链的概念提出以后，越来越多的学者开始关注国际分工深入到产品内部层面所引致的生产环节被逐步分割、分散并在全球范围内被重新组织以及由此产生的利益分配问题。既往研究普遍认为，全球价值链生产模式下的国际分工与利益分配格局相对固定，世界各国只能通过被动嵌入的方式融入全球分工体系，从事特定环节的生产并从中获得相应的收益（郑健壮等，2018）。一般而言，发达国家所掌控的研发、设计以及分销等活动位于全球价值链分工的两端，价值密度远高于处在中部的加工、组装等生产性环节（Baldwin & Robert - Nicoud，2014；Tian et al.，2021）。发展中国家则受限于自身在全球价值链生产模式下所从事的专业化分工，仅仅在劳动密集型阶段拥有比较优势，主要承接来自发达国家劳动密集型分工环节外包，长期面临"技术俘获"以及"低端锁定"的问题（Luan & Tien，2021）。

传统全球价值链分工理论对于国际分工体系与利益分配格局的描述建立在某些潜在假设的基础上：发达国家依靠跨国企业实现了对全球价值链的顶层治理，通过控制关键生产环节和技术，保持着对高附加值分工与价值分配权的绝对垄断（宋耘等，2021）。后发国家仅能通过被动融入的方式嵌入全球价值链分工体系的低附加值环节，并不能够从根本上变革已经逐渐固化的国际分工与利益分配格局（吕越等，2018）。然而，2008 年金融危机与始于 2019 年的新冠疫情使得全球分工体系遭受到自第二次世界大战以来最为严重的外部冲击，既往被认为已经固化的全球分工与利益分配格局出现了逐步松动的趋势：中间产品占全球贸易的比重自 2009 年开始终止了长达 40 余年的增长，在国际贸易中的占比逐渐下降；全球化趋势放缓，区域价值链有望成为未来发展的重要方向；发达国家"转实向虚"的经济结构暴露出系统性危机；多轮外部冲击使得全球价值链出现中断的危险；逆全球化抬头；以中国为代表的新兴经济体的崛起极大地重塑了全球分工体系（郭惠君和王黎瑶，2020；郭泽林和陈琪，2020；王晓萍等，2021；倪红福等，2021；史丹和余菁，2021）。

全球价值链分工体系的变化，特别是全球生产网络中的各个国家所从事的分工与利得的变迁，学术界使用"全球价值链重构"（global value chains restructuring）这一术语加以概括。早在 1999 年，格里菲在对全球服装产业演化的研究中就已经发现全球价值链上各个环节的分工并不是完全固定的，并提出用"价值链重构"这一名词来描述各国所承担分工环节变化的现象。米尔贝格和温克尔（Milberg & Winker，2010）最早正式提出并使用"全球价值链重构"这一术语描述 2008 年金融危机后全球分工的整合。根据米尔贝格和温克尔的研究，2008 年金融危机直接导致了全球范围内贸易量的下降并引致全球价值链生产模式下国际分工的重组。其中，水平方向上的重构直观表现为在买方主导的价值链中，中国在一系列产品类别中日益扩大的市场份额。阿兹梅和纳德维（Azmeh & Nadvi，2014）针对亚洲服装业的研究发现，以中国为代表的东亚经济体在过去几十年里极大地改变了全球服装行业的价值链分工与利益分配体系。位于亚洲的大型生产商正在成为服装行业价值链的关键参与者，是连接设计到销售的关键中间环节，这一分工已经完全不同于其初始参与该行业全球分工时初级供应商的角色。国内学者田文等（2015）从国家间比较优势的变化定义全球价值链重构，认同世界范围内国家间比较优势的此消彼长是导致全球价值链重构的根本原因，但他们从比较优势演化的结果，即产业组织的角度定义全球价值链重构，认为全球价值链重构可以从垂直和水平两个维度进行解读。垂直方向上的重构表现为跨国生产环节的减少，水平方向上的重构则被定义为国家间的产业转移。在宏观层面上，谭人友等（2016）将全球价值链上不同行业分工格局的演化扩展到国家视角，从"全球生产再组织"与"全球产业转移"两个角度给出了全球价值链重构的定义。李芳芳等（2019）同样从国际分工的角度定义了全球价值链重构，认为全球价值链重构是世界各国在全球价值链分工体系下所从事的生产环节迁移、重组的过程，各国比较优势的变迁是驱动这一变化得以发生的关键动因。周彦霞等（2021）则注意到全球价值链重构的过程中生产链条本身的变化，将全球价值链重构从价值链长度、分工格局、相对位置以及分工模式四个具体维度予以了定义。

部分学者则是关注到了以中国为代表的新兴经济体对于传统国际分工体系的挑战，并从这一角度给出了全球价值链重构的概念。如毛蕴诗和郑奇志（2016）就将全球价值链重构定义为新兴经济体与原本处于价值链中低端的制造业企业通过技术积累，打破由发达国家企业主导的国际分工，最终促使全球竞争格局发生结构性变化的过程。戴翔和宋婕（2019）、卢潇潇和梁颖（2020）继承了这一观点，认为全球价值链重构是发展中国家在面对自身长期被锁定在全球价值链分工中低端环节的现实背景下，旨在通过价值链升级重塑全球分工体系，打破少数发达国家对中高端分工的垄断，获取公平发展机会的过程。

表1-1为本书对全球价值链重构概念代表性观点的梳理。

表1-1 　　　　　　　　**全球价值链重构概念的代表性观点梳理**

学者	全球价值链重构的定义	全球价值链重构的表现
米尔伯格和温克（Milberg & Winker, 2010）	全球价值链垂直重构引致供应链中层级数量的减少，水平重构引致特定层级供应商数量的增加	全球范围内供应链的分散化 中国在纺织、服装和鞋类制造业中市场份额的增长 各行业垂直专业化分工的进一步加强

续表

学者	全球价值链重构的定义	全球价值链重构的表现
田文（2015）	垂直方向上的重构表现为跨国生产环节的减少，水平方向上的重构则被定义为国家间的产业转移	加工贸易增长趋势的减缓 高技术制造业中劳动密集型分工向新兴经济体转移 内需增长较大的汽车、集装箱、无线电话、部分金属材料等产品则可能存在生产向中国集中
毛蕴诗和郑奇志（2016）	新兴经济体对传统国际分工的挑战，分工任务逐步向中高端渗透，并引起产业链上利益分配变动的过程	发达国家主导的全球分工逐步失效 新兴经济体经济的快速崛起 新兴经济体的优秀企业基于创新驱动，通过品牌建设和高投入的研发，逐步打破由发达国家企业主导的国际分工 发展中国家在全球分工的转变
戴翔和宋婕（2019）	侧重从国家间比较优势的变化定义全球价值链重构	全球价值链生产模式下不同国家间产业关联强度的变化 全球价值链呈现区域化、多元化的特征
李芳芳等（2019）	既往全球价值链形成的基础——"比较优势"发生变化后，全球分工的不同环节出现收缩或者异地迁移的过程	基于要素禀赋变动引致的垂直专业化分工的演变 技术变革导致的生产环节的整合和变动 国际经贸规则的演变

（2）全球价值链重构的动因

在关注到全球价值链正在发生重构的基础上，学者们进一步探讨了全球价值链重构的内在动力，即普遍被认为相对固化的全球价值链分工体系在何种因素的驱动下发生了变化。

部分学者认为全球价值链重构的核心原因在于全球范围内分工的持续细化，而分工细化则是比较优势不断变化的结果（曹明福和李树民，2005）。彭德和施特赖歇尔（Peneder & Streicher，2018）的研究发现，劳动力成本上升与专业化分工职能的转变导致传统发达国家去工业化趋势明显，发达国家通过生产外包的形式将劳动密集型分工转移至新兴市场国家，强化了他们在劳动密集型任务和制造业领域的专业化。但是必须认识到，国际分工与比较优势的演化具有明显的黏性，尽管发达国家采取了一系列政策性举措试图实现再工业化，但是这些努力已经无力扭转其在传统制造业领域所丧失的比较优势，反而只会加速重构的趋势。刘慧岭和凌丹（2019）的研究进一步阐明了全球价值链重构与比较优势间的关系，认为比较优势的变迁将引起全球价值链生产活动的扩张、收缩和转移，最终导致全球价值链生产模式下各个经济体分工与利得的重塑。兰茨和皮尔马丁（Lanz & Piermartini, 2021）的研究同样肯定了比较优势变迁在推动国际分工演化过程中的重要性，认为特定国家将嵌入与比较优势相对应的专业化分工环节。面对发达国家传统优势地位的削弱以及新兴经济体的崛起，全球价值链重构实际上是国际分工格局对于比较优势变迁的一种主动适应。斯波西等（Sposi et al., 2021）的研究则强调了比较优势与全球价值链分工之间存在明显的双向互动机制，认为要素禀赋的动态积累塑造并强化了各国的比较优势，而国家间比较优势的相似度则决定了在全球价值链中的分工与获利。因此全球价值链重构过程中特定国家的分工变迁总能从比较优势的变化中寻找到内在原因。与此同时，现有的研究也注意到技术创新在重塑各国比较优势、进而推动全球价值链重构的作用。如杜传忠和杜新建（2017）就将比较优势的变迁归因于技术创新，认为技术创新一方面将推动既有生产方式变革，并在变革中促进价值链上生产环节的分割和重组。另一方面，技术创新将引致全球价值链生产模式下要素投入结构的变迁。新技术的引入使得劳动力和资本在全球价值链要素投入中的占比不断下降，而技术密集型的生产环节将在全球价值链重构的过程中获益颇丰。因而全球价值链重构主要出现在技术迭代较快的国家和行业。查尔和拉赫（Gurgul &

Lach，2018）则肯定了相对生产率对全球价值链生产模式下分工获利的重要性。其研究结果表明，特定国家的相对生产率与其在全球市场的份额以及获利高度正相关，发展中国家在参与全球分工的过程中对发达国家生产效率的追赶是其得以撼动既有的全球分工体系，进而重塑全球分工格局的根本原因。印梅和张二震（2022）的研究则强调了技术创新的重要性，认为新技术、新产业的产生即包含破坏性创新的内在因素，因此技术进步本身会导致各国比较优势变化，进而推动价值链重构的发生。

部分学者则着眼于区域性自由贸易协定对贸易自由化的影响，发现区域性自由贸易协定作为 WTO 框架下贸易自由化的重要补充，显著推动了区域价值链体系的发展，进而加速了全球范围内价值链的重构进程。陈淑梅和高敬云（2017）的研究发现，以跨大西洋贸易与投资伙伴协定（TTIP）、区域全面经济伙伴关系协定（RCEP）为代表的超大型区域自由贸易协定，通过高规格的贸易自由化规则强化了全球价值链的区域化倾向，正在逐渐撼动旧的全球分工体系。马涛和盛斌（2018）的研究则从亚太地区区域价值链分工演化的角度肯定了区域性贸易自由协定对全球价值链重构的积极意义。其认为，亚太地区国家间在要素禀赋、比较优势和产业发展阶段的互补性是亚太地区建设各类自贸区的基础。亚太地区的区域性自贸协定以远超其他经贸规则的包容性，重塑了各国的比较优势与国际分工，进而改变了亚太地区区域价值链的组织形式，在客观上推动了全球范围的价值链重构。张彦（2020）基于近年来全球性贸易协定长期停滞的基本事实，从区域价值链合作的角度肯定了自由贸易协定对全球价值链重构的正面意义。其研究发现，区域价值链领导者的先发优势为价值链重构提供了有利的外部条件。基于区域价值领导者对区域内其他国家吸引能力的增强，全球价值链体系开始向以少数国家为核心的区域化分工体系发展。特别是以区域经济一体化为代表的自由贸易协定的签署，使得自贸协定成员国内部的贸易成本显著降低，区域价值链内部产业关联更加紧密，促使区域化分工在一定程度上取代全球分工，进而推动了各国所承担的分工任务与利得的变迁（欧定余和易佳慧，2021）。

此外，现有的研究认为，外部冲击同样是推动全球价值链重构的动因之一。张明之和梁洪基（2015）针对2008年金融危机前后全球分工格局的对比研究发现，国际金融危机严重打击了发达国家主导的全球分工体系，而中国经济增长动能转换与发展质量提升进一步削弱了发达国家对旧有全球价值链分工体系的控制能力，直接推动了全球范围内价值链的重构进程。谭人友等（2016）基于包含中国、美国等在内的40个经济体的数据对各国在全球价值链分工体系下的角色变迁展开研究，结果表明，随着近年来以中国为代表的新兴经济体在制造业领域的崛起，以美国为首的发达国家试图通过贸易保护措施迫使制造业回流，继而重振本国经济。杨军等（2020）则从中美贸易摩擦的视角展开，认为中国作为美国最大的商品贸易伙伴之一，中美之间的贸易摩擦对中国的全球价值链参与度的负面影响颇为严重，但是客观上起到了加强中国与东亚区域价值链关联的作用。中美贸易摩擦导致中国向其他国家的贸易转移在客观上促进了全球价值链分工体系的重构。赵瑞娜和倪红福（2020）针对中美贸易摩擦的研究进一步指出，如中美之间强行实现产业脱钩，将强化美国在全球价值链中的孤立主义倾向，同时促进中国同世界上其他国家和地区的经贸往来。此举将会强化中国的世界制造业中心地位，进一步削弱美国对全球价值链分工的控制能力，加速中国向全球价值链治理者的角色转变。作为近年来全球化遭遇的新一轮冲击，新冠疫情同样也影响了国家间的资金流动、技术流动、人员流动等，加速了全球价值链重构的进程。特别是新冠疫情造成的生产停滞极大地冲击了高度相互依赖的全球产业链分工体系，使得已有的国际分工和生产模式面临巨大的不确定性，产业链断裂的风险不断加大（戴翔，2020）。各国纷纷开始将产业链的更多环节转移至国内，通过发展国产化替代以保证产业链的安全，导致价值链的国内部分延长，客观上阻碍了全球范围内分工持续细化的过程（袁振邦和张群群，2021）。从中长期来看，全球价值链将面临新一轮的区域化和国内化的趋势（东艳和马盈盈，2020）。

（3）中国与全球价值链重构的相关研究

已有的相关研究也关注到中国与全球价值链重构间双向互动，即中国经济的崛起不仅是全球价值链重构的重要原因之一，全球价值链重构也为转型升级中的中国经济实现重塑竞争优势、全面提升在全球价值链的分工位置提供了可能（余鹏翼和曾楚宏，2016）。阿扎尔和纳德维（Azmeh & Nadvi，2014）的研究表明，中国在长期融入全球价值链分工的过程中已经开始逐步布局价值链上游的设计、核心零部件制造以及下游的市场活动等环节，正在成为重构全球价值链的中坚力量。张文宣（2021）与杨丹辉和渠慎宁（2021）的研究均进一步肯定了中国经济崛起对全球价值链重构的重要意义，认为中国推动全球范围内价值链的表现主要集中在以下几个方面：一是区域价值链生产中心的改变。随着中国经济的高速增长与经济结构转型步伐不断加快，中国已经取代日本成为东亚区域价值链的核心国家，中国强大的工业生产能力正使得世界制造业重心逐步向中国转移。二是中国已经有少数企业在各自细分行业内取得了价值链分工的顶层治理权，在全球价值链分工体系下的角色也从被治理者转变为共同治理者，对现有的全球价值链治理形成了挑战。三是中国经济增长动能转换与国内价值链的发展使得全球生产组织模式也发生了相应的转变,中国国内价值链的发展促使中国将更多的关键生产环节纳入国内,并进一步使得中国在中高技术制造业的全球占比持续上升,双循环呈现内循环驱动国际循环的基本模式。

现有的研究同时就中国应当如何推动全球价值链重构进程进行了广泛的探讨。卡普林斯基等(Kaplinsky et al.,2011)在其研究中首先强调了在当前国际分工环境下优先实现价值链升级的重要意义。面对发达国家对于全球价值链分工中高端生产环节的垄断,发展中国家难以直接跃迁至全球价值链分工的高附加值环节。但是如果以技术升级与价值链升级进程较快的国家为核心重新组织区域分工体系,将得益于该区域分工体系提供的产品多样化优势与公平的发展机会,为中国重塑全球价值链分工格局提供良好的发展环境。高运胜和杨阳(2020)认为,全球价值链重构必然会引致生产要素收益的重新分配。在当前的国际分工环境下,尽快实现价值链升级,通过调整要素资源投入推动资本、技术等在生产中占比的提升是以中国为代表的新兴经济体国家推动全球价值链重构的主要路径。其中,通过技术进步推动中国向全球价值链分工的中高端分工环节延伸是价值链升级的核心(戴翔等,2022)。欧定余和侯思瑶(2021)则从中国价值链升级的现实背景出发,认为中国比较优势的变迁与国际形势的变化使得中国以出口低价产品抢占国际市场为代表的外向型经济难以为继。随着全球经济增速逐步放缓,现有的国际竞争将由以扩大市场份额为代表的数量和速度竞争转向存量竞争,因而积极转变外贸增长方式,提升高附加值环节在出口中的比重,依靠比较优势的内在变迁推动全球价值链重构是中国提升国际循环质量的核心路径。

部分学者则是从区域价值链构筑的角度出发，认为在当前国际环境不确定性增加，中国与部分发达国家利益冲突愈发激烈的背景下，构建"以我为主"的区域价值链分工体系是中国推动全球价值链重构的重要路径（Draper，2013）。刘滢泉（2019）从贸易规则重塑的角度认为，现行的国际贸易规则已经与世界经济的发展和中国的切身利益相悖，中国想要推动全球价值链重构需要对现有的国际贸易规则进行必要的创新，积极推动中国同各国的双边或者多边贸易自由化进程，构建新型国际经贸合作框架。正是基于此，作为国家间合作平台与顶层对话机制的"一带一路"倡议，就成为推动构建中国区域价值链建设、改革全球价值链分工顶层治理模式的重要战略举措（张彦，2020）。现有的研究普遍认为，基于"一带一路"倡议打造区域价值链体系，不仅有助于中国依托共建国家广阔的市场避免陷入"低端嵌入"和"低端锁定"的困局，同时共建国家充裕的资源还有助于保障中国上游能源供应安全，为中国实现价值链升级提供了有利的外部条件（黄先海和余骁，2017）。此外，中国打造"一带一路"区域价值链体系并非单方面有益于中国，中国在"一带一路"倡议下所积极倡导的共建、共享的发展理念同样为共建国家提供了公平发展机会，是对现有国际分工格局的有益补充（张良悦与刘东，2015）。

另有部分研究认为，中国重构全球价值链的前提是构建国家价值链，即摆脱对于国外中间产品的依赖，大力发展国内价值链的全产业链覆盖，最终目的在于加速中国向全球价值链分工的高端制造业和服务业靠拢，实现价值链升级并获取全球价值链的顶层治理权（刘志彪和张杰，2009；刘志彪，2015）。邵安菊（2016）研究认为构筑国内价值链体系的核心路径在于发挥中国国内价值链完备的优势，抓住"一带一路"的发展机遇，全面优化产业布局，淘汰落后产能。王领和胡晓涛（2017）则强调中国应当积极促进国内价值链与全球价值链构建双向协调互动机制，依托国内差异化的产业梯度，合理安排国内价值链的生产环节分配，构建起完善的国内价值链分工体系。在前人研究的基础上，韩亚峰等（2021）从国内价值链与区域价值链双向互动的角度给出了价值链双向重构的概念，认为价值链双向重构意味着中国一方面致力于实现国家价值链升级，依托国内价值链体系推动经济增长向内需驱动的方式转变，进而带动国内经济发展质量提升；另一方面则是基于中国国内价值链升级驱动区域价值链分工体系，依托区域价值链分工保障上游供应链安全的同时，向下游拓展出口市场，进而实现在全球价值链分工体系下由参与者向治理者转变的过程。

（4）"一带一路"倡议与全球价值链重构的相关研究

在重构已经成为未来全球价值链发展必然趋势的大背景下，现有的研究也已经充分注意到中国提出的"一带一路"倡议在推动全球价值链重构进程中的积极作用。部分学者基于"一带一路"倡议旨在为共建国家提供平等的发展机会、契合共建国家对于全球价值链重构核心诉求的视角，对"一带一路"倡议与全球价值链重构的关系进行了论证。黄（Huang，2016）经过对"一带一路"倡议的动因、内涵和主要框架的研究后发现，"一带一路"倡议旨在推动中国同共建国家之间的共同繁荣来改进现有的国际分工格局，在客观上促成了全球范围内分工与利益分配格局的变革。孟祺（2016）的研究进一步肯定了"一带一路"倡议对共建国家实现公平发展的积极意义，认为中国当前面临着陷入全球价值链分工"低端锁定"的困局，"一带一路"共建国家同样有着实现经济发展的迫切需求。而"一带一路"倡议的实施能够显著优化共建各国在全球价值链分工体系下的职能安排，通过产能合作的方式使得共建各国共享中国发展机遇，从而推动全球范围内的公平发展。李芳芳等（2019）的研究则发现，在"一带一路"倡议框架下，不仅发展中国家关于实现经济发展的诉求能够被充分考虑，同时也有利于中国打造"一带一路"区域价值链体系并促进自身产业升级的实现，进而推进全球范围内的价值链重构。葛等（Ge et al.，2020）在其研究中进一步发现，中国在"一带一路"倡议的框架下通过增加对共建国家基础设施的投资显著提升了当地的贸易便利化水平，而中国与共建国家间的经贸合作更是直接促进了全球价值链生产模式在共建国家的深入发展。尽管"一带一路"共建国家在经济发展水平、政治稳定性等方面的巨大差异加大了价值链重构的难度，但是"一带一路"倡议显著提升了共建国家参与全球分工的积极性，已成为全球范围内价值链重构的重要推力。吴等（Wu et al.，2020）从公平发展的角度探讨了"一带一路"倡议与全球价值链重构之间的关系。在其研究当中，基于2010～2017年40个共建国家的数据就"一带一路"倡议能否推动共建国家更加积极地参与全球分工展开实证研究。其实证结果表明，同中国签署"一带一路"合作倡议的共建国家当年和第二年的全球价值链参与度有了明显的提升，"一带一路"倡议正在通过优化共建各国在全球价值链分工体系下的位置推动国际分工格局的变迁。

除经济因素外，"一带一路"倡议有助于打破现有国际分工体系下发展机会不均等，构建包容、互利、共赢的全球价值链分工体系的正面作用也得到了学术界的广泛重视（戴翔和宋婕，2021）。侯启缘（2020）的研究认为，"一带一路"倡议作为现有的多边合作框架下的重要补充，能够有效突破目前国际上日益兴盛的逆全球化和单边主义，推动多边合作更加深入，进而带动全球范围内的贸易和经济发展，并促进中国与共建国家的产业升级。金凤君和姚作林（2021）的研究则强调了在当前国际经济周期整体陷入低迷的情境下，不同于其他区域性的自由贸易协定，"一带一路"倡议在顶层机制构建中已经包含了兼顾中国与共建国家利益的设计，因而"一带一路"倡议的实施将有助于构建新型国际合作体系，缩小南北发展的差异。彭冬冬和林珏（2021）则从自由贸易协定的角度提出在"一带一路"倡议的框架下推动自由贸易区建设以提升价值链合作水平，从而实现共同发展。两位学者认为，"一带一路"倡议的实施将有助于共建各国化解全球性经济危机带来的负面影响，并促进共建国家实现公平发展和价值链升级，而高标准的区域自由贸易协定是"一带一路"倡议得以重构全球价值链的必要支撑。

1.2.2 "一带一路"倡议与中国价值链的相关研究

（1）中国价值链对接"一带一路"倡议的相关研究

中国作为"一带一路"倡议的推动者，中国应当如何在"一带一路"倡议的框架内对接"一带一路"建设、推进价值链重构，目前学术界主要持四种观点：

第一种观点认为"一带一路"共建国家经济发展相对落后，在全球分工逐步深化的过程中被持续边缘化，急需通过基础设施、制造业以及服务业领域的产能合作来提升在全球价值链中的分工位置（王聪，2016）。为此相关研究首先强调了在"一带一路"倡议的框架下开展产能合作的必要性，认为中国应当从产能合作的角度推进"一带一路"倡议，继而推动全球范围内的价值链重构。刘敏等（2018）的研究首先肯定了推进产能合作对深化"一带一路"倡议的重要意义，认为产能合作不仅能够直接推动共建国家的经济发展，进而重塑全球经济格局，更能够通过包含在产能合作中的技术溢出、减少资源的无效率程度等途径强化各国的比较优势，改善其所处的分工环节，进而推动全球范围内价值链重构的实现。徐卓等（2019）在产能合作的基础上直接提出将产业转移作为中国构建"一带一路"区域价值链的具体构建形式，认为随着中国人口红利的消失，既往中国在生产性环节的比较优势正在逐步衰退，而中国自身庞大的低端制造业规模与中国经济实现高质量增长的现实需求明显不相匹配，已经具备产业转移的基本条件。为此中国应当积极推动以对外直接投资（OFDI）为主要形式的产业转移，倒逼本土企业向全球价值链中高端领域攀升。王桂军和张辉（2020）的研究则论证了在"一带一路"倡议合作的框架下开展与共建国家间的产业转移对中国的积极意义，认为产业转移将有助于中国淘汰低端产能，激励国内企业提升技术水平并向全球价值链分工的中高端环节转移，从而有效的应对全球价值链重构过程中因贸易摩擦带来的挑战。吴博（2020）结合基于增加值的显示比较优势指数就中国与共建国家之间各行业的比较优势进行了刻画，研究发现，中国与"一带一路"共建国家的优势产业具有明显的互补性，两者具有充分的产能合作空间。中国可以通过积极参与国际分工与产能合作的方式延长"一带一路"区域价值链在国内的分工，继而促进全球范围内的"生产再组织"和"产业再转移"。杨等（Yang et al.，2021）进一步从全球价值链分工位置差异的角度论证了产能合作对于中国深度推进"一带一路"倡议的可行性。研究发现，中国同"一带一路"共建国家间不仅在优势产业领域存在互补，在全球价值链分工位置方面同样具有明显的梯度效应。中国作为"一带一路"倡议中全球价值链分工位置相对较高的国家,可以直接通过对全球价值链上各个环节的协调安排加强与"一带一路"共建国家的产业互补,实现在全球分工体系下的互利共赢。

现有的研究也就中国同"一带一路"共建国家开展产能合作的重点领域和方向展开了探讨。张茉楠(2016)提出中国应该推动本国的过剩产能和低端产业向共建国家转移,以产能合作推进价值链重构。欧阳艳(2017)的研究进一步基于理论推导的方式明确了产能合作的重点行业与方向,认为中国在产能合作的过程中应当沿重点国家到周边国家的基本方向实现由点带面的突破,产能合作的重点方向应当以劳动密集型为主。彭薇和熊科(2018)基于全球投入产出表的数据观察发现,中国与"一带一路"共建国家在产能合作的具体实践不同于前人的理论研究,表现出了诸多新特点:中国与"一带一路"共建国家间存在明显的双向转移,即产能合作中既有中国向"一带一路"共建国家的产业转移,同时也有共建国家向中国的产业转移;中国产业转移的对象既包括共建的欠发达国家,也包括了共建的发达国家;产业转移的重点行业上也不同于既往研究中所提出的以中低端产业和劳动密集型产业为主,中国同共建国家的产业转移实际上主要从高技术行业领域展开。王兵等(2021)的研究提出将产能合作直接作为推进"一带一路"倡议的主要内容之一,本质上是要中国疏解过剩产能,利用中国强大的生产能力推动"一带一路"共建国家的经济增长,进而重塑全球经贸格局。

第二种观点强调应当积极发挥中国在"一带一路"倡议中的主导作用。王领和胡晓涛(2017)提出从企业层面构建由中国主导的全球价值链体系,认为相较于"一带一路"共建国家的本土企业,中国企业在长期参与全球竞争的过程中积累了大量的经验与要素资源优势,中国企业应当与共建国家企业以结成战略联合体的形式促进国内和国外价值链体系的协调发展。陈淑梅和高敬云（2017）的研究更是直接指出，面对中国经济外部环境的不确定性增加与长期处在全球价值链分工中低端环节的基本现状，依托"一带一路"倡议打造由中国主导的区域价值链体系，这是中国破解目前在参与全球价值链分工体系过程中遇到的一系列难题的必然选择。何颖珊（2020）的研究同样强调中国在共建"一带一路"倡议中的主导作用，认为中国应当持续推进与共建国家的互联互通，着力培育本土跨国企业以实现同共建国家间的产业联动，并构建产业扶持体系以推动"一带一路"区域价值链的形成与治理模式的构建和完善。李优树和唐家愉（2020）则关注到中国国内价值链的发展对实现主导作用的重要性，认为中国在全球分工中重要性的上升与较高的制造业水平是中国得以构建"一带一路"区域价值链的基础，中国应当充分利用自身在全球价值链分工体系中已实现价值链升级，借助"一带一路"倡议实现向全球分工的高端环节演进。张卫华等（2021）的研究则是将中国摆在了"一带一路"区域价值链体系的核心位置，认为中国对接"一带一路"区域价值链的先决条件在于发挥好中国作为核心国家的优势，利用自身的贸易影响力以及桥梁作用，打造中国成为共建国家与全球价值链联动的中心环节，从而推动以中国为中心与主要推力的全球价值链重构的实现。

第三种观点强调构建以中国核心的"一带一路"区域价值链体系进而深层次重构全球价值链，这一观点本质上是"双循环"理论与"一带一路"倡议的深度结合。魏龙和王磊（2016）基于显示比较优势指数、全球价值链分工位置等指标从价值转换的角度论证了中国依托"一带一路"倡议首先构建区域价值链体系继而重构全球价值链的可行性。研究结果表明，中国与"一带一路"共建国家间在要素禀赋、产业结构的高度互补为"一带一路"区域价值链体系的建设提供了现实可能。中国作为"一带一路"区域价值链的核心国家,在产业发展、经济体量与主观意愿等多重领域均已经初步具备重构区域价值链的条件,因而适时推动"一带一路"区域价值链建设将有助于中国改善现有的全球分工格局,推动全球范围内的价值链重构进程。蓝庆新和姜峰(2016)则强调中国应当充分发挥自身在全球价值链当中枢纽性节点的优势,构建以中国为核心的"中心 – 外围"区域价值链分工体系。利用"一带一路"共建国家充裕的要素禀赋和潜在市场,为中国的中心地位配置上下游支持体系,加速中国在全球价值链中的角色转型(张远鹏,2017)。韩晶和孙雅雯(2018)基于中国在"一带一路"区域价值链与全球价值链分工中业已取得的核心地位,认为应当充分发挥中国在两个价值链环流的中心作用,实现生产要素、商品、技术等在两个价值链体系中便捷流通,驱动"一带一路"倡议公平发展理念的切实落地。刘志彪和吴福象(2018)的研究表明,中国与"一带一路"倡议之间的价值链双向嵌入能够发挥其理论作用需要产业链分工互补作为前置条件。中国应当根据与共建国家产业间互补性的强弱制定差异化政策对接"一带一路"区域价值链体系,实现中国同共建国家的价值链在比较优势、技术、制度等领域的有效对接。古柳和宋婕(2020)的研究强调了中国在实现双向嵌入的过程中,一方面需要中国将自身参与全球价值链分工过程中来自发达国家的先进技术内化至本土产业链,以进口促进中国国内价值链体系发展质量的提升;另一方面需要中国发挥枢纽作用,将全球价值链与中国国内价值链的发展成果向"一带一路"共建国家转移。而构建以中国为中心的区域价值链分工体系,并进一步依托中国的核心作用作为推动全球范围内的价值链重构是中国推进价值链双向嵌入的主要发力点(曾楚宏和王钊，2020）。欧定余和田野（2020）基于世界投入产出表与全球价值链分解模型证实了"一带一路"倡议在推动中国与共建国家间产业关联领域的积极作用。研究发现在"一带一路"倡议提出后，中国同共建国家之间彼此的垂直专业化分工渗透率均有所提升。

第四种观点较为关注"一带一路"倡议推进的过程中各种配套机制的建设对保障中国价值链深度对接"一带一路"倡议的重要意义。如巴顿和沙阿（Butt & Shah，2020）的研究首先强调了基础设施的重要性，认为中国在"一带一路"倡议的合作框架下对于基础设施建设的持续投入已取得了显著成效，中国同共建国家间商品流和物流的连通性得以快速加深。因此从现实成果来看，基础设施联通理应作为"一带一路"倡议实施的先行性举措。巴尼亚等（Baniya et al.，2020）则对基础设施联通的重要性给出了进一步定量分析。其基于拓展的引力分析模型表明，"一带一路"倡议实施以后，共建国家之间的贸易流量增加了4.1%，在此基础上如果能够继续推进以贸易畅通为目标的基础设施升级，经贸往来将在当前增量的基础上实现三倍的增加。卢伟等（2021）基于近年来"一带一路"倡议落实过程中主要以项目推进的形式，认为"一带一路"倡议发展质量的提升需要中国提高项目管理水平，特别是探索在现行国际贸易规则下的经贸投资形式和规则的创新，推动中国技术流程与标准走出去，搭建多重资金保障机制以推动"一带一路"倡议向更深层次发展。王勤和赵雪霏（2020）的研究注意到，中国发起的"一带一路"倡议已经涵盖了多个自贸区，两位学者以中国同东盟国家之间的自贸区建设取得的成效为例，认为"一带一路"倡议向更深层次推进可以尝试以自贸区为主要实现形式，从而在制度上创新"一带一路"倡议的实现形式，进而助推共建国家在国际分工中地位的改善。彭等（Peng et al.，2020）

则基于自由贸易协定与共建国家价值链升级之间的关系，尝试模拟中国与共建国家构建自贸区的经济影响。研究发现，如果中国与共建国家构建起完全的自由贸易区将对中国以及"一带一路"共建国家在出口、OFDI、全球价值链分工等领域均存在显著的促进作用，中国通过自由贸易协定对共建国家水平和垂直的溢出效应是其得以实现的路径，但是与富裕国家相比，显然经济发展水平落后的地区从自由贸易协定当中获利更多。因而中国应当在"一带一路"倡议的基础上将自贸区建设作为对接"一带一路"倡议的制度保障。

（2）"一带一路"倡议对中国价值链影响的相关研究

除中国主动对接"一带一路"倡议的研究议题外，已有的研究也开始注意到"一带一路"倡议在客观上全面推动了中国价值链优化的积极意义，具体而言：

现有的研究首先肯定了"一带一路"倡议在推进的过程中对中国出口产品升级的积极作用。陈晓君和张云云（2016）的研究表明，"一带一路"倡议的实施为中国产品出口提供了市场扩容、贸易条件改善等契机，促进了中国出口的产品升级与价值链参与的优化。李静和许家伟（2017）的研究认为，国内价值链的发展质量直接决定了中国在全球价值链分工中所处的位置。中国需要借助"一带一路"倡议的契机，推动中国的供给侧改革，充分利用全球范围内价值链重构带来的新产业、新技术等发展机遇，推动中国国内价值链分工体系发展质量的提升，进而实现中国价值链的升级与在全球价值链分工中话语权的改善。邱雪情等（2021）认为中国主要以加工贸易的形式参与全球分工，出口结构长期以中低端产品为主，而中国同"一带一路"共建国家的经贸往来为中国的过剩产能找到了国际市场，同时促进了中国制造业的转型升级。姜峰和段云鹏（2021）以推进数字化水平为视角，研究发现"一带一路"扩展了中国数字化产品在共建国家的市场份额，同时有助于中国制造业产品出口技术附加值的提升。

"一带一路"倡议的实施不仅能够构建普惠的全球利益分配机制，还有助于中国实现价值链升级以及优化"一带一路"区域价值链体系，促使全球价值链向更加公平、合理、公正的方向发展（杨静和徐曼，2017）。部分研究同时肯定了"一带一路"倡议的推进对中国在全球价值链分工位置提升的积极作用。王恕立和吴楚豪（2018）通过引入全球价值链分解的方法，对比"一带一路"倡议实施前后中国与共建国家在全球分工中所处的位置。其研究发现，以"一带一路"倡议提出为时间节点，在该节点之后中国各行业的分工位置普遍向上游环节移动。李俊久和蔡琬琳（2018）从对外直接投资的角度就"一带一路"倡议实施前后中国的全球价值链参与度和位置是否发生明显变化展开实证研究，研究结果表明"一带一路"倡议的实施为国内和国外两个市场联动搭建起纽带，深度整合了中国国内价值链分工与"一带一路"区域价值链分工体系。同时"一带一路"倡议的实施也促进了中国制造业国际竞争力的提升，中国同样是"一带一路"倡议的主要受益者之一。

此外，学者们还关注到"一带一路"倡议在构建中国国内价值链与推动全球价值链重构的双重作用。其中，张辉等（2017）创新性地从价值链"双环流"的角度阐述了"一带一路"倡议对中国参与全球价值链分工的影响。双环流理论认为中国从事的加工、制造等生产性环节决定了中国的生产对上游沟通了发达国家的中间产品进口，为下游提供了充足的最终产品供给，因而中国的制造业中心地位不仅优化了各国全球价值链分工，同时中国也从"双环流"中实现了分工的改善。黄先海和余骁（2017）则从"一带一路"重塑中国在全球价值链所从事分工的角度论述了"一带一路"倡议对中国价值链重构的重要意义，两位学者认为"一带一路"倡议不同传统国际贸易的形式，"一带一路"倡议旨在打造新型的全球分工体系，中国将在这一分工体系下从环节专精、链条广延和网络纵深三个维度提升中国的国际分工地位。闫东升和马训（2020）从理论的角度论证了"区域价值链－全球价值链"两级价值链构建的合理性，认为"一带一路"区域价值链构建将有助于中国通过跨国企业的引领和产业集群嵌入两条路径构建区域价值链体系，推动中国价值链升级的实现。马丹等（2021）的研究认为应当在"一带一路"倡议下培育双重价值链活动。开放经济下，中间产品通过产业链的上下游关联在国内和国际两个市场实现流转，生产的外部化将扩展产业链分工的长度，这将会导致双重价值链分工。不同于闫东升和马训提出的区域价值链－全球价值链理论构建，马丹在其研究中将双重价值链定义为国内价值链与"一带一路"价值链的互动关系。根据马丹所定义的双重价值链模式下，进口中间产品推动了国内价值链分工体系的形成，同时带动了全球价值链参与度的提升。因此，一国参与全球价值链分工的行为会重塑国内价值链分工，同时通过扩散拉动效应带动其他国家的经济增长。张涵嵋（2021）的研究认为，中国完善国内价值链是得以推动形成"一带一路"区域价值链的必要前提，为此中国首先应该利用自身广阔的市场和丰富的自然资源，推动国内专业化分工的持续延伸，促进自身经济高质量发展。

1.2.3 国内外研究现状述评

纵观现有的相关文献，在全球价值链重构的相关研究当中，得益于全球价值链分解、参与度、分工位置以及分工格局等相关议题的长足进步，学者们从全球范围内价值链生产组织模式的变迁和新兴经济体对现有国际分工格局的挑战两个角度对全球价值链重构的概念进行了界定。在当前世界范围内比较优势的变迁、经贸规则的重塑、外部冲击等因素的影响下，学者们肯定了全球价值链重构作为国际分工领域以及全球价值链生产模式近年来出现的新变化，在打破既往相对固化的国际分工、重塑生产格局以及推动全球价值链顶层治理趋向更加公平等方面的积极意义。针对中国经济的崛起与全球范围内价值链重构的整体趋势，已有研究均认可中国经济的发展、国内价值链的发展完善、技术进步以及对于全球化的坚持使得中国成为新时期推动全球价值链重构的中坚力量。与此同时，"一带一路"倡议对全球价值链重构的积极意义也已经得到学术界的广泛认同。"一带一路"倡议的实施促进了中国与共建国家的经贸往来，为共建国家提供了相对公平的发展机遇，在客观上有助于全球价值链重构进程的推进。而针对"一带一路"倡议与中国价值链之间的关系，现有的研究首先提出了中国深度对接"一带一路"倡议的路径，认为中国可以从产能合作、发挥主导地位、构建"一带一路"区域价值链体系以及完善"一带一路"倡议相关保障机制等方面推动中国价值链对接"一带一路"倡议。部分研究也已经注意到"一带一路"倡议对中国价值链升级与实现价值链双向重构的积极作用。

总的来看，现有的研究已经就全球价值链重构的概念、动力、表现以及"一带一路"倡议与中国价值链之间的互动关系进行了部分探讨。但是应该注意到，在现有的研究框架下仍然有部分细节尚未被深入研究：已有关于全球价值链重构的研究主要从全球视野展开，然而全球范围内价值链重构的参与主体仍然是特定国家，全球价值链重构的背后所反映的是国家间分工职能、产业关联以及由此导致的分工利得的变化，因此需要构建合理的测度指标来表征特定国家在参与全球价值链分工过程中价值链重构领域的变化。同时，现有关于"一带一路"倡议的相关研究主要从共建国家视角展开，鲜有文献从定量研究的角度完整发掘"一带一路"倡议是否推动了中国价值链重构以及由此导致的重构效应，特别是在当前"一带一路"倡议得到深入推进，相关理论研究已经充分证明"一带一路"倡议有助于共建国家经济发展和优化全球价值链参与特征的大背景下，将研究视角适度转回到中国，就"一带一路"倡议对中国价值链重构进程的影响这一问题展开实证检验就显得颇为必要。此外，现有关于"一带一路"倡议推动中国价值链重构引致的重构效应，即对中国的全球价值链参与特征影响的相关研究仍然显得不足。特别是大量的理论分析表明"一带一路"倡议有助于中国的全球价值链参与度以及分工位置的改善，但是现有的研究既缺少对这一问题的典型事实支持，对"一带一路"倡议推动中国价值链重构后传导至重构效应的路径机制也不甚明了，因而有必要打通"一带一路"倡议、中国价值链重构以及重构效应三者之间的壁垒，将其纳入到统一的框架下全面揭示其影响及内在路径。

基于此，本书在系统归纳和吸收现有研究的基础上，以中国价值链重构为核心视角，尝试将"一带一路"倡议与中国价值链重构的议题深入结合。首先将全球价值链重构的概念进一步推广至特定国家，从产业关联的角度构建了适用于特定国家的价值链重构指标，并通过理论演绎的方式打通特定国家的价值链重构、重构效应之间的连接线，并分析其内在机理，规范了价值链重构的基础性内容。同时，针对现有研究就"一带一路"倡议对中国价值链重构的影响尚缺少理论和典型事实支持，本书基于中国积极推动"一带一路"倡议的典型事实刻画了 2007～2020 年中国价值链重构的演进趋势，同时结合双重差分模型研究了"一带一路"倡议对中国价值链重构的政策影响效应，以期从理论分析和实证检验的双重角度揭示"一带一路"倡议如何影响中国价值链重构进程。此外，本书就"一带一路"倡议与中国价值链重构的议题进行了纵向延伸，探讨了"一带一路"倡议在显著推动中国价值链重构进程后对中国的全球价值链参与特征的影响，即价值链重构效应。进一步从理论和事实的双重视角佐证"一带一路"倡议推动中国价值链重构、进而优化中国的全球价值链参与、实现价值链升级的积极意义。从而不仅就理论上丰富价值链重构领域的相关研究，也为"一带一路"倡议的相关研究提供了更多范式参考。

1.3　研究思路与主要研究内容

1.3.1　研究思路

本书立足于全球价值链重构的兴起、"一带一路"倡议深入推进以及中国亟待通过价值链重构破解当前参与全球价值链分工过程中遇到的一系列问题的大背景，以中国价值链重构为视角，就"一带一路"倡议对中国价值链重构的影响以及这一变化导致的重构效应展开系统研究。全书围绕研究主题，行文过程中沿"理论构建、典型事实分析以及实证检验"的思路纵向有序展开全书的研究内容。全书的具体研究框架如图 1-1 所示。

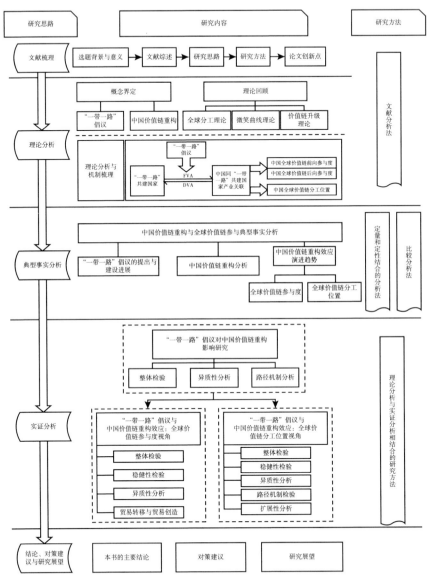

图 1-1 研究框架

1.3.2　研究内容

全书的主要内容共包含七个章节，具体而言：

第 1 章为绪论部分。绪论部分阐述了全球价值链的兴起、全球范围内价值链重构的整体趋势以及"一带一路"倡议推动全球价值链重构等现实背景，简要介绍了本书的理论意义和现实意义。文献综述部分围绕"价值链重构"、"一带一路"倡议以及"中国价值链"等关键词，系统回顾和梳理了相关文献，在明确已有研究所做出贡献的基础上，通过对已有研究的简要评述，指出尚未被关注到的某些细节，并提出本书的主要研究方向与拟探索和解决的问题。其后的各节中分别呈现了全书的研究思路与主要内容以及分析过程中涉及的主要研究方法。在这一章的结尾部分总结了全书的创新点。

第 2 章为全书的概念界定、理论回顾与理论分析框架部分。该章节首先对"一带一路"倡议以及中国价值链重构等本书涉及的主要概念进行了简要界定，特别是在将价值链重构的概念推广到特定国家的过程中区分了价值链重构的产业关联层和作为重构所导致的必然结果的重构效应层。随后，结合本书的实际研究内容，引入了国际分工理论、微笑曲线理论、全球价值链升级理论等经典理论，从而为全书分析的展开初步奠定理论基础。其后，基于对特定国家的价值链重构的概念界定，在理论分析部分首先对"一带一路"倡议对中国价值链重构的影响展开理论演绎，明确了"一带一路"倡议作为外生政策冲击，将如何影响中国价值链重构进程及其理论机制。随后沿着"一带一路"倡议与中国价值链重构的议题纵向延伸，全球价值链参与度与分工位置作为中国价值链重构结果的重构效应层，实现两者的优化也是中国价值链重构所要实现的核心诉求之一。因此，在理论分析部分，本书进一步将"一带一路"倡议、中国价值链重构与重构效应（即中国的全球价值链参与度、分工位置）纳入统一框架内，基于理论演绎的方法探索三者之间的关系及其传导机制，从而就理论角度全面揭示"一带一路"倡议对中国价值链重构的影响。

第3章聚焦于中国价值链重构的测度和动态演进历程的刻画与分析。该章节首先简要介绍了"一带一路"倡议的提出与进展。随后结合博林（Borin）和曼奇尼（Mancini）改进的全球价值链分解模型，从产业关联角度提出中国价值链重构指数的测算方法，并根据投入产出表中行平衡与列平衡所表达的生产关系，将价值链前向和后向重构分别定义为来自本国的或者国外的增加值相对于总产出的比例，并明确了中国价值链重构指数计算方法。作为典型事实分析部分的核心内容，该章节具体测算并刻画了2007～2020年中国价值链重构指数的动态变化轨迹，并且区分了其中来自共建国家与非"一带一路"国家的构成，从而就典型事实的角度呈现"一带一路"倡议对中国价值链重构的影响。此外，该章节还沿历史演进脉络，结合宏观经济与政策变化，从全国、行业异质性等层面测算并解读中国2007～2020年中国在全球价值链参与度、分工位置的演进趋势，并指出中国当前全球价值链参与特征仍待继续优化的典型事实。

第4章则是在第3章典型事实的基础上从实证的角度验证"一带一路"倡议对中国价值链重构的政策效应。在这一章中，以"一带一路"倡议为外部政策冲击构建双重差分模型，从实证角度检验了"一带一路"倡议对中国价值链前向和后向重构的政策效应，从而验证"一带一路"倡议对中国价值链重构的积极作用。同时，由于重构方式、行业、共建深度和地区等因素的影响，"一带一路"倡议对中国价值链重构的影响表现出诸多异质性特征。为此，该章进一步探讨了上述异质性特征的影响。在该章节的最后，基于理论分析，进一步从"五通"的角度检验了"一带一路"倡议影响中国价值链重构的具体路径。

第 5 章主要着眼于"一带一路"倡议背景下中国价值链重构对中国的全球价值链参与度的影响。该部分基于第 3 章揭示的中国在参与全球价值链分工的过程中参与度仍然有待优化的现实需要以及"一带一路"倡议强化了中国与共建国家价值链重构进程的典型事实，将中国价值链重构效应的结果之一——中国的全球价值链参与度作为被解释变量，系统考察了"一带一路"倡议对中国价值链重构产生影响后是否促进了中国在全球价值链中的参与度的优化，并从异质性检验和路径机制检验等方面揭示其异质性影响与内在路径机制。

第 6 章则将研究内容着重放在了"一带一路"倡议推动中国与共建国家之间价值链重构所产生的重构效应的另一个维度，即中国的全球价值链分工位置。该部分同样基于"一带一路"倡议强化了中国与共建国家价值链重构进程的基本事实，重点考察了表征价值链升级的全球价值链分工位置指数是否因"一带一路"倡议推动中国价值链重构而向上游生产环节攀升，同时进一步探讨了重构方式与行业异质性，并揭示了"一带一路"倡议推动的中国同共建国家间的价值链重构进程对中国全球价值链分工位置影响的内在路径机制。

第 7 章则是对全书主要结论进行必要的总结。在该章节当中首先全面回顾了全书的主要发现与结论，并提出了相应的对策建议。另外，在这一章节的最后指出了本书研究当中存在的不足以及未来进一步研究的方向。

1.4 研究方法

为了系统的刻画中国价值链重构历程与了解中国的全球价值链参与特征，并探索"一带一路"、中国价值链重构之间的关系以及由此引致的重构效应，即对中国的全球价值链参与度、分工位置的影响，本书在逐步展开的过程中使用到了如下方法：

（1）文献归纳法。

通过梳理"一带一路"倡议、全球价值链重构领域的相关文献，系统归纳和总结有关全球价值链重构、"一带一路"倡议、中国价值链重构等方面的研究，明确相关领域已有的观点与最新成果。在此基础上，对全书涉及的核心概念进行界定，系统阐述了与本书研究主题密切相关的国际分工、微笑曲线以及价值链分工等理论，从而为全书的展开初步奠定理论基础。

（2）定量和定性结合的分析法。

在定量研究方法的使用上，本书引入了全球价值链分解框架以及全球价值链参与度、分工位置的测算方法，同时以亚洲开发银行编制的多区域投入产出表为数据基础，构建了适用于特定国家的价值链重构指数计算方法，并对 2007～2020 年中国价值链重构进程以及中国及各行业的全球价值链参与水平、分工位置等指标展开了定量测度。在进一步展开分析的过程中，结合定性分析方法，就中国同"一带一路"共建国家间价值链重构的动态轨迹以及中国参与全球价值链的演进趋势从定性的角度加以解读，从而全面呈现中国参与全球价值链分工以及价值链重构的典型事实。

（3）比较分析法。

为了更好呈现中国价值链重构进程与全球价值链参与的相关特征，全书还引入了比较分析法，具体体现在：其一，在刻画中国价值链重构的演进趋势中，本书将中国同共建国家与非"一带一路"之间的重构进程展开了比较分析，一方面贴合了全书的研究主题，另一方面也有助于进一步明确共建国家在中国价值链重构中的具体角色和定位。其二，在分析中国的全球价值链分工位置时，将中国同美国、德国和日本等区域价值链核心国家展开横向对比，不仅有助于准确识别中国在全球价值链分工中的相对位置，也为判断中国及各行业与全球顶尖分工之间的相对差距提供了必要的参考。

（4）理论分析与实证分析相结合的研究方法。

本书在对已有文献和理论进行系统回顾、归纳与总结的基础上，对"一带一路"倡议与中国价值链重构及这一变化的重构效应，即对中国的全球价值链参与度以及分工位置的影响进行理论演绎，并在此过程中就其中的作用机制进行全面的剖析和梳理。在实证分析部分，本书运用计量经济学的相关方法就全书提出的核心论点基于理论演绎的结果展开实证检验，从而实现理论分析与实证分析的有机结合。

1.5　本书创新点

与已有的研究相比，本研究尝试从研究内容、研究视角、研究框架三个方面做出边际创新，具体而言：

第一，本书创新性的将价值链重构的概念研究推广到特定国家，从产业关联的角度界定特定国家的价值链重构，构建了适用于特定国家的价值链重构的测度方法，并区分了价值链重构与由此导致重构效应，从而对现有关于价值链重构的相关研究进行了补充。特定国家的价值链重构是由各国的比较优势、规模经济、要素禀赋变迁所导致的国家间产业关联的变化，当特定国家产业关联的变化汇聚到价值链重构结果的表观层面时表现为特定国家以全球价值链参与度、分工位置为代表的全球价值链参与特征的变化，即价值链重构效应，而当世界各国全球价值链参与特征的变化进一步将其汇聚到全球层面则表现为全球价值链重构。因而，本书关于特定国家的价值链重构定义将价值链重构的表现与结果区别开来，并沟通了特定国家的价值链重构、全球价值链参与特征与全球价值链重构的连接线，丰富了价值链重构的相关研究。

第二，在研究视角上，本书从中国价值链重构的视角切入"一带一路"与中国价值链之间关系。现有关于"一带一路"倡议的相关研究主要从共建国家的视角展开，较少的研究就中国因"一带一路"倡议所导致的在产业关联、全球价值链参与特征等方面的变化展开实证研究。本书正是着眼于这一现有的学术研究尚未触及的细节，将"一带一路"倡议与中国价值链重构以及由此导致的重构效应（即对中国的全球价值链参与度、分工位置等影响）作为主要研究内容，创新性地从中国的角度沿纵向展开，以中国为核心视角深刻论证了"一带一路"倡议与中国价值链重构之间的关系，从而填补现有研究在视角上所缺失的部分细节。

第三，本书在研究框架中遵循纵向延伸的思路，通过将价值链重构的概念推广至特定国家的同时从理论角度区分特定国家的价值链重构以及由此导致的重构效应，并基于理论演绎的方法将"一带一路"倡议、中国价值链重构与重构效应纳入统一的框架内，探究三者之间的关系。全书以中国价值链重构作为承上启下的关键节点，将理论分析与事实分析的方法相结合，全面呈现了"一带一路"倡议推动中国价值链重构进程，进而引致中国在全球价值链分工过程中参与度的优化与向全球分工中上游环节转移的完整脉络，从而对该研究领域的研究框架做出有益补充。

第2章

概念界定、理论回顾与理论分析框架

2.1 概念界定

2.1.1 "一带一路"倡议

"一带一路"倡议是"丝绸之路经济带"和"21 世纪海上丝绸之路"的简称。2013 年 9 月和 10 月中国国家主席习近平在出访哈萨克斯坦与印度尼西亚时先后提出共建"丝绸之路经济带"和"21 世纪海上丝绸之路"的重大倡议。"一带一路"倡议作为中国在国际形势发生深刻变化，国际投资格局与规则酝酿深刻调整的大背景下，秉持包容开放的精神，致力于维护经济全球化与自由贸易体系，在对外开放领域做出的重要政策安排，旨在通过建设国家间合作平台与顶层对话机制促进中国同共建国家间的开放合作、实现共同发展。"一带一路"倡议一经提出，立即得到了多个国家的积极响应。

自"一带一路"倡议提出以后，相关研究主题也得到了学术界的广泛关注。正如文献综述部分已表明的那样，已有关于"一带一路"倡议的相关研究主要从共建国家的视角展开。其中，"一带一路"共建国家作为承载"一带一路"倡议实施的具体对象，同时也是"一带一路"倡议得以发挥其政策效应的主要载体，对"一带一路"共建国家的界定同样是关系到全书研究基础的重要概念。现有的研究中逐步倾向于将与中国签署共建"一带一路"相关合作文件作为评判是否属于"一带一路"共建国家的标准，以动态视角随"一带一路"倡议的实施逐步扩大共建国家的范畴（戴翔和王如雪，2022a）。事实上，"一带一路"倡议作为国家间合作平台与顶层对话机制，具有明显的动态性而非局限在特定地理空间，基于签署共建"一带一路"相关合作文件的评判标准充分考虑到共建"一带一路"倡议作为国家意愿的正式表达，通过签署共建"一带一路"各类合作文件的方式将这一意愿以书面文件的形式给予了确定，并充分体现了"一带一路"倡议推进过程中的开放性和包容性（戴翔和王如雪，2022b）。因此本书选择以是否与中国正式签署"一带一路"双边备忘录、合作文件或其他具有一定国际约束力的文件申明共建"一带一路"倡议作为判别特定国家属于"一带一路"共建国家与否的标准。

2.1.2　中国价值链重构

诚如文献综述部分所述，在全球范围内比较优势变迁、外部冲击以及国际经贸规则重塑等因素的影响下，重构已经成为未来全球价值链发展的必然趋势。全球价值链重构一方面要求重组国际分工体系，为各国寻求合适的嵌入方式和分工环节，实现机会均等；另一方面全球价值链重构的目的旨在构建更为平等的利益分配机制，使得全球价值链的各个参与主体平等共享国际分工带来的收益。现有关于全球价值链重构的定义主要是从全球范围内生产组织模式的变迁（谭人友等，2016；李芳芳等，2019）和新兴经济体对现有国际分工格局的挑战（戴翔和宋婕，2019；卢潇潇和梁颖，2020）两个角度展开。但是从现实参与主体来看，全球价值链重构的参与主体仍然是各个国家，无论是基于何种角度定义全球价值链重构，其背后所反映的经济学事实都可以从特定国家在全球价值链分工体系下的生产组织方式与分工职能的变迁加以理解。换言之，全球价值链重构是不同国家的价值链重构汇聚到全球层面的必然结果。因此，关于价值链重构的相关研究需要将视角适度从全球转移至特定国家，构建适用于测度特定国家的价值链重构指数来审视在全球范围内价值链重构的大背景下，特定国家价值链重构的内涵与具体演进。

为此，本书在参考戴翔和宋婕（2019）关于全球价值链重构研究的基础上，从产业关联的角度定义特定国家的价值链重构，将特定国家的价值链重构定义为特定国家在参与全球价值链分工的过程中同其他国家在上下游产业关联所发生的变化。这样做的原因在于：

第一，从理论基础来看，国际分工仍然是决定特定国家所从事分工的环节与利益分配的核心，而特定国家在全球价值链生产模式所从事的分工环节则是在本国比较优势、规模经济、要素禀赋等因素综合影响下的结果。当特定国家因比较优势、规模经济、要素禀赋等因素的变迁导致其所参与的国际分工环节发生变化时，这种变化不仅会影响到本国在全球价值链生产模式下所从事的分工环节，同时不可避免的会影响到其他国家的国际分工。显而易见的是，上述变动将通过增加值的跨国流动在国家间产业关联关系中得到映射。如在一个典型的

仅包含 s、r、t 三个国家的简化全球模型中，如图 2 - 1 所示。显然，典型国家 s 国的总产出中既包括来自国内生产部分，也包含跨国产业关联的部分。其中，s 国对 r 国和 t 国的前向产业关联必然通过出口中包含的国内增加值（DVA）实现，而 s 国接受来自 r 国和 t 国的增加值

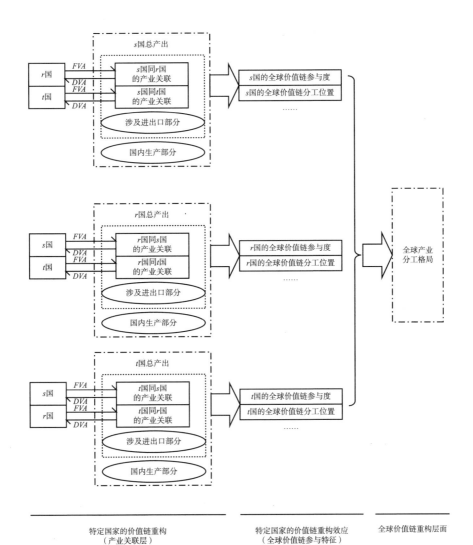

图 2 - 1　特定国家的价值链重构的概念

流入（FVA）则反映了 s 国的后向跨国产业关联，对于 r 国和 t 国而言亦是如此。从理论上来看，当其他国家的比较优势没有发生变化且仅有 s 国在 i 行业的中间产品生产取得比较优势时，显然 s 国 i 行业会增加向其他国家（r 国与 t 国）的增加值出口，在这一过程中 s 国 i 行业同 r 国和 t 国之间的前向产业关联也将随之得到强化，反之亦然。因此，基于产业关联所表征的特定国家的价值链重构沟通了全球价值链分工模式的底层逻辑，即国际分工的变化。

第二，价值链重构所反映的产业关联变化不可避免的会产生重构效应，即当特定国家的价值链重构指数发生变化时，这一变化将引致该国的全球价值链参与特征随之发生变动。这一事实同样可以用简单的例子加以说明：同样在简化的仅包含三国的全球模型中，当仅有 s 国在 i 行业的中间产品生产取得比较优势时，s 国 i 行业增加向其他国家（r 国与 t 国）增加值出口。这一过程中，s 国 i 行业的价值链重构，在产业关联上直观表现为该行业对下游国家以包含在中间产品内的国内增加值出口为载体的前向产业关联增强。与此同时，作为价值链重构的必然结果，这一转变将引起 s 国 i 行业全球价值链前向参与度的提升与分工位置向上游移动。对于其他国家或者其他影响国家间分工变动的因素而言亦是如此。因此，基于产业关联定义的特定国家的价值链重构沟通了产业关联层与重构效应层，也就是价值链重构结果的表观层面，即全球价值链参与特征的变化。

第三，更进一步地，由于不同国家的比较优势、规模经济、要素禀赋长期处在动态变化的过程中，当不同国家因上述因素的演化所导致的价值链重构效应，即全球价值链参与特征的变化，汇聚到全球层面时，将会进一步推动各国在全球价值链生产模式下分工职能、角色与获利等变化，从而引起全球范围内生产组织模式的变迁与不同国家对于全球价值链控制能力的演化，进而直观的表现为全球范围内的价值链重构。因而基于产业关联构建的价值链重构能够从特定国家的角度解释全球范围内价值链重构的内在动因与外在表现。

综上所述，基于产业关联层面所表征特定国家的价值链重构进程一方面沟通了全球价值链分工的底层逻辑，即特定国家比较优势、规模经济、要素禀赋变迁，同时承上启下的连接重构效应层面，即特定国家全球价值链参与特征的变化。加之国家间的产业关联特征还有助于揭示特定国家的价值链重构与全球范围内的价值链重构之间的内在联系。正是基于上述原因，本书最终选择从这一角度定义特定国家的价值链重构水平，从而反映特定国家在参与全球价值链分工过程中的价值链重构领域的变化。

进一步结合本书的研究主题来看，根据前文对特定国家的价值链重构的界定，遵循从一般到特殊的推广，中国价值链重构可以理解为中国在参与全球价值链分工的过程中，同其他国家在上下游产业关联所发生的变化。但是无论是特定国家的价值链重构还是全球范围内的价值链重构，均是在全球化情形下多重因素复合影响的结果。"一带一路"倡议作为中国对外开放领域的重要决策，明确以"五通"建设促进中国同共建国家之间的经贸往来与实现共同发展，而包含在经贸往来中的各类增加值跨境流动同样会因"一带一路"倡议的实施得到强化，因而从理论上来看，"一带一路"倡议作为中国价值链重构过程中施加的外部推力，将显著强化中国同共建国家之间以增加值跨境流动为载体的真实产业关联，推动中国价值链重构向共建国家的方向倾斜。

而中国价值链重构作为对中国跨国产业关联演进特征的高度总

结，基于前文关于特定国家的价值链重构与重构效应的理论分析表明，中国价值链重构所反映的产业关联变化同样将不可避免的产生重构效应，即导致中国的全球价值链参与特征的变迁。同时，面对中国长期嵌入全球价值链分工中低端环节、亟待实现价值链升级的典型事实，也有赖于中国价值链重构推动全球价值链参与特征的优化来解决上述问题。正是基于此，本书拓展了中国价值链重构的研究，沿纵向的思路将研究内容进一步扩展至中国价值链重构效应层面，如图2-2所示，探讨了"一带一路"倡议推动的中国价值链重构进程是否有助于中国的全球价值链参与度、分工位置的优化。这样便打通了"一带一路"倡议、中国价值链重构以及中国价值链重构效应的连接线，从而构建起从政策冲击到现实影响最后到重构结果之间的内在逻辑。

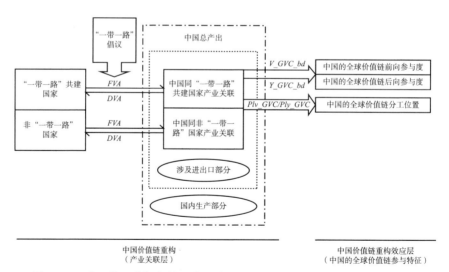

图2-2 "一带一路"倡议、中国价值链重构以及重构效应三者间的关系

2.2 理 论 回 顾

2.2.1 国际分工理论

国际分工理论最早可以追溯到 1776 年亚当·斯密在《国富论》中首次提出的生产分工理论。根据亚当·斯密对于分工的经典论述，认为经济增长源于"用一样东西换另一样东西"，即广泛的个人交换。复杂的劳动分工是个人交换产生的根本原因，而劳动分工产生的直接原因在于因先天的资源禀赋或者后天的生产形成的"绝对优势"。亚当·斯密指出分工将带来三个明显的好处：提高特定产品生产过程中任务分工的灵活性、节省任务之间的时间以及促进新技术的产生。后世学者将亚当·斯密关于分工与国际贸易的核心观点总结为绝对比较优势理论，即一国应当生产并出口自身具有绝对比较优势的产品，进口不具备绝对比较优势的产品（Basu et al.，2009；Hearn，2018）。绝对比较优势理论初步解释了国际分工的产生的部分原因，阐述了产业间贸易的理论基础。但是绝对比较优势理论一方面暗含机会成本不变作为前提，另一方面绝对比较优势理论难以解释那些在任何领域均不具备绝对比较优势的国家却仍然能参与国际分工的现象。

随着近年来垂直专业化分工的深入发展以及全球价值链生产模式的兴起，相对比较优势理论和赫克歇尔—俄林模型（即 H - O 模型）越来越多地被用于解释国际分工在全球范围内进一步深化的现象。1817 年，李嘉图在《政治经济学及赋税原理》中提出了相对比较优势理论。李嘉图认为，不仅绝对比较优势能够导致国际分工的产生，由技术差异驱动的相对比较优势同样是国际分工与国际贸易得以产生的重要原因（Maneschi，2008）。李嘉图的相对比较优势理论预测，各国将专注于生产本国具有相对比较优势的商品，进口本国具有比较劣势的产品。而赫克歇尔—俄林模型则忽略了不同国家间技术的相对差异，并假设所有国家在特定行业中都具有相同的生产功能。赫克歇尔—俄林模型断言，"比较优势的差异来自要素丰裕度和商品要素强度的差异，各国将生产更多的商品，这些商品相对密集地使用其相对丰富的要素"（Morrow，2010）。总的来看，相对比较优势理论和赫克歇尔－俄林模型进一步有力的阐述了产业间分工产生的原因，指出技术差异与要素禀赋的差异均能够推动国际分工产生与深化。此后，维纳克（Venak，1968）、迪沃特（Diewert，1974）、迪克西和诺曼（Dixit & Norman，1980）在赫克歇尔—俄林模型的基础上分别将两个国家、两个行业、两种生产要素的假设推广到多个国家、多种生产要素和多个行业，指明了不同情形下各国在参与国际贸易过程中的分工选择，对国际分工理论进行了进一步补充。

20 世纪 80 年代开始，产业内贸易取代产业间贸易成为新的发展趋势，产业内分工理论由此应运而生。克鲁格曼（Krugman，1979）基于垄断竞争模型开创性地提出规模经济理论，在一定程度上解释了水平型产业内分工。基于生产规模和消费者偏好的异质性，克鲁格曼以消费者的"多样化偏好"取代国际分工经典模型中"代表性消费者"假设，指出在不完全竞争情形下，生产者通过牺牲产品种类提高了生产规模从而获取规模经济带来的好处，具有"多样化偏好"的消费者则以更低的价格购买到了多样化产品，因而国家间的规模经济差异使得产业内分工成为可能。福尔维（Falvey，1981）则是基于产业内贸易的另一种形式——产品具有明显差异化特征的垂直型行业内贸易出发，基于要素禀赋理论解释这一现象。根据福尔维的研究，在垂直型行业内贸易模式下，产品质量是要素禀赋的函数，即使在规模报酬不变与完全竞争的情形下，初始要素禀赋的差异也直接影响着同一类产品的质量差异。当产品质量是资本的单调递增函数时，显然，高质量的产品只能由资本相对丰裕的国家生产，而低质量产品的生产任务将交由人均资本较低的国家负责，当不同质量的同类产品在国家间流动时即表现为垂直型产业内贸易。

随着国际分工在全球范围内的进一步细化，中间产品在全球贸易中所占比例不断提升，产品内分工逐步取代产业内分工成为全球贸易的主流形式。针对这一全新的变化，一方面以梅里兹（Melitz，2003）为代表，提出以企业异质性模型为核心的新新国际贸易理论，该理论阐明了国际分工的主要驱动者和参与者——企业面对国际贸易时的行为决策。在此之后，学者们基于异质性企业模型进一步探讨了企业产品质量、产品多样化组合、企业内贸易等不同情形下企业的异质性行为决策以及由此引致的宏观经济效应（余智，2013）。另一方面，国际分工领域的经典理论被重新用于解释产品内分工现象。同产业间分工类似，产品内分工同样受到要素禀赋和相对比优势的影响，只是分工的对象由不同产品进一步扩展到特定产品生产过程中的不同环节。根据安特拉斯（Antràs，2003）的研究，沿袭特定国家所从事的生产环节是其要素禀赋的函数的经典假设，国家间要素禀赋的差异同样可能导致产品内分工的实现。同时，不完全竞争和规模经济同样存在于不同环节的生产过程中，进而导致产品内分工（胡昭玲，2007）。

总的来看，随着国际分工从行业间、行业内再到产品内的逐步深化，比较优势、要素禀赋、规模经济、企业异质性等理论相继被提出以揭示不同形式的国际贸易出现的原因，同时也从深层次说明了国际分工内在驱动因素。全球价值链生产模式作为产品内部分工的重要表现。根据国际分工理论的基本论点不难得出，各国在全球价值链生产模式下所从事的专业化分工环节是其比较优势、要素禀赋、规模经济等多重因素复合决定的结果。随着上述影响国际分工因素在国家间此消彼长，将推动特定国家或者行业在国际分工中所从事分工环节也随之发生相应的变化，进而引起特定国家以增加值流动为载体的跨国产业关联发生变化，即特定国家的价值链重构。

2.2.2 微笑曲线理论

作为国际分工深入到产品内部层面的必然结果，全球价值链上各分工环节与价值分配之间的关系一直以来都是全球价值链相关研究最为关心的话题之一，在该领域内以"微笑曲线"理论最具代表性。"微笑曲线"这一概念最早由中国台湾宏碁电脑的创始人施正荣提出。施正荣在长期企业经营的过程中发现，价值链上不同分工环节的价值分配并非完全均等。IT 行业的上游为研发和设计环节等无形的生产前活动，下游为销售、品牌管理和售后服务等市场性环节，而处在价值链中游的企业主要从事加工、组装等生产性分工。其中，位于全球价值链上下游的价值密度远高于价值链中游生产性环节，如图 2-3 所示，全产业链的利润主要为上游和下游环节所攫取（原源和吴朝阳，2016）。

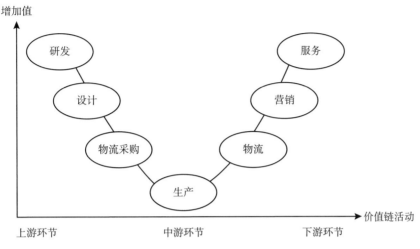

图 2 - 3　全球价值链"微笑曲线"

"微笑曲线"理论为判断全球价值链分工与获利之间的关系提供了直观的识别方法：通过判别特定国家或者行业是否处在价值链的上下游环节即可判定其对于全球价值链的影响力与获利能力。其内在逻辑在于：随着全球价值链生产模式的深入发展，世界各国基于自身的规模经济、要素禀赋和比较优势等精准定位于国际分工的某一环节，专注于从事自身所嵌入的生产环节上的生产活动，同时将自身不具备比较优势的环节外包给其他国家以获取全球化分工的收益。当外包环节按照链条状组成特定产品或服务的完整生产活动时便形成了全球价值链。全球价值链生产模式的发展一方面使得各国能够共享全球化分工带来的收益，另一方面显然少数国家对于价值链的控制能力要强于其他国家（石建勋等，2022）。基于"微笑曲线"理论对于国际分工的拆解，一般而言，处于价值链两端的发达国家拥有较强的研发实力、协调能力、融资能力和品牌管理能力，在全球产业链分工中主要从事治理者的角色，对价值链上的其他参与者形成集约压力（王彦芳和陈淑梅,2018)。处在价值链中游的国家和企业主要从事劳动密集型分工,资本和技术密集程度较低,依赖从发达国家进口的中间产品来补足价值链的关键技术和环节,直接导致该环节不同参与主体之间可替代性较强,从中获取的收益十分有限,长期面临着"低端锁定"的风险(刘维林,2021)。

"微笑曲线"理论作为全球价值链分工领域的经典理论,不仅解释了一国嵌入全球产业链分工环节与其获利之间的关系,在价值链升级领域"微笑曲线"理论也有重要的政策指导意义:现有的全球价值链利益分配模式明显单方面有益于处于"微笑曲线"两端的发达国家,高度固化的分工与利益分配格局使得发展中国家在参与全球价值链分工的过程中不得不面临来自发达国家的纵向压榨。沈等(Shen et al.,2021)在其研究更是直接声称,全球价值链中相互依存的国家之间的关系实际上是零和博弈。因此发展中国家想要实现在全球价值链生产模式下获取公平的发展机会,避免被排除在高附加生产环节之外,必须打破现有的国际分工中发达国家的垄断地位,其中重要的路径之一在于大力推动本国产业向全球价值链架构的两端延伸以实现价值链升级。

2.2.3　价值链升级理论

世界各国在全球价值链生产模式下所嵌入的分工环节差异不仅导致了国际分工收益在国家间分配的失衡,同时使得各国在面对全球价值链重构时的利益诉求也不尽相同。发达国家偏向重塑全球价值链治理,发展中国家则更加关注价值链升级(宋怡茹等,2021)。

格里菲(Gereffi,1994)将全球价值链治理定义为:企业在不直接拥有生产、加工等设施的情况下,通过对分散在各地的价值链生产环节高度控制，从而实现与其他企业之间的联系与制度安排。汉弗莱和施密茨（Humphrey & Schmitz，2000）则注意到价值链上不同企业所扮演角色的差异，将价值链的参与者分为主导者和从属者。根据价值链上不同企业的治理权力差异可以将治理形式分为两种类型：一是价值链上所有的企业均是从属者，各企业基于对于价值链平等的控制关系实现产业分工的互补；二是价值链中存在垄断企业直接控制关键分工环节与利益分配权力，从属企业则在垄断企业的顶层治理下承担价值链上的部分分工任务。斯特金和李（Sturgeon & Lee，2001）在其研究中根据产品的定制化程度与供应商对于供应链控制能力的强弱进一步将价值链中的参与者分为三种类型：提供标准化产品的市场型供应商、根据要求提供定制化产品的从属型供应商以及单一产品即能满足不同客户需求的"交钥匙"型供应商。两位学者认为，不同类型价值链网络的存在主要源于灵活、模块化和独立的生产带来的产业协同演化过程。但是必须承认，价值链网络得以构建的前提是价值链体系中参与者的角色不对等与垄断角色的存在。格里菲等（Gereffi et al.，2005）依据交易的复杂性、信息的标准化程度和供应者对价值链的控制能力，对全球价值链治理模式展开了更为详细的细分，认为目前存在市场型、模块型、关系型、从属型与等级型五种具体的价值链治理类型。

总的来看，无论是何种治理方式，由于现有的全球价值链生产模式下不同国家和企业的权力存在明显差异，处于全球分工中高端的发达国家可以通过自上而下的顶层治理直接协调价值链条上不同参与主体的利益分配。面对全球价值链重构的整体趋势，发达国家强调国家利益优先，寄希望使用国家力量和对全球价值链顶层治理权来维持自身对国际分工收益的垄断地位（张韦恺镝和黄旭平，2021）。发展中国家则由于技术的限制与要素禀赋的相似性，在面对具有同样资源禀赋和成本优势的其他地区崛起时，在全球化过程中被"边缘化"甚至是"被挤出"（刘志彪，2018）。面对现有全球价值链治理权力的高度不对等，对于发展中国家而言，尽快实现价值链升级就成为其避免陷入"低端竞争"和"悲惨增长"、实现发展公平的必然选择（戴翔等，2021）。

现有的研究认为，发展中国家的"价值链升级"一般遵循流程升级、产品升级、功能升级的路线逐级提升。其中，流程升级是指企业通过改善生产流程或者技术创新的形式提高产出与投入之比，实现生产效率的提升。产品升级要求企业通过销售单位价值更高的商品来增加利润，而不是移动到价值链的其他环节。功能升级则需要全球价值链参与主体具备更高的劳动生产率，从而移动到价值链上创造更高价值的环节（Humphrey & Schmitz，2000；Humphrey & Schmitz，2002；Humphrey & Schmitz，2004）。

全球价值链升级的不同阶段之间并不相互独立和排斥，流程升级、产品升级、功能升级在实践中通常相互融合并同时发生。根据"微笑曲线"理论，目前"价值链升级"一词目前被广泛解读为功能升级的过程，也就是向"微笑曲线"两端的高附加环节延伸。从实际升级过程来看，发展中国家在嵌入全球价值链分工的早期主要从事加工、制造等生产性环节开始，在这一过程中发展中国家一方面需要面对发达国家"居高临下"式的价值攫取，另一方面发展中国家同样可以从与行业内主导国家或者企业合作的过程中获取必要的技术溢出，并通过对引进的技术"学习消化再吸收"实现国内价值链体系的技术升级，进而实现向全球价值链分工的高附加环节攀升。根据"微笑曲线"理论对于全球价值链生产模式下分工与收益的刻画不难发现，发展中国家的价值链升级主要以逐步向全球价值链分工的上下游环节移动为主，而这一过程往往建立在本国企业在当前的生产环节取得了优势地位的基础上。借由长期的资本与技术的积累，发展中国家的比较优势也逐步从劳动密集型环节向资本和密集型环节靠拢，相应地，本国企业在全球价值链生产模式下获利水平的提高将推动"微笑曲线"扁平化，促使国际分工中各个环节的收益趋向于平等（高翔等，2020）。同时，新的分工环节意味着本国企业将更多原先本国不具备比较优势的生产环节纳入到国内，这会增加特定环节出口中的国内增加值以及促进本国产出的增长，助推本国在全球价值链分工的改善与话语权的提升，从而推动全球价值链的治理权趋向于更加公平（刘洪钟，2021）。因此，总的来看，价值链升级是发展中国家在全球分工地位与收益明显不对等的基础上的现实选择，其背后所反映的是发展中国家国内价值链的发展与国际竞争力的提升，并助推全球价值链分工体系向公平发展方向演化的历程。

2.3 "一带一路" 倡议对中国价值链重构影响的理论分析框架

2.3.1 "一带一路"倡议对中国价值链重构的政策影响理论分析

（1）"一带一路"倡议对中国价值链重构的政策影响理论分析

根据前文的分析不难发现，当前的国际分工是在生产要素自由流动的基础上，各国基于自身比较优势、禀赋差异与规模经济等多重因素复合影响下的结果，各国之间以增加值跨境流动所表征的产业关联以及由此促成的全球价值链参与特征是其外在表现形式（张幼文，2017）。但是必须注意到，既往的全球化进程由市场力量主导。市场竞争机制一方面加速了各国在全球价值链生产模式下的职能分化，在客观上促进了国际分工深入发展（罗皓文等，2021）。另一方面，市场机制驱动下全球化进程也难以克服市场经济固有的缺陷。如国家间职能的分化进一步加深了各国在全球价值链生产模式下权力与利益分配的不平衡。贸易摩擦系数的存在使得单纯依靠市场力量难以整合全球资源、实现资源的最优配置，直观表现为全球范围内的价值链合作趋于分散（欧阳康，2018）。近年来外部冲击频发更是使得全球价值链分工体系面临的不确定性显著增强，部分国家的贸易保护措施加剧了全球范围内价值链断裂的风险，进一步暴露出市场机制驱动下全球价值链分工的内在缺陷（包群和张志强，2021）。而现有的全球价值链治理体系与国际贸易规则既缺少相应的保障机制来确保国际分工收益的公平分配，又难以适应国家间比较优势、要素禀赋的快速变迁。因而在世界范围内，需要构建以国家力量主导的国家间合作平台与顶层对话机制来推进各国在价值链分工体系下的整合，重塑全球分工体系。

中国提出"一带一路"倡议，旨在为世界经贸合作提供新形式的公共服务，推动共建国家的经济发展，释放中国同共建国家间价值链合作的潜力（王灵桂和杨美姣，2022）。相较于中国同其他国家间的产业关联具有明显的以市场经济推动的自然演化特征，在"一带一路"倡议的框架下，中国致力于推动共建国家基础设施的改善，特别是交通运输效率的提升。这一举措有效降低了中国同共建国家开展国际贸易的成本，并强化了双方市场与资源配置的整合。同时，中国与共建国家本着平等、自愿的原则，通过顶层对话促进经贸往来，以签署书面协定、联通基础设施的方式提升贸易便利化水平，并通过一系列重点项目合作提升双边的互联互通程度。"一带一路"倡议在贸易畅通领域的大力推进更是直接有效拉动了中国同共建国家的贸易往来，并与设施联通之间形成相互促进的动态循环机制，进一步释放双边合作潜力（张馨月和吴信如，2022）。显然，在"一带一路"倡议的推动下，中国价值链重构进程将因"一带一路"倡议政策的外部冲击朝着增强中国同共建国家之间产业关联的方向发展，即作为外部政策的"一带一路"倡议的实施，对中国与共建国家之间的产业关联在自然演化的基础上施加了外部导向。

同时，比较优势互补是中国同"一带一路"共建国家在全球价值链分工上的显著特征，也是"一带一路"倡议得以促进中国价值链重构的重要前提，增加值贸易是维系这一产业关联的纽带（徐坡岭和那振芳，2018）。相较于"一带一路"共建国家，中国拥有广阔的潜在市场以及完整的国内价值链体系，而共建国家拥有较为丰富的自然资源与广阔的市场。从价值链重构的视角来看，过去受限于地理距离与贸易便利化措施不够完善，尽管中国需要来自"一带一路"共建国家的原材料和中间产品作为必要投入。但是由于运输成本、政策制度安排等阻力的存在，基于市场力量所演化的产业关联并不能完整的发挥中国与共建国家之间的比较优势，使得中国同共建国家之间尽管有着较大的价值链重构潜力，但在缺少外部政策影响的情况下，基于市场力量构建的产业关联难以克服外部因素施加的约束条件。而"一带一路"倡议作为国家间合作平台与顶层对话机制，以打通中国同共建国家之间基础设施联通先行，着重从经贸合作领域开展制度性安排进而打通双边经贸合作的堵点，显著降低了中国同共建国家之间的贸易成本，也使双方的产品以更低的价格在彼此的市场上流通，双方的比较优势也在贸易往来中得到进一步强化。"一带一路"倡议所推动的中国同共建国家间贸易便利化程度的提升则进一步克服了各类贸易阻碍，促进了双边贸易更加频繁。因而，总的来看，作为外部政策的"一带一路"倡议，在实施和推进的过程中使得中国与共建国家的比较优势进一步具象化，克服了市场经济的部分缺陷，以国家意志促进了中国同共建国家之间增加值贸易的增长，进而推动了中国价值链重构进程。

更进一步来看，"一带一路"倡议推动的中国价值链重构的现实意义可以从前后两个视角展开。从前向产业关联视角来看，经由"一带一路"倡议框架下各类促进贸易自由化与便利化的举措，"一带一路"倡议显著扩展了中国国内增加值的出口市场，中国制造业和服务业的相关产品可以向共建国家出口以满足当地的市场需求（陈继勇和陈大波，2018）。共建国家也从包含在中国出口中间产品的技术中实现了自身全要素生产率的提升，从而满足共建国家关于公平发展的诉求，进一步提升了双边开展价值链合作的积极性（姜峰等，2021）。从后向产业关联视角来看，来自"一带一路"共建国家的原材料和中间产品也能以更低的成本向中国实现出口，从而有效拉动共建国家自身的经济发展，并为中国提供多元化的中间产品来源。这一转变在提升了中国上游供应链安全的同时也促使中国同共建国家间的比较优势能够更好的发挥，使得中国有意愿也有动力扩大"一带一路"倡议的概念内涵和覆盖范围，推动该倡议向更深层次发展。显然，在理论意义和现实因素的共同驱动下，"一带一路"倡议将使中国与共建国家间价值链合作潜力得以转化为现实比较优势，中国同共建国家间的产业关联也将因"一带一路"倡议的实施和推进得到显著强化。

基于以上分析，可以得到本书的核心论点与理论假设 1a：

假设 1a："一带一路"倡议作为中国推动对外开放的重要政策，显著增强了中国与"一带一路"共建国家之间的产业关联，推动了中国价值链重构进程。

(2)"一带一路"倡议对中国价值链重构的政策影响理论机制分析

"一带一路"倡议作为中国倡议的国家间合作平台与顶层对话机制，在其行动指南《推动共建丝绸之路经济带和 21 世纪海上丝绸之路的愿景与行动》（以下简称《愿景与行动》）中明确提出以"五通"为主要建设内容。现有的研究普遍认为，"五通"建设不仅是"一带一路"倡议的重点推进方向，同时也是倡议本身得以促进中国同共建国家之间产业关联的核心路径（刘娟，2020）。据此，本书在涉及路径分析时主要以"五通"的视角展开，如图 2-4 所示。

就政策沟通而言，中国同共建国家间在政治、经济、社会和文化等领域的巨大差异无疑加大了中国价值链重构的难度。因而，构建良好的政策协调机制、增强政治互信以提升中国同共建国家间的政策沟通水平是"一带一路"倡议得以实施的先决条件。事实上，早在各国正式加入"一带一路"倡议之初，中国就已经尝试在贸易制度安排、合作的具体形式、行为规范以及争端解决等领域做出附加性的安排，并试图通过具体合作文件的形式将上述成果以书面的形式加以确定（闫雪凌和林建浩，2019）。而在"一带一路"倡议进一步展开的过程中，中国持续致力于推动以高层互访的形式增进政策的互联互通，并在"一带一路"倡议的合作框架下对各合作领域做出更多细节性的安排来削减各类制度壁垒，为"一带一路"倡议的顺利实施提供多样

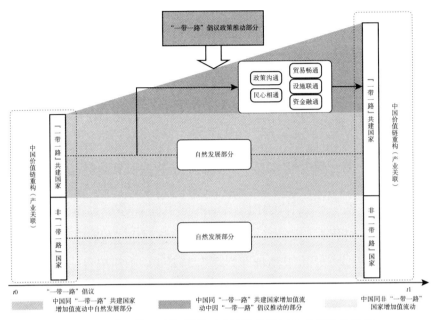

图 2-4　"一带一路"倡议对中国价值链重构的影响的脉络

化的制度保障。政策沟通水平的提升将带来明显的好处：首先，国家之间的合理制度安排有助于弥合国家之间的制度差异。降低各类交易成本和不确定性，为经贸合作的开展提供有利的外部条件（张馨月和吴信如，2022）。与此同时，政策沟通还将有助于减轻世界各国对于"一带一路"倡议的负面印象和焦虑，引导各国正确认识"一带一路"倡议的合作理念，推动"一带一路"倡议框架下各合作领域的深化（崔琪涌等，2020）。此外，政策沟通还为"一带一路"倡议的项目落地提供了良好的协商机制。尤其是在规模较大、涉及多元主体的能源、基础设施建设等重大项目上，政策沟通以顶层对话的形式直接推动各类重大项目的立项和推进，极大地提升了重点项目的建设效率（王昱睿和祖媛，2021）。

　　就设施联通而言，长期以来，"一带一路"共建国家落后的基础设施成为了制约共建各国经济发展与贸易往来的重要瓶颈（于津平和张艳艳，2021）。在全球分工日趋深化的大背景下，由于生产活动被细分为多个不同的环节并分散在各地，在所有生产环节完成之前往往需要中间产品的多次跨境，贸易成本也将随之累积。显然，当贸易成本积累到一定程度时即会阻断跨国产业关联的构建，因此各类贸易成本的削减对于以跨国产业关联所表征中国价值链重构而言至关重要（彭继增和王怡，2020）。面对这一问题，中国在推进"一带一路"倡议实施的过程中将基础设施联通摆在了优先位置，通过中方主导并直接投资的多条铁路、港口、机场以及能源运输管道建设，实现了基础设施的初步对接，共建国家的基础设施联通水平也因此有了较大的提高。根据世界经济论坛公布的数据，"一带一路"共建国家基础设施联通平均得分已从 2005 年的 3.42 提高到 2020 年的 4.26（刘春艳等，2020）。"一带一路"倡议推动的基础设施联通为中国价值链重构带来两大好处：一方面，中国同共建国家开展增加值贸易的成本大幅度下降，加速了以增加值跨国流动为载体的产业关联提升（洪俊杰和詹迁羽，2021）。另一方面，"一带一路"共建国家相对贸易成本的下降意味着来自其他地区产品的相对价格上升，这一转变直接使得中国同共建国家的产品在对方市场拥有成本优势，在直接扩大贸易总量的同时也扩展了双边贸易产品的种类。因而共建国家在中国价值链重构进程中无论是作为上游供应商还是下游市场的作用都得到了显著强化。综上不难看出，"一带一路"倡议框架下的设施联通将会有效促进中国同共建国家间产业关联的发展，促进中国价值链重构。

　　贸易畅通方面，增加值贸易作为传统贸易的重要组成部分，以增加值贸易为载体的跨国产业关联仍需通过传统的进出口贸易方能实现。现有的研究同样肯定了"一带一路"倡议提出后，中国与共建国家间贸易总额明显提升的典型事实（黄华华等，2020）。显而易见的是，中国同共建国家间的产业关联将因双边贸易总量的提升而直接得到强化，进而推动中国价值链重构进程。除直接促进中国同共建国家的贸易往来之外，"一带一路"倡议的正式合作文件当中还包含大量的贸易自由化安排。这使得"一带一路"倡议在顶层制度设计上带有了部分自由贸易区的特征。贸易自由化制度安排的落实一方面有助于消除中国同共建国家之间的贸易壁垒，大幅度降低双边增加值贸易的成本（沈维萍和张莹，2020）。尤其是在中国相对于共建国家具有技术优势的条件下，"一带一路"倡议的贸易畅通建设为中国与共建国家之间实现价值链互通互补提供了必要的沟通渠道，各类产品和服务中包含的增加值也得以借由进出口贸易的形式在中国与共建国家间流动，双方贸易规模的越大，也就意味着双边的产业关联趋于更加紧密。另一方面，得益于"一带一路"倡议的推动，共建国家也可以从中获取外生的技术进步，提高共建国家的开放水平，进一步增强其与中国之间的产业关联与合作。

就资金融通而言，中国在现有的"一带一路"框架下主要通过双边本币互换安排、人民币国际化等举措推动中国与共建国家之间的资金往来，以及设立诸如丝路基金、亚洲基础设施投资银行等国际金融机构为"一带一路"倡议提供资金支持。资金融通目前作为"一带一路"倡议的薄弱环节，中国同共建国家间的资金融通安排一方面为"一带一路"倡议持续推进提供了充足的资金，另一方面也为中国同共建国家的经贸往来提供了更加稳定的汇率以及更多贸易便利化的资金安排（邹宗森等，2021）。将资金融通向更高水平推进从长期来看将有助于中国与共建国家间构建更为多元化的资金融通体系，扩大金融市场开放程度，优化资金来源，推动中国与共建国家间的远期金融合作（刘莉君等，2021）。

民心相通作为"五通"领域的重要保障，理论上同样有助于"一带一路"倡议的实施和深入推进。中国同共建各国巨大的文化隔阂使得商品的跨境流通不仅面临着现实贸易成本的阻力，文化的阻隔同样影响着双方产品在对方市场的接纳程度，造成额外的协调成本（傅晓冬和杜琼，2022）。中国同共建国家在文化领域的交流和合作一方面促进了文化的平等交流和相互了解，也有助于各类商品和市场主体改善在当地居民中的形象，对冲文化风险，为双边产业关联的强化搭建更为雄厚的文化基础（戴翔和王如雪，2022）。但是值得注意的是，民心相通并不能直接促进中国同"一带一路"共建国家间以增加值跨国流动为载体的产业关联，两者需要作用于设施联通、贸易畅通、资金融通等实体渠道，从而更好的发挥中国同共建国家间的比较优势、实现价值链互补。

基于上述分析，可以得到本书的理论假说 1b：

假说 1b："一带一路"倡议以"五通"为中介机制显著增强了中国同共建国家间的产业关联，推动中国价值链重构进程向共建国家的方向倾斜。

2.3.2　"一带一路"倡议与中国价值链重构效应理论分析

（1）全球价值链参与度视角

余振等（2018）将价值链重构的结果总结为两个方面：其一是增加特定国家在全球价值链中的参与度，其二是特定国家在全球价值链中分工位置的变动。其中，全球价值链参与度作为中国参与全球价值链的重要特征之一，同时也是中国价值链重构效应的重要表现，因"一带一路"倡议所推动的中国价值链重构进程不可避免地会引致中国的全球价值链参与度的变迁。同时，因中国长期处于全球价值链分工中低端环节，中国也需要借助价值链重构的契机实现全球价值链参与度的优化。因此，本小节将研究重点放在中国价值链重构的重构效应层面，旨在从理论角度分析作为中国价值链重构效应之一的全球价值链参与度会因中国同共建国家间价值链重构进程的推进发生何种变化。

根据本书的研究对象以及对中国价值链重构的概念界定，中国价值链重构根据产业关联的具体对象可以进一步区分为中国同共建国家的重构与中国同非"一带一路"国家间的重构。而上一小节的理论分析业已表明，"一带一路"倡议作为中国倡议的国家间合作平台与顶层对话机制，能够显著增强中国同共建国家的产业关联，推动中国价值链重构进程。进一步从前向视角来看，中国同共建国家间价值链前向重构水平的提升直观表现为中国向共建国家出口国内增加值的增加。根据全球价值链的分解结果，国内增加值出口既可以通过最终产品的形式也可以通过中间产品的形式加以实现。显然，"一带一路"倡议推动的中国向共建国家的国内增加值出口同样会引致其中的中间产品出口增加。如果基于静态的研究视角，这一转变将有助于以中间产品出口为代表的全球价值链前向参与度上升，推动中国向全球价值链分工的中高端环节演进。而从后向视角来看，"一带一路"倡议推进中国同共建国家之间后向重构进程同样会推动增加值进口，而包含在其中的中间产品进口也会有所增加，进而促进中国的全球价值链后向参与度提升，进一步加剧中国对于进口中间产品的依赖。

但是值得注意的是，"一带一路"倡议作为国家间合作平台与对话机制，尽管本身并不具备强制约束力，但是从"一带一路"倡议的实际推进过程来看，中国同"一带一路"倡议之间的"五通"建设具有明显点对点定向性的贸易便利化和自由化特征，在一定程度上发挥了类似自由贸易协定的作用（刘建等，2021；郑航和韩剑，2022）。区域贸易自由化的直接后果之一是贸易创造和贸易创造。贸易创造效应是指因自贸区的成立使得自贸区内部成员间的贸易成本大幅度下降，进而造成自贸区内比较优势形成梯度差异从而在自贸区成员间创造了新的贸易。贸易转移效应的产生同样是由于自贸区内部成员间贸易成本的相对下降，但是这一变化将导致同非自贸区成员间贸易成本相对上升，原先与非自贸区成员的贸易转移至自贸区内部的现象（杨成平和林卿，2020）。

如果从比较静态的视角审视"一带一路"倡议对中国价值链重构效应的影响，将得到不同于静态分析的结论。具体而言：从后向关联来看，尽管理论上"一带一路"倡议的推进拓展了中国同共建国家之间的后向产业关联，中国应当扩大包含中间产品在内的增加值进口。但是由于"一带一路"倡议本身的类自贸区效应以及由此引致的贸易转移现象，来自共建国家的原材料和中间产品进口可能部分挤出了来自非"一带一路"国家的同类产品。特别是共建国家具有比较优势的行业主要集中在原材料与低技术制造业的部分产品，阿明顿替代弹性较高是这类产品的典型特征，这也就意味着上述产品更容易受到贸易转移效应的影响。更进一步的，因中国国家层面的中间产品进口总量等于中国从共建国家与非"一带一路"国家进口的中间产品总量之和，贸易转移效应的存在使得"一带一路"倡议对中国中间产品进口总量的影响并不明显，如图 2 - 5 后向产业关联部分所示。

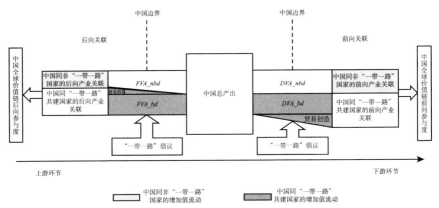

图 2 – 5 "一带一路"倡议与中国价值链重构效应的
理论机制：全球价值链参与度视角

　　从结果看，中国同共建国家之间的价值链后向重构对中国以中间产品进口为典型特征的全球价值链后向参与度的影响具有不确定性。此外，需要特殊说明的是，由于全球价值链后向参与度反映的是特定国家或者行业对于进口中间产品的依赖程度，该指标没有明显变化并不意味着中国全球价值链后向参与特征的恶化。事实上，对于在全球价值链分工中主要从事生产性环节的中国而言，全球价值链后向参与度适度下降意味着中国当前的生产对于国外进口中间产品依赖度有所降低，是全球价值链参与度特征得到优化的表现。另一方面，在当前国际贸易形势整体向偏向保守的大背景下，中国与共建国家之间没有明显的利益冲突，"一带一路"倡议在丰富中国产业链上游供应选择的同时，还可以有效的规避因利益诉求冲突造成不确定性，从而保障中国上游供应链的安全，因而在"一带一路"倡议所引致的贸易转移效应的影响下，中国的全球价值链后向参与度整体表现出向好的趋势。

　　从前向视角来看，"一带一路"倡议的类自贸区效应使得其所推动的中国同共建国家之间的价值链前向重构主要通过增加值贸易增量的方式实现，且该部分贸易增量并不会影响到中国同其他国家的增加值出口，而是主要由贸易创造效应引致的新增贸易创造，如图 2 - 5 前向关联部分所示。相应的，作为其载体之一的中间产品出口也会随之增加。因而，总的来看，"一带一路"倡议在原有的基础上通过贸易创造的形式为中国中间产品出口添加了新的增量，使得中国中间产品出口的总量进一步增加。显然，这一转变将推动中国以中间产品出口为代表的全球价值链前向参与度的提升，从而形成"'一带一路'倡议推动中国同共建国家价值链前向重构进程，导致中间产品出口增加，进而引致中国全球价值链前向参与度提高"的传导路径。

据此，可以得到本书的理论假说 2a、假说 2b：

假说 2a："一带一路"倡议推动的中国价值链后向重构进程由于贸易转移效应的存在，对以进口中间产品为代表的全球价值链后向参与度的影响具有不确定性。

假说 2b：在前向视角下，"一带一路"倡议推动的中国价值链前向重构进程因贸易创造效应的存在，将使得中国全球价值链前向参与度有所提升。

（2）全球价值链分工位置视角

基于前面的理论演绎不难发现，中国价值链重构的另一个重构效应和直接后果在于对中国全球价值链分工位置的影响。根据"微笑曲线"理论，同时结合当前中国仍然处在加工、制造等生产性环节的典型事实不难发现，中国价值链升级的主要路径在于向全球价值链分工的上游环节延伸。

　　根据国际分工理论，规模经济与比较优势是产品内分工生产模式下竞争优势的重要来源。中国与"一带一路"共建国家之间的比较优势互补则是中国与共建国家得以开展价值链重构的重要前提与现实基础。从后向产业关联的角度来看，"一带一路"倡议推动的中国与共建国家之间的价值链重构进程将产生明显的资源配置效应。即来自共建国家的增加值流入实际上为中国提供了多样化和稳定的原材料以及中间产品供应，有效填补了中国在相关领域的产能短板。同时这一转变也有助于促使中国将原先用于自身不具备比较优势产品的生产资料从低效率生产中转移出来，将其投入到中国具备比较优势的生产环节，有效促进了中国整体生产效率的提升（吴博，2020；樊增强等，2021）。同时，"一带一路"倡议所推动的中国价值链重构进程也有助于优化中国同共建国家在全球价值链上分工环节的安排。从现实基础上来看，中国具备比较优势的环节距离上游能源和原材料领域仍然较远，中国全球价值链升级的方向主要是向研发、设计环节等上游环节扩张。"一带一路"倡议的实施为中国提供了必要的原材料和能源来源，保障了上游供应链的安全，避免了上游价值链断裂的风险，从而进一步促使中国聚焦于自身比较优势的发挥与价值链升级（陈向博和郑凯，2022）。而从前向产业关联来看，中国同共建国家间的价值链重构进程同样有助于强化中国的比较优势。"一带一路"倡议为中国国内增加值出口提供了新的市场，根据国际分工理论，显然中国将向下游出口自身具有比较优势的产品。同时，由于出口与比较优势之间存在双向互动关系，中国将在出口自身具有比较优势产品的过程中持续对自身拥有比较优势的领域产生正向回馈，从而进一步强化自身的比较优势。全球价值链分工位置视角如图2-6所示。

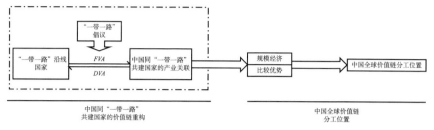

图 2 - 6　"一带一路"倡议与中国价值链重构效应的

理论机制：全球价值链分工位置视角

　　"一带一路"倡议同中国在价值链前向重构指数的提升在经济学上直观表现为中国通过"一带一路"倡议实现了下游出口的增长，从而强化中国生产的规模经济效应，进而带动中国在全球价值链分工位置的上升，即价值链升级。根据上一小节的理论演绎，不难发现中国同"一带一路"共建国家之间的价值链前向重构进程集中表现在中国向共建国家的增加值增量出口。这一过程不仅促进了中国下游市场的扩展，同时得益于下游需求的增加，中国本身的总产出规模也随之扩张。根据国际分工理论中关于规模经济的表述，中国总产出的规模扩张将促使中国在牺牲部分产品多样性的同时获取规模经济带来的好处，即规模经济效应。规模经济效应一方面降低了中国的生产成本，客观上有助于中国出口产品在国际市场上取得价格优势，并进一步促进中国的出口。同时也使得部分原先无法参加全球价值链的生产环节因生产成本下降得以融入全球分工体系（吕延方和王冬，2017）。另一方面，"一带一路"倡议为中国提供的市场拓展使得中国可以避免在类似的分工环节与高技术国家直接展开存量竞争，而是通过开发新市场的方式实现对新兴产业的培育，进一步强化中国相关产品的国际竞争优势。价值链前向重构引致的规模经济效应还可以与中国国内价值链体系的发展形成双循环联动（景跃军和李涵，2018）。一方面借助于国际循环体系，为中国提供多元的中间产品和原材料。而来自国外的高质量中间产品的进口也有效降低了中国国内生产的成本，包含在其中的知识和技术也能够通过中间产品的进口外溢至进口企业，促进国内企业的技术进步与生产效率的提升。外部市场的扩展还为中国国内生产的发展提供了资金和技术的积累，推动国内大循环优势的形成。而国内大循环发展质量的提升则进一步为中国各行业国际竞争力的提升提供了支持，中国完整而富有竞争力的国内价值链体系正为日益成为中国在全球价值链分工中分工位置提升的重要保障（彭定赟和王磊，2020）。因而总的来看，"一带一路"倡议推动中国与共建国家之间的重构进程同样有助于中国双循环体系的发展，进而推动价值链升级的实现。

据此，可以得到本书的假说3：

假说3："一带一路"倡议推动的中国同共建国家之间的价值链重构将促进中国更好地发挥比较优势以及规模经济效应从而带动并促进中国各细分行业在全球价值链分工中位置的提升。

2.4　本章小结

作为全书的理论分析部分，本章首先引入了核心概念——"一带一路"倡议与中国价值链重构，并在已有研究文献的基础上结合本书的研究内容对两个概念的内涵给出界定。随后简要介绍了贯穿全书的国际分工理论、微笑曲线理论与价值链升级理论，为全书的展开初步奠定了理论基础。在本章的最后则根据中国价值链重构的概念所区分的产业关联层与重构效应层，加之中国全球价值链参与特征亟待优化的事实，从理论演绎的角度分析了"一带一路"倡议对中国价值链重构的政策影响及其理论机制。同时就相关研究议题展开纵向延伸，分析了这一转变将导致的中国价值链重构效应以及内在机理，并在此基础上提出全书的核心论点与假设，为后文的典型事实分析和实证检验提供全面的理论分析框架。

第 3 章

"一带一路" 倡议与中国价值链 重构演进趋势分析

改革开放以来，中国凭借人力红利、充裕的资源禀赋以及广阔的潜在市场在加工、组装等生产性环节形成了比较优势，并逐步融入发达国家主导的全球分工体系（魏龙和王磊，2017）。在积极融入全球分工体系的过程中，中国得以充分发挥劳动力成本优势，推动经济的高速增长、国内产业结构的转型升级与国际竞争力的提升，并逐步成长为东亚区域价值链的核心国家（张小溪，2020）。但是已有研究同时指出，中国在国际分工中的传统优势行业正在遭受其他发展中国家的挤压，而高端制造业和服务业仍为发达国家所掌控（赵景瑞等，2022）。在此情形下，借助全球范围内价值链重构的浪潮，推动中国价值链重构以促进中国在全球价值链参与度的优化与分工位置的提升业已成为中国未来继续深度参与国际分工的必然选择。而"一带一路"倡议作为国家间合作机制与顶层对话平台，为推动中国价值链重构提供了新的契机。基于此，本章首先将简要陈述"一带一路"倡议的提出与建设进展。其后从中国价值链重构的角度出发，结合全球价值链分解框架提出适用于特定国家的价值链重构的测度方法,并以此为基础对 2007～2020 年中国价值链重构的演进趋势予以刻画。同时在此过程中使用对比分析法区分中国价值链重构进程中共建国家与非"一带一路"国家在方向、角色与重构形式的差异,从而就典型事实的角度对"一带一路"倡议下中国价值链重构进程形成全局性认识。此外,本章还从纵向的角度测算并刻画 2007～2020 年中国的全球价值链参与度与分工位置等特征,一方面有助于从宏观角度概括中国嵌入全球价值链分工的演化特征,另一方面也为后文深入研究"一带一路"倡议对中国价值链重构效应的影响提供了典型事实支撑。

3.1 "一带一路"倡议的提出与建设进展

3.1.1 "一带一路"倡议的提出

正如前文所述,"一带一路"倡议是"丝绸之路经济带"和"21世纪海上丝绸之路"的简称。"一带一路"倡议,旨在顺应全球化潮流、整合各国要素禀赋与资源、推动区域开放和合作,打造新型国家间合作平台与顶层对话机制,同时也是中国在对外开放领域做出的重要政策安排。"一带一路"倡议重要节点如图 3-1 所示。

2015 年 3 月,国家发展改革委、外交部、商务部联合发布了《推动共建丝绸之路经济带和 21 世纪海上丝绸之路的愿景与行动》(以下简称《愿景与行动》),其中针对"一带一路"倡议提出的时代背景、

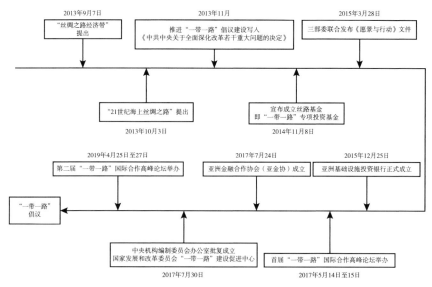

图 3-1 "一带一路"倡议重要节点

共建原则、框架思路、合作重点等共建国家关心的问题给予了详细陈述，明确表达了中国推动与共建国家实现共同繁荣、推进双边合作迈向新高度的核心意愿。作为"一带一路"倡议的全面铺开与实现新的发展的行动指南，《愿景与行动》中更是明确提出了"一带一路"倡议以促进中国同共建国家间的政策沟通、设施联通、贸易畅通、资金融通、民心相通为主要内容，重点加强"五通"领域的合作：其中，政策沟通是"一带一路"倡议的基础性内容，意在促进中国同各国间的高层对话，以增进双边政治互信的方式推动"一带一路"倡议向更深层次发展。就设施联通而言，诚如前文所述，是"一带一路"倡议政策落地的优先领域，其核心内容在于推动中国同共建各国间的基础设施建设，特别是增强中国与共建各国间在国际交通、能源通道以及其他各类基础设施领域的互联互通，打通中国与共建国家在铁路、航空枢纽、港口、能源运输通道等关键领域的堵点。而在贸易畅通领域，主要以降低各类贸易成本为发力点，努力提升中国与各国间的贸易便利化水平，同时消除各类阻碍贸易的因素，从而释放双方经贸发展潜力，推动中国同共建国家间经贸合作向更深层次发展。资金融通领域一方面以为"一带一路"倡议的顺利开展提供充足资金保障作为核心出发点，另一方面以人民币国际化为推手，旨在推动中国经济走出去的进程。而在民心相通领域，主要意在唤醒中国同各国关于古代丝绸之路的共同历史回忆，共同传承和发扬全球化和国际合作精神，以共同的理念促进"一带一路"倡议的发展。

3.1.2　"一带一路"倡议的建设进展

作为国家间合作平台与顶层对话机制的"一带一路"倡议一经提出，立即得到了多个国家的积极响应。与此同时，"一带一路"倡议本身在中国与共建国家的共同推动下，在各重点合作领域也取得了相应的进展。具体而言：

（1）政策沟通

在政策沟通领域，截至 2022 年 2 月 27 日，中国已经同 149 个国家和 32 个国际组织签署 200 余份共建"一带一路"合作文件，如图 3 - 2 所示①。同中国签署共建"一带一路"倡议各类合作文件的国家也由古丝绸之路诸国逐步扩展至欧洲、非洲、南美洲等地区的国家，使得"一带一路"倡议业已演变成为超脱历史和地理范畴的全球

---

① 资料来源：中国"一带一路"网. 已同中国签订共建"一带一路"合作文件的国家一览 ［EB/OL］. （2022 - 02 - 07）［2022 - 08 - 13］. https：//www. yidaiyilu. gov. cn/xwzx/roll/77298. htm.

性的国家间合作平台与顶层对话机制。而作为中国倡议的国家间合作平台，"一带一路"倡议以较强的包容性与高度的弹性，在提出和实施的过程中陆续与共建国家的各类发展规划（如俄罗斯提出的"欧亚经济联盟"、哈萨克斯坦提出的"光明之路"等）实现了深度对接，进一步扩展了合作的内涵和范畴。此外，作为"一带一路"在政策沟通领域的重要实践，中国分别于 2017 年和 2019 年成功举办两届"一带一路"国际合作高峰论坛，与会国家数量明显增多，已累计在六大领域取得了超过五百项建设性成果①，标志着"一带一路"倡议在政策沟通领域的成果日趋丰硕。

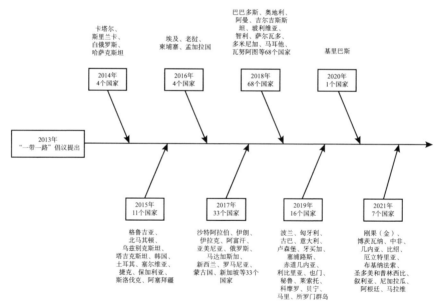

图 3-2 "一带一路"倡议覆盖国家的扩大

① 资料来源：中国"一带一路"网．图解："一带一路"倡议六年成绩单［EB/OL］. (2019-09-09)［2022-08-13］. https：//www. yidaiyilu. gov. cn/xwzx/gnxw/102792. htm.

(2) 设施联通

在设施联通领域，中国在推进"一带一路"倡议的过程中始终秉持以打通中国同共建国家的基础设施互联互通为先行。在国际通道建设领域，以新亚欧大陆桥、中蒙俄、中国—中亚—西亚、中国—中南半岛、中巴和孟中印缅等为代表六大国际经济合作走廊有效沟通了亚欧经济圈之间的关联，为建立和加强与各国的互联互通伙伴关系、构建高效畅通的亚欧大市场发挥了重要作用。作为联通基础设施的重要举措，中国相继投资了包括中老铁路、中泰铁路、雅万高铁、匈塞高铁等在内的多条铁路建设，与此同时，包括泛亚铁路东线、巴基斯坦1 号铁路干线升级改造、中吉乌铁路等在内的多个项目取得积极进展，使得"一带一路"倡议推动的铁路设施联通涵盖了东南亚、欧洲等多个地区，显著促进了中国同共建国家之间的铁路通道建设。作为"一带一路"倡议在铁路运输领域的标志性工程，中欧班列建设也取得了较大成果，发展速度明显加快。截至 2021 年上半年，中欧班列十年间累计开行超过 4 万列。其中，仅 2020 年全年中欧班列开行即突破一万列，运输货物价值超过 2000 亿美元。目前已经累计通达 22 个国家 160 多个城市，成为中国同欧洲国家之间实现货物流通的重要通道和窗口。海运作为当前国际物流中成本较低、货运量较大的主流运输方式，中国同样在"一带一路"倡议的框架下积极布局各类港口建设，相继推动了包括瓜达尔港、汉班托塔港等多个港口在内的海运通道建设项目落地。此外，在"一带一路"倡议的推动下，中国还大力投资援建共建国家的各类通信基础设施、搭建电力设施和能源输送通道等，以增强中国同共建国家间生产体系的对接。已经累计建成了包括同俄罗斯、中亚、缅甸等国在内的多条能源通道，有效推动了中国与共建国家在基础设施领域的全面联通。

（3）贸易畅通

贸易畅通作为"一带一路"倡议的重要内容，共建"一带一路"倡议的核心之一即在于降低中国同共建国家之间的贸易成本，提升贸易便利化水平，从而释放双边经贸合作潜力。实际上，"一带一路"倡议提出以后，中国同共建国家的贸易总额稳步增长，已成为目前中国出口最具潜力的区域之一。货物贸易方面，2013～2020年，中国与"一带一路"共建国家货物贸易进出口总额从1.04万亿美元增至1.35万亿美元，占中国货物贸易总额比重也由25.0%升至29.1%，如图3-3所示。与此同时，在"一带一路"倡议的推动下，服务贸易成为中国同共建国家之间新的经贸合作增长点。根据《中国"一带一路"贸易投

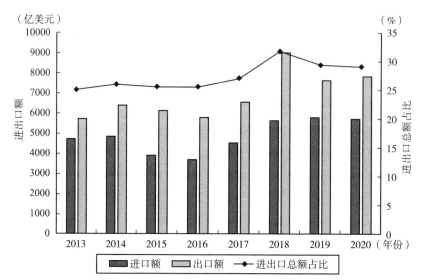

图 3 - 3　2013 ~ 2020 年中国与"一带一路"共建国家货物贸易额

资料来源：《中国"一带一路"贸易投资发展报告 2021》。

资发展报告 2021》的统计，2020 年中国与共建国家之间实现各类服务贸易进出口总额达到 844.7 亿美元，其中服务业实现出口 377.3 亿美元，进口 467.4 亿美元。此外，服务外包业务也保持了快速增长。2020 年，中国承接"一带一路"共建国家离岸服务外包执行额达 1360.6 亿元，同比增长 8.9%。

（4）资金融通

而在资金融通领域，经由"一带一路"倡议的推进，中国与共建国家之间的资金融通也焕发了新的活力。2013~2020 年，共建国家对中国的外商直接投资（FDI）累计超过了 580 亿美元。仅 2020 年，共建国家对中国的外商直接投资即达到了 82.7 亿美元，占同期中国实际吸收外资总额的 5.7%，如图 3-4 所示。同样在 2020 年，共建国家在华新设立各类外商投资企业 4294 家，占同期全部新设外商投资企业总数的 11.3%。此外，中国对共建国家的对外直接投资也保持了平稳增长，2013~2020 年，中国企业对"一带一路"共建国家累计直接投资总额达到 1359.2 亿美元，年均增长 5.7%，较同期全国平均水平高出 2.6 个百分点。

在人民币国际化领域，截至 2018 年底，在"一带一路"倡议的合作框架下，中国已经先后与 21 个国家建立了双边本币互换安排，与 7 个国家建立了人民币清算安排，人民币跨境支付系统（CIPS）业务也已经覆盖 60 多个共建国家和地区。同时，以丝绸之路基金与亚洲基础设施投资发展银行为依托，为"一带一路"倡议的深入推进提供了充足的资金保障。截至 2019 年底，丝路基金累计支出超过 100 亿美元。作为资金融通的另一个重要机构，截至 2021 年 1 月，亚洲基础设施投资银行支持的特色项目多达 108 个，总投资额达到 220.2 亿美元。

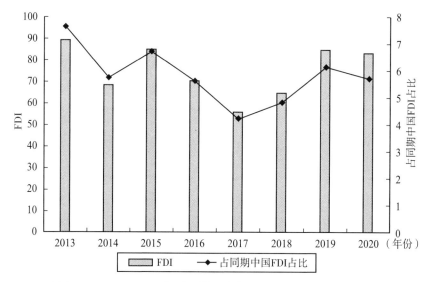

图 3 - 4　2013~2020 年"一带一路"共建国家对中国 FDI 流量

资料来源:《中国"一带一路"贸易投资发展报告 2021》。

（5）民心相通

而在民心相通领域，中国在"一带一路"倡议的框架下，尝试同共建国家开展了多种不同形式的文化交流，在多国陆续举办了包括各类艺术节、电影节、音乐节、文物展、图书展等活动在内的多种文化沟通活动。同时，中国与共建国家之间的教育合作也逐步趋于密切。截至 2020 年 8 月，中国已与 188 个国家和地区、46 个重要国际组织建立了教育合作与交流关系，与 24 个共建国家签署高等教育学历学位互认协议。"一带一路"高校战略联盟成立 5 年来，由最初的 8 国47 所高校，增至 27 国 173 所高校，形成高等教育共同体，推动了中国与"一带一路"共建国家大学之间在教育、科技、文化等领域的全面交流与合作，使得中国同共建国家之间的文化交流在青年层面不断得到强化。旅游作为民间互访与增进互信的重要方式，中国同共建国家之间的合作范围和深度也在逐步扩大。特别是旅游便利化举措领域，截至 2019 年底，中国与共建国家签署双边文化、旅游合作文件76 份，与 57 个共建国家缔结了涵盖不同护照种类的互免签证协定，与 15 个国家达成 19 份简化签证手续的协定或安排。2019 年，中国和"一带一路"共建国家双向旅游交流超过 6000 万人次，俄罗斯、缅甸、越南、蒙古国、马来西亚、菲律宾、新加坡等国成为中国主要客源市场。此外，作为对共建国家的人道主义支持，中国累计向共建国家提供了 20 亿元人民币紧急粮食援助，向南南合作援助基金增资 10亿美元等，进一步彰显了中国愿同各国共享发展机遇、实现共同发展的意愿。

　　总的来看，"一带一路"倡议作为国家间合作平台和顶层对话机制，在该倡议的推动下，中国同共建国家基于《愿景与行动》这一行动指南在较短的时间内推动"一带一路"倡议相继在多个领域取得了较大的进展。而从中国视角来看，"一带一路"倡议的实施与扩大在理论上有助于显著增强中国同共建国家之间经贸往来和产业关联，推动中国价值链重构的进程以及解决中国当前在参与全球价值链分工中遇到的一系列问题，前文对于"一带一路"倡议在"五通"领域取得的实际成效也在一定程度上支持了这一论点。但是在定量的角度下，"一带一路"倡议实施前后中国的价值链重构进程发生了什么样的变化、共建国家在中国价值链重构进程中扮演了什么样的角色，将是本章接下来重点解决的问题。

3.2 中国价值链重构演进趋势分析

3.2.1 中国价值链重构指数的构建

（1）多区域投入产出表基本框架

基于产业关联构建的价值链重构指数需要建立在全球价值链分解框架的基础上，而多区域投入产出表（模型）则是宏观层面全球价值链分解与指标测度的核心。如表 3 – 1 所示，在一个典型的多区域投入产出表（模型）中，G 表示投入产出表中国家的集合，脚标 s、r、t 分别表示从属于国家集合 G 中的元素（s，r，$t = 1$，$\cdots$，G）。N 为投入产出表中所涉及的全部行业的集合，脚标 i、j 分别表示行业集合 N 中的元素（i，$j = 1$，$\cdots$，N）。中间投入矩阵 Z 中的每一个元素 z_{rs}^{ji} 表示 s 国 i 行业生产过程中需要来自 r 国 j 行业作为中间投入的数量。Y 代表最终产品矩阵，其中每一个元素 y_{sr}^{i} 表示 s 国 i 行业的总产出中被 r 国用作最终产品的数量。总产出 X 为 $GN * 1$ 的列向量，其中的每一个元素 x_{s}^{i} 表示 s 国 i 行业的总产出。Va 表示 $1 * GN$ 的增加值行向量，每个元素 va_{s}^{i} 代表 s 国 i 行业的所创造的增加值。为了考察 s 国 i 行业的所创造的增加值占总产出的比重，本书使用 V 来表示 $1 * GN$ 的增加值率行向量，V 中的每个元素 $v_{s}^{i} = va_{s}^{i}/x_{s}^{i}$。直接消耗系数矩阵则是用 A 来表示，矩阵中 A 中每一个元素 $a_{rs}^{ji} = z_{rs}^{ji}/x_{s}^{i}$，表示生产 s 国 i 行业一单位的产出需要来自 r 国 j 行业作为中间投入的比例。

表 3 – 1　　　　　　　　　　　　多区域投入产出

分类			中间产品						最终产品			总产出
			国家 1		…		国家 G		国家 1	…	国家 G	
		行业 1	…	行业 N	…	行业 1	…	行业 N				
中间投入	国家 1	行业 1	z_{11}^{11}	…	z_{11}^{1N}	…	z_{1G}^{11}	…	z_{1G}^{1N}	y_{11}^{1}	…	y_{1G}^{1}	x_{1}^{1}
		…	…	…	…	…	…	…	…				
		行业 N	z_{11}^{N1}	…	z_{11}^{NN}	…	z_{1G}^{N1}	…	z_{1G}^{NN}	y_{11}^{N}	…	y_{1G}^{N}	x_{1}^{N}
	…		…	…	…	…	…	…	…				
	国家 G	行业 1	z_{G1}^{11}	…	z_{G1}^{1N}	…	z_{GG}^{11}	…	z_{GG}^{1N}	y_{G1}^{1}	…	y_{GG}^{1}	x_{G}^{1}
		…	…	…	…	…	…	…	…				
		行业 N	z_{G1}^{N1}	…	z_{G1}^{NN}	…	z_{GG}^{N1}	…	z_{GG}^{NN}	y_{G1}^{N}	…	y_{GG}^{N}	x_{G}^{N}
增加值			va_{1}^{1}	…	va_{1}^{N}		va_{G}^{1}	…	va_{G}^{N}				
总投入			x_{1}^{1}	…	x_{1}^{N}		x_{G}^{1}	…	x_{G}^{N}				

根据多区域投入产出表中行平衡所表达的生产关系，总产出可以表示为中间产品和最终产品之和：

$$X = AX + Y \tag{3 – 1}$$

经过移项、整理可得：

$$X = (I - A)^{-1} Y = BY \tag{3 – 2}$$

其中，$B = (I - A)^{-1}$。B 表示完全消耗系数矩阵，即里昂惕夫逆矩阵，矩阵中的每一个元素 b_{rs}^{ji} 表示为生产 s 国 i 行业一单位的最终产品对 r 国 j 行业的完全消耗。

根据多区域投入产出表所反映的生产关系，行平衡表明了特定国家的总产出如何被使用。按照使用国家的差异，可以将总产出（X）分解为被国内使用的中间产品部分（$A^D X$）与最终产品部分（Y^D），以及被国外使用的中间产品部分（$A^F X$）与最终产品部分（Y^F）。显然，其中特定国家的总产出中供国外使用的部分只能由出口实现，因此，将国外使用部分用出口（E）表示，可得：

$$X = AX + Y = A^D X + Y^D + A^F X + Y^F = A^D X + Y^D + E \qquad (3-3)$$

其中，$A^D = \begin{vmatrix} A_{11} & 0 & \cdots & 0 \\ 0 & A_{22} & \cdots & 0 \\ \vdots & \vdots & \ddots & \vdots \\ 0 & 0 & \cdots & A_{GG} \end{vmatrix}$。

A^D 的主对角线上的子矩阵 A_{GG} 表示仅包含反映特定国家自身国内投入产出关系的国内直接消耗系数矩阵。A^F 和 A^D 满足如下关系 $A^F = A - A^D$。A^F 为仅包含进口投入系数的矩阵。将最终产品根据使用国的国别差异进行区分可以得到供本国使用的最终产品（Y^D）与供国外使用的最终产品（Y^F）两个部分。

$$Y = Y^F + Y^D \qquad (3-4)$$

其中，$Y^D = [\, y_1^1, \ y_2^2, \ \cdots, \ y_G^G \,]'$，表示仅用于本国使用的最终产品，不涉及出口。$Y^F$ 表示本国生产的最终产品被国外进口的部分，即以最终产品的形式出口的列向量。

（2）全球价值链分解框架

基于多区域投入产出模型以及结合前文关于中国价值链重构的概念界定，两国间以产业关联为核心的价值链重构指数的测度仍然需要剖析其载体，即增加值贸易及其组成部分。显然，根据式（3-3）反映的总产出分解结果，s 国对 r 国的产业关联只能由进口或者出口方能实现。但是基于进出口总量衡量的产业关联由于重复计算的存在，将高估两国间产业上下游的依赖关系。而增加值的概念正是着眼于这一缺陷，旨在剔除贸易流量中重复计算的部分，从而更加准确反映各国参与国际分工的真实获利以及国家间的产业关联关系（杨继军，

2019）。就具体计算方法而言，以胡梅尔斯等（Hummels et al.，2001）、约翰逊和诺格拉（Johnson & Noguera，2012）为代表的学者就从贸易流量中剥离出增加值的方法开展了早期探索，并由库普曼等（Koopman et al.，2014）首次正式提出全球价值链分解框架以实现对出口的分解。王等（Wang et al.，2013）则对该框架进行了进一步完善，提出了同时适用于国家和行业层面的 WWZ 全球价值链分解框架。博林和曼奇尼（Borin & Mancini，2019）提出的全球价值链分解框架（以下简称 BM 全球价值链分解框架）作为价值链分解领域的最新成果，进一步纠正了前人关于重复计算的偏误，更加准确地刻画了出口与增加值之间的关联。根据博林和曼奇尼的研究，s 国对 r 国的出口（E）由三部分构成，如图 3–5 所示。来源于国内增加值的部分（DVA）、出口中包含的国外增加值部分（FVA）以及重复计算部分（PDC）。其中，出口中来源于国内增加值的部分（DVA）又可以被进

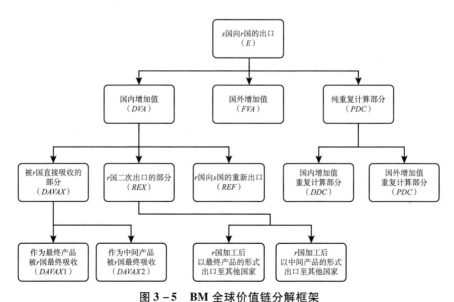

图 3–5 BM 全球价值链分解框架

一步细分为被 r 国直接吸收的 s 国国内增加值（$DAVAX$）、由 r 国吸收并用于再出口的 s 国国内增加值（REX）以及被 r 国吸收后再加工并返回 s 国的 s 国国内增加值（REF）等三个部分。

具体而言，BM 全球价值链分解框架首先从 s 国对 r 国的出口（E_{sr}）展开。根据多区域投入产出表中列平衡所表达的生产关系，s 国对 r 国的出口（E_{sr}）可以表示为：

$$E_{sr} = V_s B_{ss} E_{sr} + \sum_{t \neq s} V_s B_{ss} E_{sr} \qquad (3-5)$$

式（3-5）表明，s 国对 r 国出口产品的生产过程既需要来自国内增加值部分（$V_s B_{ss} E_{sr}$），也需要来自国外增加值部分（$\sum_{t \neq s} V_s B_{ss} E_{sr}$）作为必要投入。但是仅基于式（3-5）直接计算出口中的增加值构成仍然会造成部分增加值被重复计算：s 国在使用进口中间产品用于本国的生产时不可避免的会用到来自 s 国自身曾向其他国家出口的部分。显然，一些来自 s 国的增加值被计算了两次，这种重复计算同样会导致出口中来自本国的增加值被高估，进而造成对两国间产业关联识别的偏误。对此，博林和曼奇尼提出通过重新定义基于直接消耗系数的 A^* 矩阵来解决这一问题。A^* 矩阵将原直接消耗系数矩阵（A）涉及的 s 国行平衡关系中非 s 国自身的中间使用设定为 0，如式（3-6）所示，经过重新定义的 A^* 矩阵描述了假设 s 国不出口任何中间产品，全球范围内的投入产出模式：

$$A^* = \begin{vmatrix} A_{ss} & 0 & 0 \\ A_{rs} & A_{rr} & A_{rt} \\ A_{ts} & A_{tr} & A_{tt} \end{vmatrix} \qquad (3-6)$$

同时定义 A^s 为直接消耗系数矩阵 A 与 A^* 的差：

$$A^s = A - A^* \qquad (3-7)$$

$$B^* = (I - A^*)^{-1} \qquad (3-8)$$

矩阵 B^* 是经过重新定义后 A^* 矩阵的里昂惕夫逆矩阵。显然，由于 A^* 矩阵将 s 国直接消耗矩阵中基于行平衡所表达的 s 国中间产品出口关系取值为 0，经过重构新定义的 B^* 反映了当 s 国不出口任何中间产品供非 s 国以外的国家使用的情形下世界范围内的完全消耗关系，如此便排除了 s 国可能使用之前出口的中间产品供其他国家使用后被 s 国再次进口导致的重复计算，从而更加准确的反映来自 s 国自身创造的增加值以及这部分增加值跨国流动所反映的国家间产业关联。

将式（3-8）代入式（3-5）中，根据经济学含义可得：

$$E_{sr} = V_s B_{ss}^* E_{sr} + \sum_{t \neq s} V_t B_{ts}^* E_{sr} + PDC \qquad (3-9)$$

显然，经过重新定义 B^* 排除了部分因完全消耗系数矩阵 B 所反映的生产关系导致的重复计算，经过重新整理后的 s 国向 r 国的出口由三个部分构成：基于 B^* 构建的国内增加值部分（$V_s B_{ss}^* E_{sr}$）、基于 B^* 构建的国外增加值部分（$\sum_{t \neq s} V_t B_{ts}^* E_{sr}$），以及纯重复计算的部分（$PDC$）。

其中，基于 B^* 构建的国外增加值部分（$\sum_{t \neq s} V_t B_{ts}^* E_{sr}$）表达的是 s 国为了完成向 r 国的出口所使用的来自国外的增加值。显然这一部分所表达的生产关系既非由 s 国所创造，也没有直接反映 s 国与 r 国的产业关联，因而属于在构建价值链重构指数的过程中需要被排除的部分。

为了得到重复计算部分的表达式及其经济学含义，对式（3-8）变化可得：

$$I = B^*(I - A^*) \qquad (3-10)$$

将式（3-7）代入式（3-10），可得：

$$I = B^*(I - A + A^s) = B^*(I - A) + B^* A^s \qquad (3-11)$$

式（3-11）两边同时右乘以完全消耗矩阵 B：

$$B = B^* + B^* A^* B \qquad (3-12)$$

基于式（3-12）所反映的生产关系，可以得到对 s 国而言，完全消耗矩阵 B 中第 t 行反映的列平衡关系：

$$B_{ts} = B_{ts}^* + B_{ts}^* \sum_{s \neq u} A_{su} B_{us} \qquad (3-13)$$

将式（3-13）代入式（3-5）当中可得：

$$E_{sr} = \underbrace{V_s B_{ss}^* E_{sr}}_{DVA} + \underbrace{\sum_{t \neq s} V_t B_{ts}^* E_{sr}}_{FVA} + \underbrace{\sum_t V_t B_{ts}^* \sum_{s \neq u} A_{su} B_{us} E_{sr}}_{PDC} \qquad (3-14)$$

式（3-14）给出了出口分解中包含重复计算部分（PDC）在内的具体表达式。将 t 国进一步拆解，可得：

$$PDC = \underbrace{V_s B_{ss}^* \sum_{s \neq u} A_{su} B_{us} E_{sr}}_{DDC} + \underbrace{\sum_{s \neq t} V_t B_{ts}^* \sum_{s \neq u} A_{su} B_{us} E_{sr}}_{FDC} \qquad (3-15)$$

显然，重复计算的部分（PDC）由两部分构成：一是 s 国向 r 国出口中其国内增加值被重复计算部分（DDC），反映的是 s 国的出口中部分来自 s 国的国内增加值首先被非 s 国以外的 u 国所使用，继而被 s 国重复进口并用作向 r 国出口的部分。显然这一部分由 s 国自身创造，并作为 s 国出口中包含的国内增加值被重复计算了两次，因而被视作国内增加值被重复计算的部分。二是出口增加值中来源于国外被重复计算部分（FDC），表达的是来自非 s 国以外的 t 国的中间产品首先被 s 国进口并作为中间产品使用，并由 s 国以中间产品的形式出口至非 s 国以外的 u 国后被 s 国再一次进口并最终用于向 r 国出口的部分，显然这一部分来自国外的增加值同样被重复计算了两次。由于重复计算部分（PDC）仅仅是因增加值多次跨境流动导致的该部分增加值被 s 国重复计算，同样属于衡量 s 国国内创造的增加值以及以此为载体的产业关联过程中应当被排除的部分。

为了得到 s 国出口中来自 s 国国内增加值的部分（DVA）及其构成，需要重新从多区域投入产出表中行平衡所表达的出口（E）关系开始，显然根据式（3-3）可得：

$$E = A^F X + Y^F \qquad (3-16)$$

式（3-16）表明，在不考虑出口目的地的情况下，特定国家的出口（E）只能以中间产品（$A^F X$）或者最终产品（Y^F）的形式实现。

经过移项、整理，总产出可以表示为本国的最终使用以及出口之和与完全消耗系数的乘积：

$$X = B^D (Y^D + E) \qquad (3-17)$$

将式（3-17）代入式（3-16）当中，考虑 s 国向 r 国的出口：

$$E_{sr} = Y_{sr} + A_{sr} B_{rr}^D Y_{rr} + A_{sr} B_{rr}^D E_{r*} \qquad (3-18)$$

式（3-18）表明，s 国向 r 国的出口主要付诸三种方式：以最终产品形式出口的部分（Y_{sr}）、以中间产品的形式出口并被 r 国用于生产供 r 国自身消费的最终产品部分（$A_{sr} B_{rr}^D Y_{rr}$）以及 s 国向 r 国以中间产品的形式出口并被 r 国用于生产向其他国家出口的部分（$A_{sr} B_{rr}^D E_{r*}$）。

将式（3-18）代入式（3-14）右式的首项即可得到 s 国向 r 国出口中来自 s 国本国的国内增加值（DVA_{sr}），该部分由于引入 B^* 矩阵，从而排除了由 s 国使用的进口中间产品中可能包含的来自 s 国自身之前出口的部分所导致的重复计算。具体而言，s 国向 r 国出口中来自本国增加值（DVA_{sr}）的部分可以表示为：

$$DVA_{sr} = V_s B_{ss}^* \left[Y_{sr} + A_{sr} B_{rr}^D Y_{rr} + A_{sr} B_{rr}^D E_{r*} \right] \qquad (3-19)$$

其中，E_{r*} 表示 r 国向所有国家的出口。式（3-19）表明 s 国向 r 国出口的国内增加值由三个部分构成：s 国国内增加值以最终产品的形式直接向 r 国出口、s 国国内增加值以中间产品的形式出口至 r 国并

经过 r 国加工后被 r 国以最终产品的形式吸收、s 国国内增加值以中间产品的形式出口至 r 国并经过 r 国加工后被 r 国再次出口。

其中，由于 r 国仍然有可能向 s 国出口，因此有必要对 r 国出口（E_{r*}）继续分解，以剥离出 r 国向 s 国出口的部分以及向其他国家出口的部分。根据 r 国出口目的地以及使用方式的差异（即将式（3-3）所反映的经济学关联引入），E_{r*} 可以进一步分解为：

$$E_{r*} = Y_{r*} + \sum_{u \neq r,s} A_{ru} \sum_{k} B_{uk} Y_{k*}$$

$$= Y_{rs} + \sum_{u \neq r,s} Y_{ru} + \sum_{u \neq r} A_{ru} \sum_{k} B_{uk} Y_{ks}$$

$$+ \sum_{u \neq r,s} A_{ru} \left(\sum_{k} \sum_{l \neq r,s} B_{uk} Y_{kl} + \sum_{k} B_{uk} Y_{kr} \right) \qquad (3-20)$$

式（3-20）表明，r 国的出口同样主要付诸两种方式：以最终产品出口的部分（Y_{r*}）以及以中间产品出口的部分（$\sum_{u \neq r,s} A_{ru} \sum_{k} B_{uk} Y_{k*}$）。由于本节研究的重点在于剥离 s 国向 r 国的出口。因此，将 r 国的出口根据出口目的地是否为 s 国以及使用方式进一步拆分可以得到四项：r 国对 s 国的最终产品出口（Y_{rs}）、r 国对非 s 和 r 国以外的第三国 u 的最终产品出口（$\sum_{u \neq r,s} Y_{ru}$）、r 国对 s 国的中间产品出口（$\sum_{u \neq r} A_{ru} \sum_{k} B_{uk} Y_{ks}$）、$r$ 国对非 s 和 r 国以外的第三国 u 的中间产品出口 $\left[\sum_{u \neq r,s} A_{ru} \left(\sum_{k} \sum_{l \neq r,s} B_{uk} Y_{kl} + \sum_{k} B_{uk} Y_{kr} \right) \right]$。

最后将式（3-20）代入式（3-19）当中即可以得到式（3-21）：

$$DVA_{sr} = \underbrace{V_s B_{ss}^* (Y_{sr} + A_{sr} B_{rr}^D Y_{rr})}_{DAVAX}$$

$$+ \underbrace{V_s B_{ss}^* A_{sr} B_{rr}^D \left[\sum_{u \neq r,s} Y_{ru} + \sum_{u \neq r,s} A_{ru} \left(\sum_{k} \sum_{l \neq r,s} B_{uk} Y_{kl} + \sum_{k} B_{uk} Y_{kr} \right) \right]}_{REX}$$

$$+ \underbrace{V_s B_{ss}^* A_{sr} B_{rr}^D \left[Y_{rs} + \sum_{u \neq r} A_{ru} \sum_{k} B_{uk} Y_{ks} \right]}_{REF} \qquad (3-21)$$

式（3-21）提供了 BM 全球价值链分解框架下 s 国向 r 国的出口中 s 国国内增加值的构成及其具体表达式。具体而言，s 国向 r 国出口的国内增加值可以分为三个部分：s 国国内增加值以最终产品或者中间产品的形式出口并为 r 国直接吸收的部分（DAVAX）、s 国国内增加值以中间产品的形式出口并由 r 国再加工后出口至非 s 国以外的部分（REX），以及 s 国国内增加值以中间产品的形式出口并由 r 国再加工后直接返回 s 国或者经由第三国向 s 国再出口的部分（REF）。其中，对 DVA 的进一步分解结果各项的经济学含义与其所反映的贸易流向如表 3-2 所示。

由于产业关联必须通过特定载体的实现，经过 BM 全球价值链分解框架对于 s 国出口的拆解不难发现：显然，s 国向 r 国出口的国内增加值部分排除了重复计算与来自国外生产的部分，因而准确反映了两国间实现产业关联的具体过程与增加值的实际流向。同时，该部分增加值完全由 s 国自身创造，s 国对于该部分增加值拥有完全的支配权，从而真实地反映了 s 国参与全球价值链分工与国际贸易的获利水平。正式基于上述特性，本书将 s 国向 r 国出口中来自 s 国自身的增加值（DVA）作为构建特定国家的价值链重构指数的基础。

（3）中国价值链重构指数构建

回顾式（3-3）关于总产出的分解，根据多区域投入产出表的行平衡关系，特定国家的总产出可以被分解为纯国内使用部分以及被国外使用的部分，其中，特定国家总产出中供国外使用的部分只能由出口实现。结合上一小节引入的 BM 全球价值链分解框架，可以发现出口由三个部分构成：分别是国内增加值部分（DVA）、国外增加值部分（FVA）和重复计算部分（PDC）。而根据多区域投入产出表列平衡

表 3 - 2　**BM 全球价值链分解框架下国内增加值各组成部分释义与贸易流向**

符号	计算公式	含义	贸易流向
DAVAX1	$V_s B_{ss}^* Y_{sr}$	s 国向 r 国出口的最终产品中包含的 s 国国内增加值	s 国 $\xrightarrow{\text{最终产品}}$ r 国
DAVAX2	$V_s B_{ss}^* A_{sr} B_{rr}^D Y_{rr}$	s 国向 r 国出口的中间产品由 r 国加工成最终产品并由 r 国最终吸收的 s 国国内增加值	s 国 $\xrightarrow{\text{中间产品}}$ r 国
REX1	$V_s B_{ss}^* A_{sr} B_{rr}^D \sum_{u \neq r,s} Y_{ru}$	s 国向 r 国出口的中间产品由 r 国加工成最终产品并向非 s 国和 r 国以外的第三国 (u) 出口的 s 国国内增加值	s 国 $\xrightarrow{\text{中间产品}}$ r 国　r 国 $\xrightarrow{\text{最终产品}}$ u 国 (u≠r, s)
REX2	$V_s B_{ss}^* A_{sr} B_{rr}^D \sum_{u \neq r,s} A_{ru} \sum_k \sum_l B_{uk} Y_{kl}$	s 国向 r 国出口的中间产品由 r 国加工后以中间产品的形式出口至非 s 国和 r 国以外的第三国 (u)，再经第三国再次加工后出口至第 k 国 (以中间产品或著最终产品) 吸收的 s 国国内增加值	s 国 $\xrightarrow{\text{中间产品}}$ r 国　r 国 $\xrightarrow{\text{中间产品}}$ u 国 (u≠r, s)　u 国 $\xrightarrow{\text{最终产品/中间产品}}$ k 国 $\xrightarrow{\text{中间产品}}$ l 国 (l≠r, s)
REX3	$V_s B_{ss}^* A_{sr} B_{rr}^D \sum_{u \neq r} A_{ru} \sum_k B_{uk} Y_{kr}$	s 国向 r 国出口的中间产品由 r 国加工后以中间产品的形式出口至非 s 国和 r 国以外的第三国 (u)，再经第三国再次加工后出口至 r 国至最终产品的 s 国国内增加值	s 国 $\xrightarrow{\text{中间产品}}$ r 国　r 国 $\xrightarrow{\text{中间产品}}$ u 国 (u≠r, s)　u 国 $\xrightarrow{\text{最终产品/中间产品}}$ k 国 $\xrightarrow{\text{中间产品}}$ r 国
REF1	$V_s B_{ss}^* A_{sr} B_{rr}^D Y_{rs}$	s 国向 r 国出口的中间产品由 r 国加工后重新返回 s 国的 s 国国内增加值	s 国 $\xrightarrow{\text{中间产品}}$ r 国　r 国 $\xrightarrow{\text{最终产品/最终产品}}$ s 国
REF2	$V_s B_{ss}^* A_{sr} B_{rr}^D \sum_{u \neq r} A_{ru} \sum_k B_{uk} Y_{ks}$	s 国向 r 国出口的中间产品由 r 国和 r 国以外的第三国加工以中间产品 (u) 国，并由 u 国再次加工经过 k 国加工后返回 s 国出口的 s 国最终向 s 国出口的 s 国国内增加值	s 国 $\xrightarrow{\text{中间产品}}$ r 国　r 国 $\xrightarrow{\text{中间产品}}$ u 国 (u≠r, s)　u 国 $\xrightarrow{\text{最终产品/中间产品}}$ k 国 $\xrightarrow{\text{中间产品}}$ s 国

关系，特定国家的生产需要来自 s 国自身的产品以及来自国外的进口
中间产品共同作为必要的投入。将行列平衡纳入到统一的框架内即可
得到简化的 s 国总产出构成，如图 3-6 所示。

显然，s 国总产出中纯国内生产和消费的部分没有任何增加值的
跨境，因而不涉及跨国产业关联。s 国总产出中涉及跨境的生产部分
同多区域投入产出模型中行列平衡所反映的生产关系类似，既可以通
过后向参与的方式进口其他国家的产品用于本国的生产或消费，也可
以通过前向参与的形式出口产品嵌入全球价值链分工。根据上一小节
关于出口各组成部分所反映的增加值来源以及流动过程的分析不难发
现，只有 s 国向 r 国出口中来自 s 国的国内增加值（DVA）部分方才
能够作为准确衡量两国间前向产业关联的载体，反映了 s 国对 r 国在
全球价值链生产模式下以增加值贸易衡量的真实获利以及前向产业关
联过程。

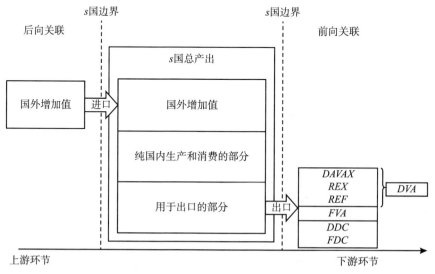

图 3-6 总产出分解框架

　　s 国国内增加值（DVA）的各组成部分中，$DAVAX2$、REX 与 REF 均反映了由 s 国创造、并以中间产品的形式出口至 r 国的 s 国国内增加值，显然该部分作为传统意义上的全球价值链生产活动，明确反映了 s 国对 r 国以包含在中间产品出口中的国内增加值为载体所实现的前向产业关联。而尽管以最终产品的形式出口的国内增加值部分（$DAVAX1$）并不直接涉及传统意义上的全球价值链生产活动，但是该部分仍然反映了 s 国国内增加值以最终产品出口的形式所实现的前向产业关联，同属于 DVA 的一部分。更为重要的是，全球价值链生产活动并非是孤立的作为总产出中的一部分而存在，而是特定国家的要素禀赋、比较优势、规模经济等多重因素复合决定的结果。以最终产品的形式出口的国内增加值部分（$DAVAX1$）的变化同样会引致国家间投入产出关系的变化进而对特定国家的价值链重构产生影响：同样以 s 国为例，当 r 国扩大对 s 国最终产品进口时将引致 s 国总产出的扩张，进而强化 s 国生产的规模经济效应，并引起 s 国比较优势与贸易结构的变化。与此同时，由于多区域投入产出模型中各行业间生产的高度关联，当特定国家某一行业的规模经济效应得到强化时，一方面将导致该行业的产品价格下降，强化其国际竞争力；另一方面，该行业的产品作为其他行业的中间投入，其价格和比较优势的变化将引致跨国投入产出关联的变化，进而其他国家及行业全球价值链生产活动也会随之变动，并最终引起特定国家的价值链重构。此外，将 $DAVAX1$ 纳入价值链重构范畴的另一个重要理由在于本书核心研究对象——中国的特殊性。中国国内价值链的发展和完善使得更多的分工环节得以在中国国内完成，这一转变带来的直接结果是中国出口中最终产品的比例不断上升，中间产品的比例有所下降。这一现象背后所反映的是不同国家间因经济体量、市场规模以及在全球价值链生产模式下所从事分工环节的差异而导致价值链升级路径也有所不同，发展全产业链覆盖是中国作为大国实现价值链升级的必由路径之一。因此，如果忽视这一部分无疑会对中国同各国间真实的前向产业关联造成低估。故而在考察以跨国产业关联所表征的特定国家的价值链重构时，本书将这一部分也纳入在内。

基于对以产业关联所表征的价值链重构的载体，即增加值跨境流动的分析，同时结合特定国家参与全球分工的方向以及前文关于特定国家的价值链重构的定义，可以得到特定国家（s 国）的价值链前向重构指数可以表示为：

$$gvc\_rsf_{sr} = DVA_{sr}/X_s \qquad (3-22)$$

其中，DVA_{sr} 表示 s 国向 r 国出口的国内增加值，如同前文所述，该部分不仅剥离了出口中重复计算的部分，同时也真实的反映了完全由 s 国创造的国内增加值向 r 国流动的过程，因而准确度量了 s 国与 r 国间的前向产业关联。X_s 表示 s 国的总产出，由于前向与后向价值链重构所涉及的增加值流动大部分将作为总产出的一部分，如图 3-6 所示，将总产出作为分母不仅能够为特定国家的价值链重构指数的分子构成求得最大公约数，同时也能够准确反映 s 国总产出中对其他国家以增加值出口为载体的前向产业关联的依赖。

特定国家（s 国）的价值链前向重构指数可以理解为 s 国对 r 国出口的国内增加值部分与 s 国的总产出之比，反映了因要素禀赋、比较优势以及规模经济的变迁导致 s 国与 r 国之间在全球价值链生产模式下前向产业关联变化。s 国同 r 国之间价值链前向重构指数越大，表明 s 国与 r 国之间以国内增加值出口为载体的前向产业关联占 s 国总产出的比例越高，两国之间的前向产业关联也越强。反之，则表明两国间前向产业关联的削弱。值得说明的是，价值链前向重构指数的大

小不仅取决于 s 国向 r 国出口国内增加值的增长速度，该指数的变化与 s 国总产出增长速度同样有一定的联系。如当 s 国总产出增长速度快于出口增加值的增速时，前向重构指数仍然有可能下降。

同理，可以得到特定国家的价值链后向重构指数的表达式：

$$gvc\_rsb_{sr} = DVA_{rs}/X_s \qquad (3-23)$$

其中，DVA_{rs} 表示 s 国吸收的来自 r 国的增加值（即图 3-6 中国外增加值的部分以及来自 r 国向 s 国出口的最终产品）。同特定国家的价值链前向重构指数的构建方法类似，X_s 同样为 s 国的总产出。值得注意的是，尽管 DVA_{rs} 中 r 国向 s 国出口的最终产品并不属于 s 国总产出的一部分，但是由于该部分仍然反映了 s 国同 r 国以增加值进口为载体所实现的后向产业关联的一部分，因此在考察 s 国对 r 国的后向产业关联时将这一部分也纳入在内。DVA_{rs} 与 X_s 的比值（gvc_rsb）即为 s 国的价值链后向重构指数，反映了 s 国同 r 国间的后向产业关联，该指标越大表明 s 国总产出中对来自 r 国国内增加值进口的依赖程度越深。

（4）数据来源

本书的核心数据来源于亚洲开发银行编制的多区域投入产出表（以下简称 ADB-MRIO），该数据涵盖了 2007~2020 年长达 14 年、包含世界 60 个主要经济体 35 个行业在内的连续多区域投入产出数据。其中，60 个经济体覆盖了当年世界总产出的 90% 以上，较为完整的反映了近年来世界范围内的投入产出关系。同时，该数据所覆盖的时间跨度内恰好落在"一带一路"倡议提出并积极推进以及中国价值链重构发生明显变化的时间段，能够较好地反映"一带一路"倡议提出前后中国价值链重构以及重构效应的演进趋势与最新现状。正是基于上述优点,本书选择将其作为全书的数据基础。

3.2.2 中国国家层面价值链重构分析

依据前文提出的特定国家的价值链重构指数计算方法,本节基于 ADB – MRIO 数据库计算了 2007 ~ 2020 年间中国的价值链重构指数。截至 2020 年底,在 ADB – MRIO 数据库所包含的 60 个国家中,正式加入"一带一路"倡议的国家共有 39 个,尚未加入"一带一路"倡议的国家有 21 个(具体国家名录详见附录)。共建国家作为"一带一路"倡议实施的具体对象以及政策效应得以发挥的核心载体,由于不同国家间因经济规模、产业结构、对外开放程度等存在显著差异,造成中国与各个具体国家之间价值链重构指数变化范围较大,如果对每一个国家及行业单独汇报不仅会分散本书的研究主题,同时中国同各国间的价值链重构指数将因国家异质性失去比较意义。因此,为了贴合本书的研究主题,选择将中国价值链重构的对象进一步区分为共建国家与非"一带一路"国家,并分别将中国与上述两大类国家间的价值链重构指数加总,以求从整体上反映"一带一路"倡议提出前后中国价值链的重构进程以及最新趋势,并通过对比分析的方法全面呈现共建国家与非"一带一路"国家在中国价值链重构进程中扮演角色的差异。

(1)后向重构视角

如图 3 – 7 所示,反映了基于后向视角下中国价值链重构的演进趋势。从图 3 – 7 中不难看出,中国价值链后向重构指数以 2015 年为拐点可以分为两个阶段:第一个阶段为 2007 ~ 2015 年,中国同各国间价值链后向重构指数均有所下降为该阶段的典型特征。其中,中国同非"一带一路"国家间的价值链重构指数由 0.0315 下降至 0.0156,同时期中国同共建国家间的价值链重构指数则由 0.0112 略微下降至0.0062。值得注意的是,中国价值链后向重构指数的下降并不意味着中国同共建国家或非"一带一路"国家间以增加值为载体的直接产业关联的减少。事实上,在本书考察期内,中国同各国间价值链后向重构指数的下降应当归因于中国总产出的快速增长。2007~2015 年,中国总产出由 10.7 万亿美元增长至 33.1 万亿美元,年均复合增速达到了 15.61%。同时期"一带一路"共建国家向中国的增加值流入由1198.87 亿美元增至 2050.22 亿美元,年均复合增速为 6.37%,远低于同时期中国总产出增速。相较之下,尽管非"一带一路"国家增加值流入远高于同时期的"一带一路"共建国家,仅 2007 年中国进口来自非"一带一路"国家的增加值总额就达到 3374.92 亿美元,是同时期共建国家向中国增加值流入总额的 2.815 倍,至 2015 年这一数字更是增长至 5172.29 亿美元,但是年均复合增速仅为 5.48%。显然,中国总产出的增速明显高于中国从各国进口增加值的增速是造成中国价值链后向重构指数下降的主要原因。此外,进一步观察共建国家与非"一带一路"国家的演进趋势来看,得益于共建国家在增加值流入方面较高的增长速度,中国同共建国家的价值链后向重构指数下降的更慢。两者对于中国价值链后向重构的重要性在此消彼长中发生了些许变化,显然在该阶段内,"一带一路"共建国家对中国价值链后向重构的相对重要性有所增强。

2016~2020 年可以视为第二阶段。在该阶段内,中国同共建国家和非"一带一路"国家间的后向重构指数均有所上升。但是不同于上一阶段的是,在这一时间段内非"一带一路"国家在中国价值链后向重构的过程中相对重要性显著增强。相较之下，虽然中国同共建国家之间的后向重构指数整体保持增长，但是增速明显慢于非"一带一路"国家。其可能的原因在于，尽管 2016 年已经是"一带一路"倡议正式提出后的第三年，但此时中国已经进入了产业全面转型升级阶段。中国本土中间产品相较非"一带一路"国家在供应商、产品质量、价格和可靠程度上有着明显的差距，仍然需要包含在进口中间产品中的技术以优化国内高端制造业和服务业的产品结构，补足中国生产过程中的技术短板（丁一兵和宋畅，2021）。而"一带一路"共建国家在该阶段内仍然主要向中国出口原材料、能源以及低技术产品和服务等，共建国家的供给端与中国价值链升级的迫切需求间未能有效匹配，最终造成该阶段内非"一带一路"国家在中国价值链后向重构中的占比有所提高，共建国家的相对重要性有所下降。其本质上仍然反映出比较优势互补是价值链得以实现重构的重要前提以及中国尚未在所有高端环节实现完全国产化替代的事实。值得注意的是，尽管共

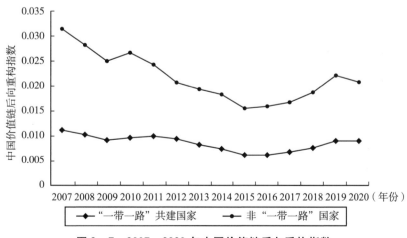

图 3 - 7　2007 ~ 2020 年中国价值链后向重构指数

建国家在中国价值链后向重构进程中的相对重要性有所下降，但是在2016 年以后中国同共建国家间价值链后向重构指数的绝对数量由0.0063 上升至 0.0092，这一事实反映出随着"一带一路"倡议的深入推进，共建国家的数量日益增多、在各重点合作领域不断取得新的进展，最终引致中国同共建国家间的后向产业关联有所增强，日益成为中国价值链后向重构的主要力量之一。

（2）前向重构视角

基于特定国家的价值链前向重构指数的测度方法，本节还计算了同时期中国同各国的价值链前向重构指数，如图 3－8 所示。结果表明，不同于后向重构视角下，中国同非"一带一路"国家间价值链后向重构指数以 2015 年为拐点呈明显的"U"形曲线。中国同非"一带一路"国家间的价值链前向重构指数在本书的考察期内持续下降，2007 年，中国同非"一带一路"国家之间的价值链前向重构指数为0.0484，至 2020 年这一数字已经下降至 0.0260。

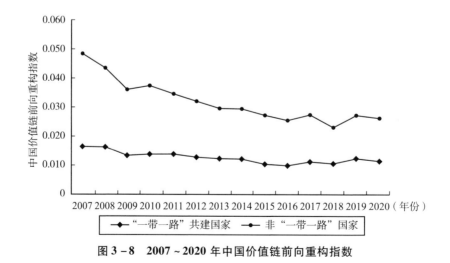

图 3－8　2007～2020 年中国价值链前向重构指数

相较之下,中国同"一带一路"共建国家间的价值链前向重构指数整体上虽然同样因中国总产出的高速增长而略有下降,但是下降幅度明显较非"一带一路"国家更小。2007 年,中国同共建国家间的前向重构指数为 0.0163,至 2020 年这一指数仅略微下降至 0.0113。中国价值链前向重构指数的下降反映出中国总产出对于出口增加值依赖有所降低,出现这一现象的深层次原因仍然在于中国经济增长动能转换导致净出口的贡献程度降低,经济内循环属性增强。但是进一步对比共建国家与非"一带一路"国家在中国价值链前向重构进程中的相对重要性来看,伴随着非"一带一路"国家作为出口市场重要性的下降,共建国家在中国前向产业关联中的重要性占比略有上升。更进一步的,中国同共建国家的价值链前向重构指数以 2016 年为拐点,在此之前,前向重构指数略有下降,2017 年以后中国与共建国家的价值链前向重构指数开始回升,这一点同后向重构指数类似,两者的共同拐点均出现在 2015 ~ 2016 年这一时间段。出现这一现象的核心原因同样在于"一带一路"倡议推动中国价值链重构的政策效应开始显现。事实上,在本书考察期内以及研究样本中,2014 年仅有哈萨克斯坦和斯里兰卡两个国家通过签署谅解备忘录的形式加入共建国家的行列。在此后的 2015 年和 2016 年,分别有 4 个和 5 个国家同中国签署谅解备忘录或者合作文件的方式成为"一带一路"共建国家。尽管正如前文已经多次论证的那样,"一带一路"倡议本身有助于促进中国同共建国家的经贸往来,但是受限于"一带一路"倡议的实施规模,向共建国家增加值出口的增速仍然未能超过中国总产出的增长速度,因而在这一时间段中国同"一带一路"共建国家的价值链前向重构指数仍然在下降。但是在 2017 年当年即有 16 个国家以签署谅解备忘录或各类合作文件的方式宣布共建"一带一路"倡议,远超前三年加入

"一带一路"共建国家的总和。得益于参与共建"一带一路"倡议的国家数量增多以及倡议本身得到深入推进,使得中国对共建国家的增加值出口迅速提高,进而加速了中国价值链前向重构向共建国家倾斜的趋势。因而自2017年开始,中国同"一带一路"共建国家之间的价值链前向重构指数呈现上升趋势,并随着时间的推进,共建国家对中国价值链前向重构的重要性也持续增强。

3.2.3 中国行业层面的价值链重构分析

由于不同行业的要素投入比例、开放程度与发展水平存在显著差异,决定了中国不同行业大类间的价值链重构指数表现出诸多的异质性特征。为了进一步揭示中国行业层面价值链重构的异质性,本书依据亚洲开发银行的多区域投入产出表,如表3-3所示,将35个细分行业按照属性划分为基础行业、低技术制造业、中高技术制造业、商业服务业以及个人和社会服务行业等五个行业大类,并分别测算了中国各行业大类的价值链前向与后向重构指数。

表3-3 ADB-MRIO数据库行业大类与细分行业对照

行业分类	行业代码与名称
基础行业	C1. 农、林、牧、渔业;C2. 采矿业
低技术制造业	C3. 食品、饮料和烟草制造业;C4. 纺织品业; C5. 皮革制品和鞋类制造业;C6. 木制品制造业; C7. 纸浆、纸张、纸制品制造以及印刷和出版业; C10. 橡胶和塑料制品业;C16. 其他制造业; C17. 电力、热力以及水生产和供应业;C18. 建筑业
中高技术制造业	C8. 石油、煤炭以及其他燃料加工业;C9. 化学制品制造业; C11. 非金属矿物制品业;C12. 金属制品业; C13. 机械制造业;C14. 电气和光学设备制造业; C15. 运输设备制造业

行业分类	行业代码与名称
商业服务业	C19. 维修业；C20. 批发业；C21. 零售业； C22. 住宿和餐饮服务业；C23. 陆上运输业；C24. 航运业； C25. 航空运输业；C26. 其他运输业和旅游业； C27. 邮政和电信服务业；C28. 金融业； C29. 房地产业；C30. 租赁以及其他商业活动
个人和社会服务业	C31. 公共行政、国防以及社会保障；C32. 教育业； C33. 卫生和社会工作；C34. 社区、社会和个人服务业； C35. 家庭服务业

（1）基础行业

如表 3 - 4 所示，列出了中国基础行业的价值链重构指数测算结果。从中不难发现，由于总产出的高速增长，加之中国所处的分工环节使得中国需要更多基础行业的相关产品作为必要的投入，从而推动了中国在该行业内同各国间价值链后向重构指数的快速攀升。其中，2007 年中国同"一带一路"共建国家的后向重构指数为 0.0141，至 2020 年这一数字增加至 0.0260，增长 0.0119，增幅达到 84.397%。同时期中国同非"一带一路"国家间的价值链后向重构指数为 0.0370，并于 2020 年增长至 0.0577，增幅仅为 55.945%。显然，无论是从后向重构指数的绝对数量还是增长幅度来看，中国从非"一带一路"国家吸收的增加值仍显著高于共建国家，这说明即使是在"一带一路"共建国家具备比较优势的基础行业领域，受限于经济体量和发展水平的限制，非"一带一路"国家仍然是中国基础行业更为重要的上游的供应者。

表 3 – 4   **2007 ~ 2020 年中国基础行业价值链重构指数**

指数	2007 年	2010 年	2013 年	2016 年	2018 年	2020 年	Δgvc_rs
gvc_rsb "一带一路"共建国家	0.0141	0.0144	0.0151	0.0082	0.0243	0.0260	0.0119
gvc_rsb 非"一带一路"国家	0.0370	0.0510	0.0414	0.0277	0.0556	0.0577	0.0207
gvc_rsf "一带一路"共建国家	0.0093	0.0068	0.0051	0.0042	0.0027	0.0030	– 0.0062
gvc_rsf 非"一带一路"国家	0.0056	0.0044	0.0032	0.0019	0.0035	0.0037	– 0.0019

从前向视角来看，中国同各国在基础行业的价值链前向重构指数均出现了明显下降，且中国同共建国家的价值链前向指数降幅远高于非"一带一路"国家。其主要的原因在于基础行业作为中国不具备比较优势的行业，"一带一路"倡议的实施显著降低了双方开展增加值贸易的成本，中国可以扩大从共建国家进口基础行业相关产品以弥补本国生产的需要。对于中国而言，这种转变一方面有助于中国减少对基础行业的低效率投入，将先前向该领域投入的生产资料转移至其他具有比较优势的行业，从而提升中国自身的生产效率。同时，中国因"一带一路"倡议的实施导致出口的增加将进一步引致本国总产出上升，同样会增加对于基础行业的消耗，这无疑进一步挤占了中国基础行业的出口，降低了中国基础行业的价值链前向重构指数。

（2）低技术制造业

如表 3 – 5 所示，列出了中国在低技术行业价值链重构指数的变化。就后向重构视角来看，中国同各国的价值链后向重构指数在本书考察期内变化幅度较小。这表明中国总产出中，以增加值流入为代表的后向产业关联在低技术制造业领域的占比长期保持稳定。但是值得注意的是,中国同共建国家间在低技术制造业的后向产业关联同样以"一带一路"倡议实施并逐步扩大影响的 2016 年为拐点,在此之前中国同共建国家间的价值链后向重构指数有所下降,但是在拐点之后持续保持增长。其可能的原因同样在于随着"一带一路"倡议的实施与扩大,中国对于共建国家低技术制造业相关产品的需求得到深入的发掘和释放,丰富了中国的上游供应链体系,因而中国同共建国家间的后向产业关联在 2016 年后得到进一步强化。

表 3 – 5　　　　　2007 ~ 2020 年中国低技术制造业价值链重构指数

指数	2007 年	2010 年	2013 年	2016 年	2018 年	2020 年	Δgvc_rs
gvc_rsb "一带一路"共建国家	0.0047	0.0042	0.0039	0.0030	0.0042	0.0047	0.0000
gvc_rsb 非"一带一路"国家	0.0092	0.0083	0.0072	0.0057	0.0070	0.0089	- 0.0002
gvc_rsf "一带一路"共建国家	0.0161	0.0135	0.0118	0.0091	0.0087	0.0106	- 0.0055
gvc_rsf 非"一带一路"国家	0.0573	0.0399	0.0318	0.0268	0.0251	0.0336	- 0.0237

就前向重构而言,中国在低技术制造业同各国间的价值链前向重构指数均有所下降。其中,同共建国家间的前向重构指数从 2007 年的 0.0161 下降至 2020 年的 0.0106,降幅仅为 34.16%。另外,作为中国低技术制造业主要出口市场的非"一带一路"国家,中国同其的前向重构指数从 0.0573 下降至 0.0336,下降幅度达到了 41.36%。尽管同时期中国对非"一带一路"国家的增加值出口从 2007 年的 1747.33 亿美元增长至 2020 年的 4017.46 亿美元,仍然大于 2020 年

中国向"一带一路"共建国家输出的增加值 1267.18 亿美元。但是从前向重构指数的变化趋势来看,非"一带一路"国家作为中国低技术制造业增加值出口市场的潜力正在逐步缩小。而中国同共建国家间的价值链前向重构指数则由于"一带一路"倡议本身的深入推进在 2018 年以后开始恢复增长,且随着"一带一路"倡议的持续发展,中国同共建国家间的价值链前向重构潜力将得到进一步释放。可以预见的是,随着"一带一路"倡议不断深化,未来"一带一路"共建国家作为中国低技术制造业相关产品出口市场的作用将得到进一步开发,从而有效的带动中国经济增长与价值链升级。

(3) 中高技术制造业

如表 3-6 所示列出了我国中高技术制造业价值链重构指数。就中高技术制造业而言,2007 年,来自"一带一路"共建国家与非"一带一路"国家的增加值流入分别占到中国总产出的 0.0204 和 0.0573,即使是在中国已经持续推动国产化替代的 2020 年,这一数字仍然高达 0.0180 和 0.0365。但是就变化趋势来看,得益于中国长期致力于关键环节和技术的国产化进程,中国同各国在中高技术制造业的后向重构指数普遍下降。且同样由于"一带一路"倡议的逐步推进释放了中国同共建国家间的价值链后向重构潜力,使得共建国家下降速度明显缓于非"一带一路"国家。

表 3-6 　　　2007~2020 年中国中高技术制造业价值链重构指数

指数	2007 年	2010 年	2013 年	2016 年	2018 年	2020 年	Δgvc_rs
gvc_rsb "一带一路"共建国家	0.0204	0.0164	0.0128	0.0108	0.0136	0.0180	-0.0024

指数	2007 年	2010 年	2013 年	2016 年	2018 年	2020 年	Δgvc_rs
gvc_rsb 非"一带一路"国家	0.0573	0.0414	0.0272	0.0255	0.0298	0.0365	− 0.0208
gvc_rsf "一带一路"共建国家	0.0267	0.0227	0.0210	0.0177	0.0220	0.0254	− 0.0013
gvc_rsf 非"一带一路"国家	0.0756	0.0593	0.0486	0.0445	0.0444	0.0507	− 0.0249

从前向重构视角来看，2020 年，中国对"一带一路"共建国家以及非"一带一路"国家输出的国内增加值分别占到了总产出的 0.0254、0.0507，不仅显著大于中国其他行业大类的增加值出口，同时还远高于中高技术制造业本身的价值链后向重构指数。这一现象表明中高技术技术制造业不仅吸收了大量的国外增加值，更是在"以进口促进出口"的过程中依托中国的生产能力，成为拉动中国国内增加值出口能力最强的行业，同时也是中国总产出扩张与经济发展的重要引擎。而非"一带一路"国家作为中国中高技术制造业的主要出口市场，一方面中国对这一市场的长期深耕使得非"一带一路"国家对中国增加值的吸收能力趋于饱和，增长潜力有限。加之近年来中国向发达国家所从事的分工环节靠拢引致了中国与部分国家的直接利益冲突，使得中国不得不面临来自个别国家的打压，进一步抑制了非"一带一路"国家作为中国中高技术制造业出口市场的潜力。相较之下，在"一带一路"倡议的推动下，中国与共建国家间基于比较优势互补为中国中高技术制造业产品出口开拓了新的市场，以"五通"为主要建设内容更是在降低了中国与共建国家的贸易成本的同时提升了贸易便利化水平。因此，中国同"一带一路"共建国家的前向重构指数下

降的并不明显，甚至在 2016 年后表现出随着"一带一路"倡议的深入推进而上升的趋势。

(4) 商业服务业

在本书的考察期内，价值链前向和后向重构指数均有所下降是中国商业服务业价值链重构过程中的典型特征，中国总产出的快速扩张是造成这一现象的核心原因，前文已经多有提及，在此不再赘述。同时，相较于非"一带一路"国家，中国同共建国家间的重构指数降幅更小，且同样以"一带一路"倡议实施和扩大的 2016 年为拐点，2016 年以后中国同共建国家在商业服务业领域的价值链重构指数有所增长，如表 3 - 7 所示。造成这一现象的原因可能在于，一方面，得益于"一带一路"倡议中促进经贸往来的各项举措，中国同共建国家间在商业服务业的增加值贸易同样受到政策的拉动而有所增长。另一方面，"一带一路"倡议在起到释放中国同共建国家间制造业价值链重构潜力作用的同时，作为其重要支持的商业服务业的需求也将随之进一步扩张，进一步促成了 2016 年以后中国同共建国家在商业服务业的价值链重构指数扭转之前下降的整体趋势，开始恢复上升。但是不同于制造业以及基础行业的是中国商业服务业前向重构指数明显小于后向重构指数，这一现象指向中国实现商业服务业价值链重构仍然依赖于以进口增加值为主的后向参与的方式，这一方面是由于中国商业服务业开放程度较低，造成中国商业服务业内循环属性较强，抑制了中国商业服务业增加值的出口，另一方面也显露出中国商业服务业国际竞争力仍然较弱的基本事实。

表 3 - 7   2007 ~ 2020 年中国商业服务业价值链重构指数

指数	2007 年	2010 年	2013 年	2016 年	2018 年	2020 年	Δgvc_rs
gvc_rsb "一带一路"共建国家	0.0062	0.0056	0.0051	0.0041	0.0136	0.0043	− 0.0019
gvc_rsb 非"一带一路"国家	0.0248	0.0207	0.0164	0.0130	0.0298	0.0157	− 0.0091
gvc_rsf "一带一路"共建国家	0.0062	0.0049	0.0037	0.0029	0.0220	0.0036	− 0.0026
gvc_rsf 非"一带一路"国家	0.0210	0.0193	0.0130	0.0107	0.0444	0.0079	− 0.0131

(5) 个人和社会服务业

由于个人和社会服务行业的特殊性,中国该行业无论是价值链前向重构还是后向重构进程占中国总产出比重均不足 1%。尽管在本书的考察期内,该行业价值链重构指数尽管经历了较为明显的变动,但是相较于中国经济的高速增长而言,该行业对于中国的价值链重构进程的整体影响仍然较小,且影响力处在不断下降的状态。

表 3 - 8   2007 ~ 2020 年中国个人和社会服务业价值链重构指数

指数	2007 年	2010 年	2013 年	2016 年	2018 年	2020 年	Δgvc_rs
gvc_rs_b "一带一路"共建国家	0.0013	0.0015	0.0015	0.0010	0.0047	0.0007	− 0.0006
gvc_rs_b 非"一带一路"国家	0.0048	0.0053	0.0057	0.0042	0.0178	0.0050	0.0002
gvc_rs_f "一带一路"共建国家	0.0017	0.0011	0.0010	0.0007	0.0047	0.0003	− 0.0014
gvc_rs_f 非"一带一路"国家	0.0090	0.0059	0.0041	0.0027	0.0110	0.0011	− 0.0079

3.2.4　中国价值链重构方式异质性分析

回顾 BM 全球价值链分解框架以及中国价值链重构指数的构建过程不难发现，s 国向 r 国的出口中包含的国内增加值（DVA_{sr}）的三个组成部分，即 $DAVAX$、REF 以及 REX，所反映的增加值出口形式以及跨境次数的并不完全相同，据此可以根据增加值跨境方式的差异将中国价值链重构指数进一步拆分以剖析其异质性特征。具体而言，根据增加值出口形式的差异可以将中国价值链重构指数进一步分解为两个部分：以最终产品的形式实现的重构和以中间产品的形式实现的重构。其中，以最终产品的形式实现的价值链前向指数（gvc_rsf_fd）和后向重构指数（gvc_rsb_fd）分别表示为：

$$gvc\_rsf\_fd_{sr} = DAVAX1_{sr}/X_s \qquad (3-24)$$

$$gvc\_rsb\_fd_{sr} = DAVAX1_{rs}/X_s \qquad (3-25)$$

而以中间产品的形式实现的价值链前向重构指数（gvc_rsf_int）和后向重构指数（gvc_rsb_int）分别表示为：

$$gvc\_rsf\_int_{sr} = (DAVAX2_{sr} + REF_{sr} + REX_{sr})/X_s \qquad (3-26)$$

$$gvc\_rsb\_int_{sr} = (DAVAX2_{rs} + REF_{rs} + REX_{rs})/X_s \qquad (3-27)$$

将跨境次数的概念引入，可以将以中间产品的形式所实现的重构进一步拆分为两部分：以中间产品单次跨境流动沟通的跨国产业关联，即以简单全球价值链生产活动实现的重构（$gvc\_rs\_int\_s$）；以及以中间产品多次跨境流动沟通的跨国产业关联，即以复杂的全球价值链生产活动实现的重构（$gvc\_rs\_int\_c$），其计算公式如下：

$$gvc\_rsf\_int\_s_{sr} = DAVAX2_{sr}/X_s \qquad (3-28)$$

$$gvc\_rsb\_int\_s_{sr} = DAVAX2_{rs}/X_s \qquad (3-29)$$

$$gvc\_rsf\_int\_c_{sr} = (REF_{sr} + REX_{sr})/X_s \qquad (3-30)$$

$$gvc\_rsb\_int\_c_{sr} = (REF_{rs} + REX_{rs})/X_s \qquad (3-31)$$

显然，基于不同出口形式以及跨境次数所实现的价值链重构指数其经济学含义也不尽相同：根据 BM 全球价值链分解框架，$DAVAX1$ 仅包含以最终产品实现的增加值出口。以最终产品的形式重构意味着特定国家作为最终消费市场吸收来自其他国家的增加值，其在产业关联上反映了仅作为出口市场对于出口国生产的拉动效应。而以中间产品的形式所实现的前向重构则反映了特定国家在进口中间产品后被进一步加工的部分，该部分不仅反映了进口国作为消费市场吸收来自出口国的增加值，更重要的是以中间产品出口为主的国家处在价值链分工体系的上游环节，是价值链升级的重要标志之一。而对于中间产品的进口国而言，以中间产品实现的重构意味着该国需要从上游进口中间产品用于本国的生产，表明该国在全球价值链分工中更加接近于中下游环节，有可能陷入"低端嵌入"和"低端锁定"的困局。

（1）后向重构视角

根据重构方式的差异，可以得到不同重构方式下中国价值链的重构进程。如图 3-9 所示为中国价值链后向重构视角下重构方式异质性的测算结果。从中不难发现：以中间产品的形式为主是中国价值链后向重构的典型特征，相应地，以最终产品的形式所实现的后向重构占比在本书的考察期内不断下降，这一点无论是对于"一带一路"共建国家还是非"一带一路"国家均是如此。同时，后向重构视角下，以"一带一路"倡议正式实施以后的 2016 年为拐点，在以中间产品的形式所实现的重构占比上升的情况下，其中通过复杂全球价值链生产活动所实现重构的占比持续下降，相对应的是以中间产品单次跨境为代表的以简单全球价值链生产活动所实现重构的占比持续上升。其主要原因在于：进口中间产品在国内完成生产并以最终产品的形式出口至其他国家是中国所处的加工、制造等生产性环节的典型特征。受中国所处的分工环节影响，加之中国目前在少数关键技术和环节仍然有赖于进口，中间产品始终在中国价值链后向重构进程中发挥着核心作用。与此同时，随着中国价值链升级与国内价值链发展步伐不断加快，使得中国原先需要整体进口的产品现仅需进口部分中间产品即可完成相应产品在国内的替代生产，在扩大了中间产品进口所占比重的同时进一步压缩了最终产品出口的空间。而中国价值链升级带来的另一个直接后果是中国国内价值链得以容纳更多的生产环节，使得原先部分中间产品出口被纳入国内，中间产品出口环节被最终产品出口取代，经济内循环属性显著增强，因而以中间产品单次跨境为代表的简单的全球价值链生产活动在中国价值链重构进程中占比有所提升。此外，

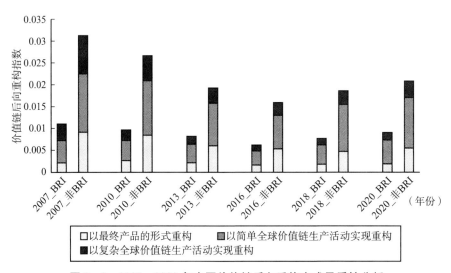

图 3-9　2007～2020 年中国价值链后向重构方式异质性分析

得益于"一带一路"倡议的深入推进，降低了共建国家中间产品进入中国市场的门槛，而共建国家在原材料、能源等领域的优势借助"一带一路"倡议也得以更好的发挥，中国仅需要单次跨境的中间产品即能够充分获取该部分的比较优势，服务于中国价值链升级，进一步提升了以简单的全球价值链生产活动所实现的后向重构的相对重要性。

（2）前向重构视角

如图 3-10 所示为前向重构视角下重构方式异质性的测度结果。不同于后向重构中以中间产品为主要形式，在前向重构中，中国同非"一带一路"国家间的价值链前向重构主要通过最终产品的方式实现，这一现象同样应当归因于中国所处的国际分工环节以及中国国内价值链的发展与价值链升级进程的加快。但是对共建国家而言，以最终产品的形式所实现的重构占比不断下降，取而代之的是以各类中间产品所实现的重构占比上升，这一点在 2016 年以后表现得尤为明显。出现上述特征的主要原因同样在于中国与共建国家之间比较优势的差异性互补以及"一带一路"倡议的实施释放了双边经贸往来的潜力。事实上，"一带一路"倡议的实施显著降低了中国同共建各国间的贸易壁垒与贸易成本，来自中国的产品能以更低的贸易成本在共建国家流通。特别是在多数"一带一路"共建国家经济发展水平较低，国内价值链体系尚待完善，对中高技术制造业的相关产品有着迫切需求的大背景下，中国在中高技术制造业所拥有的相对比较优势使得中国有意愿也有能力为共建国家提供必要的相关产品。而"一带一路"倡议的实施恰好为中国相关产品的出口提供良好的机遇，中国也在这一进程中扩大了中间产品出口的占比，进而推动了自身的价值链升级进程。在上述因素的影响下，最终造成中国对共建国家的前向价值链重构进程中的中间产品占比有所上升。这一事实同样表明在"一带一路"倡议推进的过程中，中国并非单纯将共建国家视作最终产品的出口市场，而是通过向共建国家出口中间产品的形式提供生产必需的技术以及配套支持等推动共建国家构筑自主价值链体系，以促进当地生产的发展。

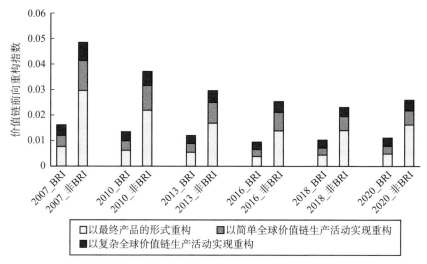

图 3 - 10 2007～2020 年中国价值链前向重构方式异质性分析

3.3 中国价值链重构效应演进趋势分析

3.3.1 全球价值链参与度视角

（1）全球价值链参与度指数的构建

前文的研究已经初步就"一带一路"倡议下，中国与共建国家间的价值链重构进程给出了简要分析，本节的重点则在于探讨中国价值链重构效应层具体表现之一的中国全球价值链参与度的演进历程。全球价值链参与度反映了特定国家或行业全球价值链生产活动所占的比重,即来自国外的中间产品流入占本国最终产品的比例或本国中间产品流出占本国创造的增加值总量的比重。特定国家或者行业的全球价值链参与度越高,表明其嵌入全球价值链分工体系的程度也更深,相应的全球价值链生产活动在该国或行业内的重要性也越强。在对现有关于全球价值链参与度测度方法综合对比的基础上,本书最终选择王等(Wang et al.,2017a)提出的同时适用于国家和行业层面的全球价值链前向和后向参与度指数作为具体测度方法,该方法根据多区域投入产出表行列平衡所反映的生产关系将全球价值链参与度进一步细分为前向和后向两个维度,从而更加完整地刻画了特定国家或行业嵌入全球价值链分工深度方面的具体特征。

就具体测度而言,首先回顾关于总产出的分解,并对式(3-3)移项和重新整理、引入国内里昂惕夫逆矩阵(L)可得:

$$X = (I - A^D)^{-1}Y^D + (I - A^D)^{-1}E$$
$$= LY^D + LE = LY^D + LY^F + LA^F X \qquad (3-32)$$

其中,$L = (I - A^D)^{-1}$,反映了仅包含特定国家自身国内完全消耗关系的矩阵,即国内里昂惕夫逆矩阵。式(3-32)的分解表明,特定国家的国内总产出可以被进一步分解为直接被本国作为最终产品吸收的部分(LY^D)、作为最终产品被直接出口至其他国家的部分(LY^F)以及以中间产品的形式出口至其他国家的部分($LA^F X$)。

分别将供本国使用的最终产品向量(Y^D)、最终产品出口向量(Y^F)、最终产品向量(Y)以及增加值率系数向量(V)分别转化为主对角线上为 Y^D、Y^F、Y、V 中对应的元素的矩阵 $\hat{Y}^D$、$\hat{Y}^F$、$\hat{Y}$、$\hat{V}$,同时,将式(3-3)代入式(3-32),可以得到如下结果:

$$\hat{V}B\hat{Y} = \hat{V}B\hat{Y}^D + \hat{V}B\hat{Y}^F + \hat{V}LA^FB\hat{Y}$$

$$= \hat{V}B\hat{Y}^D + \hat{V}B\hat{Y}^F + \hat{V}LA^FL\,\hat{Y}^D + \hat{V}LA^F\,(B\hat{Y} - L\,\hat{Y}^D) \qquad (3-33)$$

$\hat{V}B\hat{Y}$反映了增加值如何在国家或者行业间流动，其中每个元素都代表了特定国家或某一行业的产出中被直接或间接用于生产商品或服务的增加值。

在式（3-33）中，选择仅保留$\hat{V}$或者$\hat{Y}$以反映多区域投入产出表中行平衡或列平衡可以分别得到前向或后向视角下的生产关系，如式（3-34）和（3-35）所示。其中，当仅保留$\hat{V}$时，$\hat{V}BY$的结果等同于特定国家或某一行业的增加值（Va）。进一步根据多区域投入产出表反映的行平衡关系，可以得出前向视角下特定国家或某一行业的增加值的具体流向，如式（3-34）所示。

$$Va' = \hat{V}BY = \underbrace{\hat{V}LY^D}_{V\_D} + \underbrace{\hat{V}LY^F}_{V\_RT} + \underbrace{\hat{V}LA^FBY^D}_{V\_GVC\_S} + \underbrace{\hat{V}LA^F(BY - LY^D)}_{V\_GVC\_C} \qquad (3-34)$$

而仅保留$\hat{Y}$时，$VB\hat{Y}$的计算结果等同于特定国家或某一行业的最终产品（Y）。基于列平衡关系，式（3-35）反映了后向视角下特定国家或某一行业最终产品生产需要各种投入的具体数量之和：

$$Y' = VB\hat{Y} = \underbrace{VL\hat{Y}^D}_{Y\_D} + \underbrace{VL\hat{Y}^F}_{Y\_RT} + \underbrace{VLA^FL\hat{Y}^D}_{Y\_GVC\_S} + \underbrace{VLA^F(B\hat{Y} - L\hat{Y}^D)}_{Y\_GVC\_C} \qquad (3-35)$$

式（3-34）的第一项（V_D）和式（3-35）的第一项（Y_D）均表示由国内生产并吸收的增加值部分，该部分的所有生产环节均在国内完成，没有涉及增加值的跨境。式（3-34）的第二项（V_RT）和式（3-35）的第二项（Y_RT）均表示由国内生产并以最终产品的形式出口至国外的增加值部分。但是，V_RT和Y_RT因构建过程中行列平衡所反映的生产关系差异，两者所表达的经济学含义不尽相同。V_RT表示本国以最终产品的形式出口中被进口国直接吸收的增加值，Y_RT则表示为了生产用于出口的最终产品需要的国内上游投入之和。一般而言，两者均反映发生在国内生产的活动，但实际计算中两者在国家层面的计算结果上存在一定差异。式（3-34）的第三项（V_GVC_S）和式（3-35）的第三项（Y_GVC_S）均表示仅包含中间产品单次跨境的全球价值链生产活动，不再向第三国出口，因而也被称为简单的全球价值链生产活动。其中，基于行平衡关系的 V_GVC_S 表示的是在特定国家或某一行业的中间产品出口中，进口国将其用于进口国国内最终产品生产的增加值部分。Y_GVC_S 表示国内生产最终产品生产过程中所需的进口中间产品的增加值之和。而式（3-34）的第四项（$\hat{VLA}^F(BY-LY^D)$）和式（3-35）的第四项（$VLA^F(B\hat{Y}-L\hat{Y}^D)$）反映的是中间产品多次跨境的全球价值链生产活动。其中，V_GVC_C 表示特定国家或某一行业的出口中间产品被进口国进一步用于生产向其他国家出口产品中包含的增加值。其中来自本国的中间产品不仅在首次出口的过程中跨越了本国的国界，进口国将其进口后进一步加工并被用于向其他国家出口的过程使得其中来自本国的中间产品第二次跨越了国界。Y_GVC_C 则表示本国用于生产供其他国家使用的中间产品过程中所使用的来自国外的中间产品之和。这部分来自国外中间产品的增加值在被本国以中间产品的形式进口时跨越了国界，在以中间产品出口的过程第二次跨越了国界。总的来看，式（3-34）的第四项和式（3-35）的第四项所反映的生产关系均涉及中间产品多次跨境，因而又被称为复杂的全球价值链生产活动。

根据王等（2017a）关于全球价值链生产活动的定义，只有涉及以中间产品跨境的生产活动方才属于全球价值链生产活动的范畴。显然，只有式（3-34）的第三和第四项以及式（3-35）的第三和第四项符合这一标准。而基于多区域投入产出表行列平衡所反映生产关系，特定国家或某一行业可以通过进口中间产品用于本国生产的方式后向嵌入全球价值链生产体系，或者出口中间产品被其他国家所使用的前向参与的方式融入全球价值链分工。

基于多区域投入产出表的行平衡关系，前向分工描述了本国创造的增加值（Va，即 GDP）通过全球分工向下游生产环节流动的过程。因此，全球价值链前向参与度（gvc_par_f）可以理解为特定国家或某一行业的前向全球价值链生产活动的占比，即以中间产品的形式出口的国内增加值占本国创造的增加值（即 GDP）的比重 [如式（3 - 36）所示]。相应的，后向分工视角则是基于多区域投入产出表的列平衡关系，因而全球价值链后向参与度（gvc_par_b）可以用最终产品生产过程中需要上游进口中间产品作为必要投入的比例来衡量 [如式（3 - 37）所示]。后向参与度的提高表明特定国家或者行业的生产中对于进口中间产品的依赖程度有所提升。对于中国这样处在生产性环节的国家而言，较高的后向参与度往往意味着本国生产需要大量进口国外中间产品作为必要投入，面临着陷入"低端嵌入"和"低端锁定"的风险。更高程度的前向参与度则意味着特定国家或行业的前向全球价值链生产活动占本国出口的比例有所提升，即其所从事的生产活动将更加偏向于全球价值链中高端的上游环节。

$$gvc\_par\_f = \frac{V\_GVC}{V\,a'} = \frac{V\_GVC\_S}{V\,a'} + \frac{V\_GVC\_C}{V\,a'} \qquad (3 - 36)$$

$$gvc\_par\_b = \frac{Y\_GVC}{Y'} = \frac{Y\_GVC\_S}{Y'} + \frac{Y\_GVC\_C}{Y'} \qquad (3 - 37)$$

（2）中国国家层面全球价值链参与度指数演进趋势分析

基于前文引入的全球价值链参与度指数的测度方法，同样以 ADB - MRIO 为数据基础，本节首先计算了中国国家层面的全球价值链参与度水平，具体结果如图 3 - 11 所示。从图 3 - 11 中可以看出，不同于中国价值链重构进程中前向重构占比较高的典型事实，更多以后向嵌入的方式融入国际分工体系是中国参与全球价值链分工的典型特征。集中表现为,本书的考察期内,中国国家层面的全球价值链后向参与度始终明显高于前向参与度。究其原因仍然在于中国目前仍主要从事加工、制造等生产性环节。进口能源、原材料以及中间产品作为上游环节的必要投入,经自身生产、加工后以最终产品或服务的形式出口至其他国家是该环节的主要特征。在特定分工职能的约束下,中国为了完成国内最终产品的生产需要大量进口中间产品作为必要投入,这无疑直接推高了中国的全球价值链后向参与度。另外,中国目前在高技术制造业和服务业领域对全球价值链的控制能力仍然较弱,特别是在高技术制造业和服务业的生产过程中,中间产品、核心零部件和关键技术仍然有赖于进口,"大而不强"的发展现状加剧了中国高度依赖以进口中间产品为主的后向参与的方式嵌入全球分工体系(陈晓华等,2019)。因而对于中国而言,尽快实现关键生产环节和技术的国产化替代,降低中国生产对于国外进口中间产品的依赖。进而强化在中高端分工环节的竞争优势仍然是中国未来优化全球价值链后向参与的重点。

中国全球价值链前向参与度较低的典型事实表明在中国出口结构中,代表中高端生产环节的中间产品或服务出口占本国创造的增加值的比重仍然较低。这一方面是由于中国所处的加工、制造等生产性环节天然靠近最终消费市场,使得中国出口中最终产品和服务的占比更高,对中间产品的出口形成挤出效应。另一方面,也暴露出中国当前产业发展阶段与国际顶尖水平仍然有不小的差距,中间产品国际竞争力较弱(王岚,2019)。但是也应该看到中国自身的规模优势使得中国国内得以容纳更多的行业和生产环节,并将其内化到国内价值链体系当中,这一转变同时意味着相关产品或服务的大部分生产环节得以在国内完成,并直接向下游市场出口最终产品或服务,这无疑进一步推高了中国出口中最终产品和服务的比例，加剧了中国全球价值链前向参与度与后向参与度之间的明显差异。

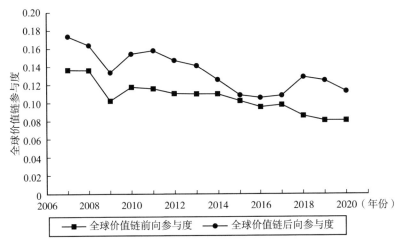

图 3 - 11　2007～2020 年中国国家层面全球价值链参与度

从动态变化轨迹来看，中国的全球价值链前向参与度与后向参与度的演进趋势具有较强的共轭性，即两者的演进趋势高度相似。从具体演进趋势来看，2007～2020 年间中国的全球价值链参与度可以分为如下几个阶段：

第一阶段为 2007～2009 年，中国的全球价值链前向和后向参与度均大幅度下降是该阶段的典型特征。其中，2007 年，中国国家层面的全球价值链前向参与度为 0.137，至 2009 年下降至 0.102，同时期后向参与度则从 0.174 下降至 0.135。出现这一现象的主要原因在于 2008 年金融危机严重打击了全球贸易与产品内分工。金融危机的影响随全球价值链生产网络迅速传播至全球。中国作为世界第一大货物贸易国，金融危机同样波及了中国的生产。受全球经济增长陷入衰退引致的需求不振，中国结束了自 2001 年加入世贸组织以来在全球价值链分工中的快速扩张，全球价值链前向参与度明显下降。同时期世界范围内的贸易保护主义与单边主义抬头也对中国上游中间产品的供给产生了明显的负面影响。加之受限于需求不振，中国也主动减少了对于上游中间产品的采购，在上述因素的复合影响下，中国的全球价值链后向参与度也出现了大幅度下降（世界银行等，2017）。

第二阶段为 2010～2011 年短暂恢复期。在此期间，中国 2010 年全球价值链前向参与度上升至 0.118，2011 年略微下降，但前向参与度仍然达到了 0.117。同时期，中国全球价值链的后向参与度分别为0.155 和 0.159。相较于金融危机影响最为严重的 2009 年，中国国家层面的全球价值链前向参与度与后向参与度均略有增长。事实上，即使在金融危机波及全球的 2009 年，中国 GDP 增速仍然高达 9.2%。但是中国当年进出口总额下降幅度达到了 13.9%（陈守东和刘琳琳，2012）。值得注意的是，此前中国的经济增长长期依赖于净出口的扩张。2000～2010 年间中国外贸依存度持续增长，至 2005～2007 年更是达到了 70% 以上。中国经济对于外部环境的高度依赖性以及始于2008 年的金融危机对于中国的冲击迫使中国必须采取必要的举措避免金融危机传递至经济基本面（谢志超等，2012）。为此，对内中国主动实施量化宽松政策以稳定经济，同时出台了"应对金融危机的一揽子计划"以对冲外部冲击的负面影响（金碚等，2011）。在外贸领域，中国推出了自 2004 年以来覆盖范围最广、力度最大的出口退税政策以保证出口平稳发展。在上述一系列组合政策的推动下，中国不仅成功避免金融危机波及中国经济基本面，同时得益于中国对于外贸领域的大力政策扶持，中国货物贸易进出口总额于 2010 年和 2011 年分别实现了 34.72%、22.46% 的增长，进而推动了 2010 年后中国全球价值链前向参与度与后向参与度的短期增长。

2012 年之后可以视为第三阶段。在该阶段内，中国国家层面的全球价值链参与度普遍下降是该阶段的主要特征。这主要是因始于 2008 年的金融危机暴露出中国经济增长对国外市场的过度依赖，为实现中国经济增长新赋能，中国采取了一系列措施来促进经济增长动能转换。具体而言，在外贸领域，中国改变了既往以追求出口规模为主的外贸模式，更加注重价值链上关键技术和环节的国产化替代，降低了对进口中间产品的依赖程度（杨延杰，2010；文武等，2021）。对内则积极推行供给侧改革，改造和淘汰落后产能，注重发掘内需在中国经济新旧动能转换过程中的重要作用（易先忠和欧阳峣，2018）。上述举措在推动中国经济持续稳定增长的同时促进中国对外贸易依存度大幅度降低，内需取代净出口成为经济发展新的引擎。与此同时，中国的规模经济优势以及国内价值链的发展使得更多环节被纳入中国国内，中国出口中最终产品的占比有所上升，而中间产品出口的增速有所放缓。从理论上来看，全球价值链参与度的变化直接受到中间产品进出口增速以及最终产品与 GDP 的增速影响。显然，由于中国经济增长动能转化与国内价值链的发展，共同推动了中国经济对中间产品进出口的依赖程度降低，因此尽管同时期中国增加值进出口总额仍然长期保持增长，但是 2012 年之后中国全球价值链前向参与度与后向参与度仍然出现了不同程度的下降。

值得注意的是，2018 年中国国家层面的全球价值链后向参与度出现了短时期的上升。出现这一趋势的主要原因是 2018 年 7 月，商务部为提升对外开放水平和平衡贸易，出台了《关于扩大进口促进对外贸易平衡发展意见的通知》（国办发〔2018〕53 号），当中明确提出要"主动扩大进口，促进国内供给体系质量提升，满足人民群众消费升级需求,实现优进优出,促进对外贸易平衡发展"(李春顶等,2021)。这一政策本质上要通过提升进口供给质量以实现进口结构的持续优化,充分利用进口中间产品中包含的新技术、新动能推动中国布局中高端制造业和服务业的市场以及深入促进贸易自由化,提升贸易便利水平,最终目的在于推动中国国内价值链的发展,以进口促出口质量升级(高敬峰和王彬,2019)。在该政策的积极推动下,2018年以进口中间产品用于本国最终产品生产为代表的全球价值链后向参与度在当年有一定的提升。但是从 2019 年开始,随着新冠疫情对中国经济的冲击和影响,中国国家层面的全球价值链后向参与度此后仍呈现下降态势。

(3)中国行业层面全球价值链参与度指数演进趋势分析

同中国价值链重构进程的分析类似,为了进一步探讨中国在参与全球价值链分工过程中的行业异质性,同样基于 ADB – MRIO 对于行业大类的划分,本节从五个行业大类的角度进一步区分了中国各行业大类全球价值链后向和前向参与度的动态变化,具体结果如图 3 – 12和图 3 – 13 所示。

就基础行业而言,该行业全球价值链后向参与度在本书的考察期内整体在围绕 0.1 的区间内波动,是中国全球价值链后向参与度最低的行业之一。事实上,在开放经济的背景下,全球价值链嵌入程度与垂直专业化分工呈正比。基础行业由于其特殊性,本身仅包含农、林、牧、渔业(C1)以及采矿业(C2)两个细分行业,其主要产品不依赖于中间产品的进口仍能完成大部分生产过程。因此垂直专业化分工在该行业渗透程度较低,限制了其后向参与全球分工的水平。从全球价值链前向参与度来看,中间产品出口在中国基础行业的渗透同样十分有限，且在本书的考察期整体呈现下降的趋势。尽管在2018年以后，该行业的全球价值链前向参与度整体有所提高，但是受限于行业特性，中国基础行业的全球价值链前向参与度在五个行业大类中仍然处在相对较低的位置，仅略高于低技术制造业以及个人和社会服务业。

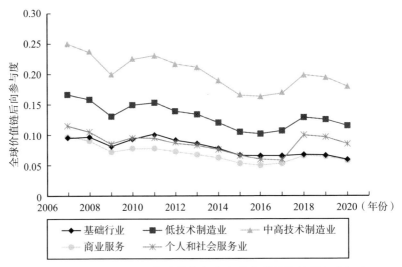

图3-12 2007~2020年中国各行业大类全球价值链后向参与度

就低技术制造业而言，由于国际分工最早从制造业展开，制造业也是全球范围内国际分工发展最为完善、职能最为明确的领域之一，因此中国制造业整体全球价值链后向参与度明显高于其他行业。受此影响，中国低技术制造业的全球价值链后向参与度在五个行业大类中居于较高的水平。从动态变化趋势来看，中国低技术制造业全球价值链后向参与度的变动趋势与国家层面高度相似，呈现"下降—短暂恢复—持续下降—短期波动"的演进历程。而低技术制造业全球价值链后向参与度呈现整体下降的趋势意味着中国该行业的生产对于进口中间产品的依赖有所降低，全球价值链后向特征在一定程度上有所优化。但是从全球价值链前向参与度来看,同全国以及制造业整体的发展趋势类似,在本书的考察期内,整体呈现下降趋势是中国低技术制造业前向参与全球价值链分工的典型特征。这主要是由于中国既往参与全球价值链分工的过程中主要从事生产性环节,导致出口中最终产品占比远高于中间产品。加之相较于中高技术制造业,低技术制造业的产品本身天然更加靠近最终消费环节,使得该行业全球价值链前向参与度的提升空间十分有限。但是值得注意的是,2018年开始,中国低技术制造业中间产品出口占增加值的比例略有上升,直观的表现为前向参与度开始提高,这传递出一种信号,即中国中低端制造业在一定程度上摆脱了低端生产的困境,开始逐步占领该领域中高端分工环节、实现价值链升级。

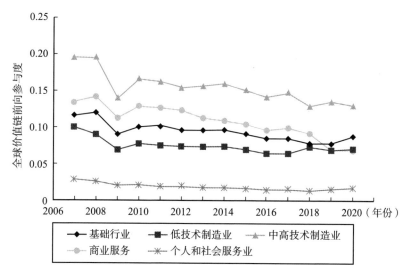

图 3-13　2007~2020 年中国各行业大类全球价值链前向参与度

中高技术制造业因需要多部门的协调配合,垂直专业化分工相较于低技术制造业更为深入,因此该行业的全球价值链后向参与度在五个行业大类中常年稳居首位。从动态变化趋势来看，中国中高技术制造业全球价值链后向参与度的演进轨迹与中国国家层面以及低技术制造业类似，整体上同样呈现下降的趋势。上述典型事实表明，随着中国国内价值链体系的发展，中国中高技术制造业对于国外进口中间产品的依赖程度下降，国产化程度有所提高，客观上该行业的全球价值链后向参与度有所优化。而从前向参与度来看，在本书的考察期内，中国中高技术制造业的全球价值链前向参与度同样呈持续下降的演进趋势。2007年，中高技术制造业的全球价值链前向参与度为0.195；2020年，这一数字下降到0.131。同时期低技术制造业的全球价值链前向参与度仅从0.100下降至0.0715。中国中高技术制造业前向参与度快速下降的原因与其自身的发展趋势密切相关。中高技术制造业本身具有技术含量高、分工明确且价值密集的特点，但是中国长期以来在关键技术和核心生产环节受制于人的现状，不仅严重阻碍了行业本身迈向中高端分工的步伐，同时严重威胁到中国国内价值链的安全。特别是近年来以美方挑起的中美贸易摩擦为代表的一系列旨在打压中国发展的举措，使得中国充分意识到实现中高技术制造业全产业链国产化的必要性。为此，中国不断加强在该行业核心技术和核心环节领域的投入，充分发挥国内市场的规模优势，推动创新驱动发展来实现关键环节的国产化进程（俞立平和金珍珍，2021）。得益于中国对该行业的大力投入和扶持，近年来中国中高技术制造业价值链国产化程度逐步提高，越来越多的生产环节得以在中国国内实现生产，压缩了中间产品的出口空间，取而代之的是最终产品出口比例的不断提升，因此中高技术制造业的前向参与度在本书的考察期内整体不断走低。

从后向参与全球价值链视角来看，中国商业服务业的后向参与度长期处在 0.05 至 0.10 的区间内,不仅在本书的考察期内不断下降,同时也是中国全球价值链后向参与度最低的行业之一。出现这一现象的原因一方面在于中国长期以来更加侧重商品领域的开放,服务业整体开放程度较低限制了该行业后向参与全球价值链分工体系的深度(占丽和戴翔,2021)。同时因商业服务业本身的生产过程并不需要大量的中间产品进口即能完成本部门的生产,使得垂直专业化分工在该行业的渗透程度明显低于制造业。进一步结合前文中国商业服务业价值链后向重构进程来看,显然中国商业服务业对于以最终服务的形式进口的依赖程度仍然较高,这反映出中国该行业国际竞争力仍然较弱。但是从全球价值链前向参与度来看,商业服务业的全球价值链前向参与度在五个行业大类中居第二位,仅次于中高技术制造业。这主要是由于现代制造业的转型升级离不开包括科技服务业、金融服务业、信息服务业、商务服务业、物流服务业等在内的生产性服务业的支持(闫晗等,2022;李璟等,2022)。伴随着中国制造业转型升级步伐的不断加快,对于生产性服务业的客观需求不断加大。在需求拉动的作用下,中国不断加速服务业开放以辅助中国制造业价值链升级。与此同时,交通运输、通信、软件开发等生产性服务业在制造业投入中的占比不断加重(戴翔,2020)。而中国制造业的转型升级也为包括生产性服务业在内的高端服务业实现价值链升级提供了重要的外部支持。得益于制造业和商业服务业的相互促进和深度融合,中国的商业服务业不仅可以通过自身的出口以提升全球价值链前向参与度,同时还可以通过包含在制造业内的生产性服务业的增加值部分实现出口的扩张,使得中国该行业的全球价值链前向度在五个行业大类中处在相对较高的位置。但是总的来看,中国商业服务业的全球价值链前向参与度在本书的考察期整体呈现下降的趋势,体现出中国在高端服务业领域渗透明显不足的特征。

而个人和社会服务业由于本地化属性较强，全球价值链前向和后向参与度常年在极低的水平徘徊，出现这一现象的核心原因主要是由于该行业的行业特性。作为国民经济的前置性服务行业，个人和社会服务业主要集中在各种公共服务、教育、卫生等行业，上述行业一方面以最终服务的形式直接面向最终消费者，较强的社会服务性质使得该行业的生产对于以中间产品进口为代表的后向全球价值链活动的依赖程度较低；另一方面该行业事关中国的基础服务，出于国家安全的考虑该行业本身开放程度较为受限，本身所提供的服务也难以实现出口。在上述因素共同作用下使得该行业的全球价值链嵌入水平远低于其他行业。

3.3.2 全球价值链分工位置视角

前文已经就"一带一路"倡议下中国价值链重构进程与重构效应的第一个角度——全球价值链参与度展开了分析。本节则将视角转向中国价值链重构效应的另一个维度，即中国在全球价值链分工中的位置，从典型事实的角度刻画中国在全球价值链分工体系下所处分工位置的演进历程，从而更加全面地呈现中国嵌入全球价值链分工的具体特征。

(1) 全球价值链分工位置指数的构建

全球范围内分工细化使得特定产品的生产链条逐步延长，而国际贸易形式和生产模式的变化也要求构建新的统计指标来捕捉不同国家在全球价值链上所处的分工位置这一新的特征。在对已有的方法进行系统对比的基础上,本书选择王等（2017b）提出的测度方法,将全球价值链分工位置定义为特定国家或行业所处的生产环节到价值链两端的相对距离。根据王等（2017b）的研究,特定国家或行业在全球价值链上的"分工位置"必须根据该环节上游的环节数量与下游的环节数量共同决定。对于特定国家或行业而言,其所嵌入的仅仅是全球价值链生产模式下某一特定的环节。显然,该环节之前的生产阶段越少,那么该国家或行业在全球价值链上的上游分工位置也越高。如果该国家或行业所嵌入全球价值链生产环节之后的生产阶段数量越少,那么该国家或行业所从事的分工环节将更加接近全球价值链的下游环节。显然,特定国家或行业在全球价值链中的分工位置应该表达其所从事分工的环节在全球价值链分工体系下相对于整个生产链条的"相对位置"。

就具体测算过程而言,首先需要回顾完全消耗系数所反映的生产关系。根据投入产出理论,完全消耗系数（B）所表达的生产关系不仅包含了直接消耗的部分,也包含了间接消耗的部分。由于生产一单位的最终产品不仅需要直接消耗（A）作为必要的中间投入,在价值链序贯式的生产模式之下,后续生产环节会对该行业的产品持续产生间接消耗直至最终产品。将完全消耗系数所表达生产关系代入式（3 - 6）中,并将完全消耗系数（B）展开可以得到:

$$\hat{V}\hat{Y} + \hat{V}A\hat{Y} + \hat{V}AA\hat{Y} + \cdots = \hat{V}(I + A + AA + \cdots)\hat{Y}$$
$$= \hat{V}(I - A)^{-1}\hat{Y} = \hat{V}B\hat{Y} \qquad (3 - 38)$$

同上一小节所反映的生产关系相同,$\hat{V}B\hat{Y}$ 反映了增加值如何在国家或者行业间的流动,将完全消耗系数 B 根据其反映的直接消耗与间接消耗的生产过程逐级展开,即可得到特定国家或某一行业的增加值在多区域投入产出表所反映的生产关系中被循环使用的过程:显然,增加值在第一轮生产过程（$\hat{V}\hat{Y}$）被计算了 1 次，该阶段反映了这部分增加值如何被创造出来，属于首次被计算，因此在该处生产长度为 1。而在第一轮直接消耗生产关系中，增加值（$\hat{V}\hat{Y}$）首次被用作其他行业生产过程中所必需的中间投入（$\hat{V}A\hat{Y}$），在该阶段这部分增加值是第 2 次被计算，因此生产长度为 2。在第二轮被用作间接投入的生产过程（$\hat{V}AA\hat{Y}$）是该部分增加值第 3 次被计算，此处的生产长度为 3，以此类推。将生产过程与在该部分增加值被计算次数，即生产阶段长度相乘可得：

$$\hat{V}\hat{Y} + 2\hat{V}A\hat{Y} + 3\hat{V}AA\hat{Y} + \cdots = \hat{V}(I + 2A + 3AA + \cdots)\hat{Y}$$

$$= \hat{V}(B + AB + AAB + \cdots)\hat{Y} = \hat{V}BB\hat{Y} \quad (3-39)$$

$\hat{V}BB\hat{Y}$ 中每个元素表达了全球价值链生产模式下特定国家或某一行业的增加值被其他国家或行业用作最终产品生产过程中的中间投入时所引致的总产出，当中既包含了直接产出的部分，也包括因间接消耗引致的产出部分。显然，引致产出与原始投入增加值之比反映特定国家（s 国）或某一行业（s 国 i 行业）相对于另一国家（r 国）或某一行业（r 国 j 行业）被计算的次数，即平均生产长度的概念：

$$Plvy_{sr}^{ij} = \frac{\hat{V}BB\hat{Y}_{sr}^{ij}}{\hat{V}B\hat{Y}_{sr}^{ij}} \quad (3-40)$$

但是，式（3-40）仅仅给出了代表性行业 s 国 i 行业到特定的 r 国 j 行业的最终产品所反映的平均生产长度。根据多区域投入产出表所反映的行平衡关系，显然 s 国 i 行业的增加值会被多个国家或者行业用于生产，因此 s 国 i 行业相对于所有行业的平均生产长度需要将 s 国 i 行业到所有的代表性行业（r 国 j 行业）的生产长度加总，即可得到 s 国 i 行业在全球范围内被使用过程中的平均生产长度（Plv）：

$$Plv = \frac{\hat{V}BB\hat{Y}u'}{\hat{V}B\hat{Y}u'} = \frac{\hat{V}BBY}{\hat{V}BY} = \frac{\hat{V}BX}{\hat{V}X}$$

$$= \hat{X}^{-1}BX = \hat{X}^{-1}BX = \hat{X}^{-1}BX\hat{X}u' = Hu' \qquad (3-41)$$

其中，u' 表示 $1*GN$ 单位向量，H 代表 Ghosh 逆矩阵。

但是，式（3-41）给出的 s 国 i 行业的平均生产长度计算公式中不仅包含了全球价值链生产活动的平均生产长度，也包含了纯粹国内生产以及不涉及中间产品跨境的最终产品贸易的平均生产长度。回顾全球价值链生产活动的定义，即仅有中间产品跨境的生产活动方才属于全球价值链活动。引入式（3-33）的分解思路：

$$VY\_GVC = \hat{V}LA^F B\hat{Y} = \underbrace{\hat{V}LA^F L\,\hat{Y}^D}_{VY\_GVC\_S} + \underbrace{\hat{V}LA^F (B\hat{Y} - L\,\hat{Y}^D)}_{VY\_GVC\_C} \qquad (3-42)$$

显然，只有式（3-42）中右侧等式第三项和第四项之和（$\hat{V}LA^F B\hat{Y}$）涉及全球价值链生产活动（VY_GVC）。同前文的处理方法类似，根据多区域投入产出表的行平衡关系以及将式（3-39）关于引致产出的概念引入式（3-42），仅保留 $\hat{V}$ 可以得到 s 国 i 行业的总产出中被用于全球价值链生产模式的部分（V_GVC），以及 s 国 i 行业该部分增加值因前向生产关联引致的总产出（Xv_GVC）。根据多区域投入产出表的列平衡关系，仅保留 $\hat{Y}$ 可以得到生产 s 国 i 行业最终产品生产过程中涉及全球价值链生产活动部分投入的总和（Y_GVC）与 s 国 i 行业该部分增加值因后向生产关联所引致的总产出（Xy_GVC）。

将基于行平衡所反映的前向全球价值链生活动所引致总产出（Xv_GVC）与前向全球价值链生产活动（V_GVC）共同引入到式（3-41）所表达的平均生产长度的计算方法中，可以得到特定国家或某一行业的全球价值链前向生产链长度：

$$Plv\_GVC = \frac{Xv\_GVC}{V\_GVC} \qquad (3-43)$$

其中，V_GVC 表示包含本国以中间产品的形式出口并被其他国家或者行业所使用的国内增加值部分，Xv_GVC 反映了该部分增加值在不同国家以及行业被使用过程中所引致的总产出。显然，基于前文关于平均生产长度的定义，引致产出与原始增加值之比反映了从特定国家某一行业的初始投入品到其他国家作为最终产品被消费的过程中计入的平均次数，也就是距离下游最终产品的生产环节数。Plv_GVC 的数值越大，表示特定国家某一行业作为初始投入品经历的生产环节越多，该行业更加靠近生产环节的上游。

选择仅保留 $\hat{Y}$ 所反映的列平衡关系并将后向全球价值链生活动所引致产出（Xy_GVC）与后向全球价值链生产活动（Y_GVC）将代入式（3-41）中，即可得到特定国家或某一行业的全球价值链后向生产长度可以表示为：

$$Ply\_GVC = \frac{Xy\_GVC}{Y\_GVC} \qquad (3-44)$$

显然，基于后向视角的 Y_GVC 表示本国或者本国特定行业生产最终产品的过程中使用的来自国外中间产品所包含的增加值，Xy_GVC 则衡量了这部分进口增加值在本国引致的最终产出。Ply_GVC 为后向视角下引致产出与来自国外的增加值投入之比，反映了来自国外进口的增加值至本国最终产品的过程需要经历的生产长度，即全球价值链后向生产长度。显然 Ply_GVC 越大，表明为了生产国内最终产品需要进口中间品经历的生产环节越多，特定国家或者行业将更加靠近下游环节。

基于前文关于分工位置的探讨，特定国家或某一行业在全球价值链分工中所从事的生产环节的"相对位置"可以由全球价值链前向生产链长度与后向生产长度之比得出：

$$GVC\_POS = \frac{Plv\_GVC}{Ply\_GVC} \qquad (3-45)$$

显然,全球价值链分工位置指数由 Plv_GVC 和 Ply_GVC 两部分共同决定。当特定国家或者行业的全球价值链前向生产长度(Plv_GVC)较大且后向生产长度(Ply_GVC)较小时,表明该环节上游生产环节更少且下游生产环节较多,相应地,特定国家或者行业所处的分工环节在全球价值链上的分工位置也越高,更加倾向于从价值链上游参与国际分工。反之,则表明特定国家或者行业所从事的分工环节更加靠近全球分工的下游环节,而且其在全球价值链分工中所处的分工位置也越低。

(2)中国国家层面全球价值链分工位置指数演进趋势分析

全球价值链分工位置作为中国参与全球价值链分工的重要特征以及中国价值链重构效应的另一个重要维度,本节同样基于 ADB – MRIO 数据库,计算了 2007~2020 年中国全球价值链分工位置指数的变动情况。不同于全球价值链参与度指数本身的变动即可以反映特定国家或行业参与全球价值链分工深度的变化轨迹,全球价值链分工位置指数的特殊性在于该指数反映了特定国家或行业在全球价值链分工体系下所处的相对位置。事实上,特定国家或者某一行业在全球价值链中所处的位置不仅取决于该指数本身的变化,同时还受到各个国家的经济体量以及在全球价值链分工中所扮演的角色的影响。如当特定国家的经济结构过度偏向于原材料出口或者主要从事最终产品或服务的生产环节时,该国国家层面的全球价值链分工位置指数受产业结构的影响将自然靠近上游或者下游环节。在该种情形下,全球价值链相对位置的变动并不能直接表征价值链升级,因为处在不同分工位置的国家所实现的价值链升级路径有着显著差异。对于中国这样处在全球价值链分工中下游，主要从事生产性环节的国家而言，显然向中上游分工环节靠拢是中国价值链实现升级的重要标志。但是正如前文分析所表明的那样，中国庞大的经济体量和完整的国内价值链体系又决定了中国价值链升级路径仍然具有一定的特殊性。因而，考虑到全球价值链分工位置指数的本身的特性以及本书的核心研究对象为中国，本书选择从分工位置指数结合中国及各行业在全球范围内相对位置分布的方法来刻画中国在全球价值链中所处分工位置的变化。具体而言，分析的过程中既要关注中国以及各行业的全球价值链分工位置指数的绝对变化，也需要选择合理的参照国作为中国在全球价值链分工体系下所处相对位置变化的必要参考。

就具体参照国而言，根据《全球价值链发展报告2019》（世界银行，2019）中对于全球生产网络演化格局的分析，全球范围内业已形成了东亚、北美以及欧洲三大区域价值链体系。早在2000年，三大区域价值链体系分别以美国、德国和日本作为区域性价值链网络的核心国家。区域内其他国家围绕本区域内的核心国家形成明显的中心—外围结构，跨区域间的增加值流动也主要通过本区域内的核心国家实现。但是随着世界范围内经济实力的此消彼长，全球价值链分工格局也发生了相应的转变：至2017年，德国与美国在相应区域内的枢纽地位没有发生明显变化，但在东亚区域价值链中中国取代了日本，成为该区域价值链的核心国家，但日本仍然是东亚区域价值链的第二大经济体。此外，总的来看，美国、德国以及日本仍然是世界范围内经济最为发达、国内价值链体系最为完善、经济总量位居前四的国家，牢牢占据着全球价值链分工的中高端环节。中国作为后发国家，生产所需的关键中间产品和技术仍主要从上述国家进口。因此，根据在全球价值链分工体系下所扮演角色的相似性以及中国主要追赶的对象，本书选择国内价值链体系覆盖完整、在区域价值链中发挥枢纽作用的美国、德国和日本作为中国在全球价值链生产模式下所处相对分工位置变动的参考。

为刻画中国的全球价值链分工位置指数的演进趋势，首先基于当年各个经济体的全球价值链分工位置指数绘制了箱线图，如图 3－14 所示。箱线图为数据样本提供了中位数、下四分位数和上四分位数以及离群值等统计量的可视化表示。每个箱形内的线条表示样本中位数，箱形的上边缘和下边缘则分别表示上四分位数和下四分位数。同时，在图中添加了德国、日本、美国以及中国四个国家的全球价值链分工位置指数的折线图以描绘其随时间的变化。

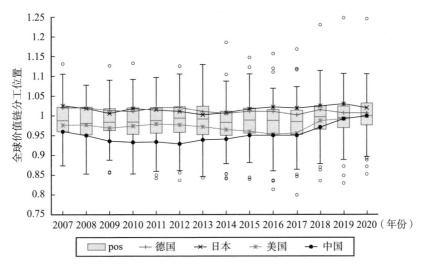

图 3－14　2007～2020 年中国的全球价值链分工位置指数

观察图 3－14 所报告的 2007～2020 年中国国家层面的全球价值链分工位置指数的变动趋势不难发现，在本书的考察期内，中国的全球价

值链分工位置指数的变化可以分为两个阶段：第一个阶段为 2007 ~
2012 年。在该阶段内，中国的全球价值链分工位置指数从 2007 年的
0.960 下降至 2012 年的 0.928，在全球价值链中的分工位置不断向下
游移动，整体处在全球分工的下四分位数以下区间。同时期美国、日
本和德国在全球价值链中的分工位置不仅显著高于中国，且随着时间
的演进，中国在该阶段内与其他区域价值链核心国家之间的分工位置
差距不断加大。这一现象所反映的经济学事实同已有文献得出的结论
类似，在这一阶段内，中国处在全球价值链分工的中低端环节，仍然
有赖于进口大量中间产品作为生产的必要投入，有可能长期陷入"低
端嵌入"和"低端锁定"（范德成和刘凯然，2018；吕越等，2018）。
第二阶段自 2013 年开始，中国的全球价值链分工位置指数持续提升
是该阶段的典型特征，并在"一带一路"倡议正式实施的 2014 年后
继续保持了平稳的增长趋势。同时，在"一带一路"倡议取得较大成
效的 2017 年以后，中国在全球价值链分工中的位置攀升速度明显加
快。当年中国的全球价值链分工位置指数已经上升至 0.0950，离开下
四位分数以下的区间段并逐步向中位数水平靠拢。2020 年，这一数字
进一步上升至 0.999，已经接近中位数水平，与同时期美国在全球分
工中的相对位置基本重合。这表明在该阶段内，中国不仅全球价值链
分工位置指数的绝对数量有所提高，在相对发展水平上中国也已经在
逐步减小与美国、日本、德国等区域价值链核心国家间的差距，其背
后折射出中国在该阶段内价值链升级步伐明显加快。

（3）中国行业层面全球价值链分工位置指数演进趋势分析

在对中国国家层面全球价值链分工位置指数的演进趋势进行简单
勾勒后，同全球价值链参与度类似，本小节将 ADB – MRIO 中 35 个行

业划分为 5 个行业大类，以剖析中国各行业大类全球价值链分工位置变动的行业异质性特征。

如图 3-15 所示，反映了 2007～2020 年中国基础行业全球价值链分工位置指数的变化。从整体上来看，中国基础行业在全球价值链分工中长期稳居上游环节，2007 年中国基础行业的全球价值链分工位置指数为 1.143，此后持续上升，2018 年达到本书考察期内的最高点，分工位置指数达到 1.229。2019 年开始因新冠肺炎疫情的冲击导致分工位置的绝对数值有所下降。就相对位置而言，在本书的考察期内中国基础行业一直处在全球产业分工的上四分位点以上的区间内，同其他区域价值链核心国家相比也仅次于日本，远高于同时期的美国和德国，是全球范围内所处分工位置最高的国家之一。基础行业由于其行业特性，该行业的产品主要作为其他行业生产的原材料进入国际分工体系，因而中国该行业分工位置指数的持续提升不仅意味着其上游生产环节减少，同时表明中国基础行业所引致下游产出有所增加，且这一趋势在 "一带一路" 倡议有国家正式加入的 2014 年后呈现加速发展趋势。事实上，中国作为世界上最大的能源和原材料进口国之一，得益于中国强大的工业生产能力以及 "一带一路" 倡议打通了中国同共建国家间的贸易堵点，显著降低了贸易成本，使得共建国家的基础产品能以更低的价格流向中国。中国仅需进口该行业的原材料并由中国完成加工即可作为中间产品在全球范围内向下游生产环节流动。总的来看，中国强大的生产能力不仅弥补了上游进口环节的生产长度，同时凭借自身强大的生产能力在一定程度上推动了该行业引致产出的增加。在上述因素的共同影响下，中国基础行业在全球价值链中的分工位置常年稳居上游地位。

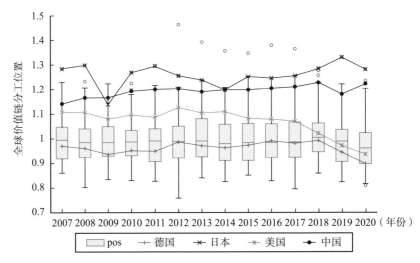

图 3－15　2007～2020 年中国基础行业的全球价值链分工位置指数

　　中国低技术制造业全球价值链分工位置指数的具体演进趋势如图 3－16 所示。从中不难看出，在低技术制造业领域，中国的全球价值链分工位置指数长期保持在 0.927～0.950 区间内。在全球范围内长期位于中位数至下四分位数的区间，即中下游分工环节，而这一区间内国家的密集分布则暗示了该生产环节的国家间竞争较为激烈。上述典型事实再一次印证了已有研究中关于中国制造业长期处于中下游环节，面临着陷入"低端锁定"风险的基本结论。在中国人口红利逐渐消失的情况下，中国低技术制造业所面临的"纵向压榨"和"横向挤压"将更为严重，因而尽快推动中国低技术制造业实现转型升级、推动分工位置的提升已经成为该行业未来发展的主要方向。相比较之下，除低技术制造业竞争实力较弱的美国外，日本和德国均处在全球分工中上游，远高于中国所处的生产环节。值得注意的是，以"一带一路"倡议正式提出并初步有国家加入该倡议的2014 年为拐点，在此之后中国低技术制造业在全球价值链分工中长期下降的趋势触底，并于 2015 年开始逐步向上游环节移动。2018 年以后，中国低技术制造业在全球价值链分工中向上游环节演进的趋势逐渐加速，开始与美国所处的分工环节重叠，表明中国部分低技术制造业价值链升级的步伐不断加快，开始逐步渗透到该行业的中高端生产环节。这一点与前文关于该行业全球价值链前向参与度的分析结论得以互相印证。但应该认识到，尽管在低技术制造业领域中国的全球价值链分工指数已经超越了美国，却仍然远不及德国和日本所处的分工环节，与国际领先水平仍然有着不小的差距，尽快实现该行业的价值链升级依然是中国价值链重构需要实现的核心目标之一。

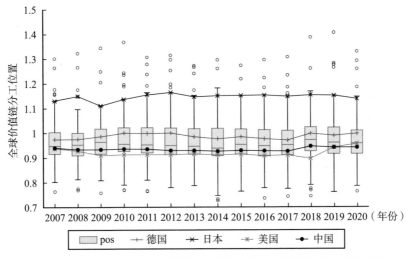

图 3-16 2007~2020 年中国低技术制造业的全球价值链分工位置指数

如图 3-17 所示，对于中高技术制造业而言，在本书的考察期内，其全球价值链分工位置指数处长期运行在 0.871~0.929 的区间内，远低于同时期美国、日本和德国等区域价值链核心国家，整体处在下四分位数以下的中低端生产环节。具体而言，中国中高技术制造业的全球价值链分工位置指数的演进趋势在本书的考察期内可以分为两个阶段：第一个阶段为 2007～2014 年。在该阶段内中国该行业的全球价值链分工位置指数不断下降，在全球分工中的相对位置也从中位数到下四分位数区间下降到下四分位数以下。这一现象表明中国中高技术制造业对上游进口中间产品的依赖程度有所提升，上游生产环节数量趋于增加，进一步折射出中国中高端制造业陷入"低端嵌入"和"低端锁定"的风险逐步加大。同时，中国在该阶段内所处的分工环节同美国、德国和日本等国逐渐偏离，在同为制造业中心的情形下，相对位置的偏离表示中国同上述国家在产业分工领域的分化：中国不断向下游生产性分工靠拢，而其他区域价值链核心国家则进一步巩固了其在高附加值环节的优势地位。第二阶段是自"一带一路"倡议得到实施以后的 2015 年开始，中国在全球价值链中的分工位置指数开始恢复增长，并逐步向美国、德国所处的下四分位数附近靠拢。这一现象一方面表明得益于"一带一路"倡议的推动，中国中高技术制造业价值链升级步伐加快，对于上游进口中间产品的依赖程度有所下降。另一方面，根据蔡礼辉等（2020）的研究，当两国在全球分工中的相对位置逐步接近时，彼此之间竞争性会大于互补性。因而在这一阶段内，以美国为首的部分国家为打压中国发展而刻意挑起贸易摩擦。从长期来看，中国在全球价值链升级的过程中必须寻找新的出口市场以促进比较优势的发挥和规模效应的实现。而在 2018 年以后，中国同美国在国际分工中的同构性减弱，取而代之的是中国与德国在中高技术制造业所处分工环节的高度重合。

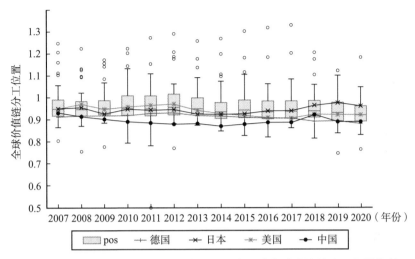

图 3 - 17   2007 ~ 2020 年中国中高技术制造业的全球价值链分工位置指数

与制造业长期处在全球价值链分工中下游环节不同，中国商业服务业的全球价值链分工位置指数，如图 3 - 18 所示，以 2012 年为拐点分为两个阶段：第一阶段为 2007 ~ 2012 年。在该阶段内，中国商业服务业的全球价值链分工位置指数从 2007 年的 0.961 下降至 2012 年的 0.880。与同时期中国制造业面临的困境类似，在此期间中国商业服务业同样长期处在全球分工的中低端环节，且随着时间的演进，全球该行业的全球价值链分工位置指数仍在持续下降，不仅低于同时期其他区域价值链核心国家，甚至沦为全球范围内分工位置最低的国家之一。但是自 2013 年以后，中国商业服务业在全球价值链中的分工位置有了明显的提升。从分工位置的绝对数值来看，2013 年中国商业服务业的全球价值链分工位置指数升至 0.931，到 2020 年进一步增长至 1.080。分工位置指数绝对数量快速提升的同时在全球分工中的相对位置也有所提高。2013 年，中国商业服务业在全球分工中尚处在下四分位数以下的区间，2018 年升到了下四分位数附近，2019 年以后更是跨越中位数，达到上四分位数附近，高于同时期日本和美国所处的分工位置，与德国所处的分工环节更为接近。出现这一现象的原因一方面在于因新冠肺炎疫情的冲击，导致中国商业服务业内循环比例大幅度提高，同时也从侧面表明中国商业服务业的国际竞争力大幅度提升。事实上，早在 2013 年，中国服务业占 GDP 的比重首次超过工业，成为国民经济第一大行业。随着中国加入 WTO 中关于降低服务业行业门槛与减税目标基本完成，中国商业服务业近年来的开放程度逐步提高，迫使其更加深入的参与国际竞争（陈贵富和吴腊梅，2021）。另一方面，随制造业产业转型的步伐逐步加快，中国商业服务业对国民经济其他行业的支持作用越发明显。显然，由于中国商业服务业下游生产环节数量不断增加以及商业服务业本身发展质量的提升，共同推动中国商业服务业在全球产业链中的分工位置不断向上游环节靠拢（张二震和戴翔，2022）。

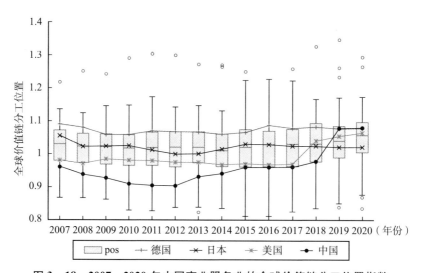

图 3 – 18 2007～2020 年中国商业服务业的全球价值链分工位置指数

就个人和社会服务业而言，在本书的考察期内，该行业在全球价值链中的分工位置指数不断上升。如图 3 - 19 所示,2007 年,中国个人和社会服务的全球价值链分工位置指数为 0.995,此后直至 2014 年,该指数长期运行在 0.995 ~ 1.021 的区间内,处在中位数至下四分位数附近。但是从 2014 年开始,中国个人和社会服务业的价值链升级步伐明显加快,在全球分工中的相对位置也快速向上游移动。2020 年中国个人和社会服务业的全球价值链分工位置指数已经上升至 1.098,靠近上四分位数附近。这表明个人和社会服务业正逐步从全球价值链分工的下游环节向上游环节靠拢,更加倾向于以中间产品的形式服务于国民经济的发展。

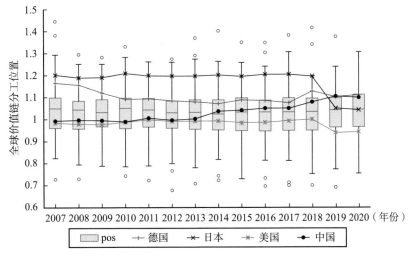

图 3 - 19 2007 ~ 2020 年中国个人和社会服务业的全球价值链分工位置指数

3.4 本章小结

"一带一路"倡议作为中国倡议的国家间合作平台与顶层对话机

制，自提出以来得到了多个国家的积极响应，并在"五通"领域取得了一定的建设成果，理论上有助于促进中国同共建国家间以增加值跨境流动为载体的价值链重构进程。本章在充分吸收前人相关研究成果的基础上，结合博林和曼奇尼改进的全球价值链分解框架，构建了适用于特定国家的价值链重构指数测度方法。并以中国为核心样本，根据多区域投入产出表行列平衡所反映的生产关系，进一步将中国价值链重构分为前向重构和后向重构。其中，中国价值链后向重构指数反映了中国总产出对于国外进口增加值的依赖程度，而前向重构指数则反映了因要素禀赋、比较优势以及规模经济的变迁导致中国与其他国家之间前向产业关联变化。从中国价值链重构的具体演进趋势而言：首先，中国同各国间的价值链重构指数整体呈下降趋势，这一现象表明中国总产出对于以增加值进出口所反映的跨国产业关联的依赖性有所降低，内循环属性显著增强。其次，以"一带一路"倡议逐步扩大的 2016 年为拐点，在此之前中国同共建国家间的价值链重构指数持续下降，在此之后中国同共建国家间的价值链前向和后向重构指数均有所上升。再次，从相对重要性来看，相较于"一带一路"共建国家，显然，非"一带一路"国家在中国价值链前向和后向重构中的占比更高。但是随着非"一带一路"国家与中国价值链重构的发展潜力被逐步挖掘殆尽以及"一带一路"倡议的深入推进，共建国家在中国价值链重构进程中的相对重要性有了明显提升。最后，从重构方式来看，后向重构视角下，中国同各国间的价值链重构仍然主要通过中间产品的方式实现。而在前向重构视角下，中国同非"一带一路"国家间的价值链前向重构进程以最终产品为主要形式。而在中国同共建国家间的前向重构进程中，显然，中间产品发挥了更加重要的作用。

作为价值链重构效应的重要表现，本章还引入了全球价值链参与度和分工位置指数来刻画中国嵌入全球价值链分工的动态演化轨迹。针对中国全球价值链参与度指数的测算和分析结果表明：更多以后向嵌入的方式融入国际分工体系是中国参与全球价值链分工的典型特征。与此同时，在本书的考察期内中国全球价值链前向和后向参与度均呈下降趋势，金融危机的冲击、中国经济增长动能转换、出口转型升级以及中国国内价值链的发展和完善是造成这一现象的主要原因。其中，中国国家层面以及各行业大类的全球价值链后向参与度均有所降低表明中国对于进口中间产品的依赖程度下降，中国长期以来面临的"低端锁定"和"低端嵌入"问题得到了一定的缓解。但是全球前向参与度整体较低的典型事实表明中国在全球价值链中高端分工领域的渗透仍然有待进一步提升。

全球价值链分工位置作为中国全球价值链参与特征以及价值链重构效应的另一个重要维度，本书结合中国的全球价值链分工位置指数的绝对数量变化与相对分工位置的变迁，就中国在全球价值链生产模式下所处分工位置的动态演进趋势展开了研究。结果表明，基于国家层面的角度审视中国在全球价值链分工中所处的相对位置时，该指数以 2012 年为拐点，在此之前中国在全球价值链分工中所处的分工位置持续下降，拐点之后则向中上游环节逐步演进。基于对各行业大类的异质性分析结果表明：在制造业领域，中国长期处在加工、组装等中下游环节的基本现状没有得到根本性转变，仍然有待于中国价值链重构进程的持续推进助推该行业的价值链升级。但是在 2014 年以后，中国制造业价值链升级步伐明显加快，逐步向美国、德国和日本等区域性价值链核心国家以及制造强国所处的分工环节靠拢。中国服务业在全球价值链中的分工位置则以 2012 年为拐点，2012 年之前商业服务业与个人和社会服务业逐步向中下游环节移动，但是在拐点之后开始快速向上游环节攀升。

"一带一路"倡议对中国价值
链重构的政策影响研究

"一带一路"倡议作为中国倡议的国家间合作平台与顶层对话机制，前文的研究初步刻画了中国与"一带一路"共建国家间以产业关联所表征的价值链重构指数的演进趋势，从典型事实的角度初步肯定了"一带一路"倡议对强化中国与共建国家之间产业关联、推动中国价值链重构的积极作用。本章旨在上一章典型事实分析基础上，通过构建多时点双重差分模型，使用实证检验的方法考察"一带一路"倡议对中国价值链重构的政策效应，并探究其内在影响机制。

4.1　模型设定与变量选择

4.1.1　模型设定

本章研究的目的在于识别"一带一路"倡议是否对中国价值链重

构进程产生了影响，即"一带一路"倡议的实施是否显著加深了中国与"一带一路"共建国家之间的产业关联，提升了来自"一带一路"共建国家的增加值对中国价值链重构的重要性，属于政策效应研究的范畴。在政策效应研究领域，双重差分模型以政策实施前后有无双重差排除其他因素的影响，从而能很好地识别政策效应，因而在学术研究领域得到了广泛采用。考虑各国加入"一带一路"倡议的时间不尽相同，故而本章主要采用多时点双重差分模型（difference-in-differences with multiple time periods）或者称为交叠双重差分模型（staggered adoption difference in differences model）就"一带一路"倡议对中国价值链重构的政策效应展开研究。

双重差分模型（difference in differences model，DID）是在反事实分析的基本框架下构建的准自然试验模型。双重差分模型在外生冲击发生之前处理组和对照组应当具有平行趋势的前置假设基础上，通过在事件节点之后对比处理组与对照组的趋势差异来获得政策效果在统计层面的无偏估计。根据双重差分模型的经典设计思路，首先需要为研究样本设定处理组与对照组，并依据政策冲击发生的时间申明样本在 t 时期对于处理组和对照组的归属（即 2×2 模型）。双重差分项是双重差分模型得以识别政策效应的核心，其为处理变量（$treat_i$）与时间变量（$post_{it}$）的交乘项。其中，处理变量（$treat_i$）为区分处理组和对照组的虚拟变量。如果样本为政策冲击的对象则为处理组，处理变量（$treat_i$）取值为 1。反之，则作为对照组，处理变量（$treat_i$）取值为 0。时间变量（$post_{it}$）同样为虚拟变量。当样本处在政策冲击发生的时间节点之前则取值为 0，时间节点之后则取值为 1。核心解释变量（即双重差分项）的系数 α_1 即为政策效应，如果 α_1 的估计值为正值且通过显著性检验，说明"一带一路"倡议诚然促使了中国与共建国家间产业关联的加深，有助于加速中国价值链向共建国家的方向实现重构。模型中考虑到多重共线性的存在，处理变量（$treat_i$）与个体固定效应、时间变量（$post_{it}$）与时间固定效应不能同时纳入模型中，为了排除因个体、时间以及其他因素对于回归结果的影响，本章基于面板固定效应模型构建双重差分模型。具体模型设定如式（4-1）所示：

$$gvc\_rs_{ijt} = \alpha_0 + \alpha_1 BRI_{it} + \alpha_2 X_{it} + \nu_i + \nu_j + \nu_t + \varepsilon \qquad (4-1)$$

其中，下标 i 表示国家，j 表示行业，t 表示年份。gvc_rs_{ijt} 为被解释变量，表示 t 时间点中国同 i 国 j 行业间的价值链重构指数。BRI 为本章的核心解释变量，即双重差分项。显然，$BRI = treat_i \times post_{it}$。$X_{it}$ 为控制变量的集合。ν_i、ν_j、ν_t 分别表示国家固定效应、行业固定效应以及时间固定效应。ε 表示随机误差项。由于"一带一路"倡议涉及的国家众多，各国的优势产业也不尽相同，且前文的分析已经表明中国不同行业大类之间的价值链重构进程具有明显的异质性特征。如果双重差分模型仅将国家、时间层面的固定效应考虑在内，将忽视中国价值链重构进程中的行业异质性，从而造成估计结果的偏误。同时，由于后文关于中国价值链重构效应的相关实证研究的数据基础主要从行业层面展开，为了保持研究逻辑的一致性，本章在双向固定模型的基础上进一步加入了行业固定效应（ν_j）。

4.1.2 变量选择与数据来源

被解释变量（gvc_rs），即中国价值链重构指数。根据前文的分析，特定国家的价值链重构包含前向和后向两个维度。因此根据重构方向的差异，本章分别从中国价值链前向重构指数（gvc_rsf）和后向重构指数（gvc_rsb）两个维度分别展开实证检验。

核心解释变量（*BRI*），即双重差分项，为处理变量（$treat_i$）与时间变量（$post_{it}$）的交乘项。其中，由于"一带一路"倡议作为国家间合作平台与顶层对话机制，共建国家的身份需要由该国与中国正式签署"一带一路"合作备忘录或者具体的合作文件方能确立。因此对于处理组的识别，本书选择与中国正式签署"一带一路"双边备忘录、合作文件或者其他具有一定国际约束力的文件申明共建"一带一路"倡议作为特定国家属于"一带一路"共建国家与否的标准。其中，已同中国签署共建"一带一路"倡议谅解备忘录或者各类合作文件的国家、时间与合作层次的相关数据均来自中国"一带一路"网①。

本书的核心数据来源于亚洲开发银行编制的多区域投入产出表。该数据包含了 2007～2020 年 60 个国家 35 个行业在内的多区域投入产出数据。其中，ADB – MRIO 所包含的 60 个国家中正式加入"一带一路"倡议的国家共有 39 个，尚未加入"一带一路"倡议的国家 21 个（具体国家名录详见附录）。基于上述事实，本书将处理变量（$treat_i$）与时间变量（$post_{it}$）设定如下：

$$treat_i = \begin{cases} 1, & i \text{ 国在 } t \text{ 年同中国签署共建"一带一路"倡议相关文件} \\ 0, & i \text{ 国在 } t \text{ 年尚未同中国签署共建"一带一路"倡议相关文件} \end{cases}$$

$$(4-2)$$

$$post_{it} = \begin{cases} 1, & time \geq \text{同中国签署共建"一带一路"倡议相关文件的 } t \text{ 年} \\ 0, & time < \text{同中国签署共建"一带一路"倡议相关文件的 } t \text{ 年} \end{cases}$$

$$(4-3)$$

控制变量：除核心解释变量外，本书还加入了其他有可能会影响

---

① 资料来源：中国"一带一路"网. 已同中国签订共建"一带一路"合作文件的国家一览［EB/OL］.（2022 – 02 – 07）［2022 – 08 – 13］. https：//www. yidaiyilu. gov. cn/xwzx/roll/77298. htm.

中国价值链重构进程的其他变量。具体而言，国家层面的控制变量包括：一国的经济发展水平（$pgdp$）。根据贸易引力模型，特定国家的经济发展水平越高，其所引致的贸易规模也将越大，相应地，双边以增加值跨境流动为载体的产业关联也将趋于紧密。具体指标的构建则是选用该国的人均GDP来表征当地的经济发展水平。要素禀赋（hc）。特定国家的要素禀赋在一定程度上决定了其进出口产品的要素结构。而要素禀赋的互补则是"一带一路"倡议得以强化双边产业关联的重要前提，因此本书将要素禀赋作为重要的控制变量纳入回归方程当中。具体指标则是使用特定国家的人均资本来加以表征。产业结构高级化指数（is）。根据配第克拉克定理，当特定国家的产业结构趋向以二三产业为主时表明该国产业发展水平也较高。一般而言，产业发展水平越高的国家对价值链的控制能力也越强。出口依存度（exp），本书使用一国商品和服务出口总额占GDP的比重加以表示，反映了一国经济总量中对于出口的依赖程度。同时，本章节还加入了各国各个行业的显示比较优势指数（rca）作为行业层面的控制变量。控制变量主要根据亚洲开发银行编制的多区域投入产出表（ADB – MRIO）以及世界银行的相关数据整理所得。变量的具体描述性统计如表4 – 1所示。

表4 – 1 变量描述性统计

变量	变量含义	平均值	标准差	最小值	最大值
gvc_rsf	中国价值链前向重构指数	0.001	0.003	0.000	0.137
gvc_rsb	中国价值链后向重构指数	0.001	0.005	0.000	0.244
BRI	双重差分项	0.181	0.385	0.000	1.000
$pgdp$	人均GDP	26202.22	24345.3	389.6	119360.4

续表

变量	变量含义	平均值	标准差	最小值	最大值
hc	要素禀赋	6977.095	5216.903	-457.688	38033.790
is	产业结构高级化指数	92.330	11.061	0.053	100.000
exp	出口依存度	55.737	41.336	6.760	228.994
rca	显示比较优势指数	1.335	3.254	0.000	107.200

4.2 实证结果与分析

4.2.1 基准回归结果

基于基准回归模型,就"一带一路"倡议是否推动中国与"一带一路"共建国家间的价值链重构进程进行了实证检验,表4-2报告了回归结果。其中,第(1)列和第(2)列分别报告了后向重构视角下仅纳入核心解释变量(即双重差分项)与加入控制变量后的回归结果。结果表明,双重差分项的系数分别为0.267和0.233,且均通过了1%的显著性检验,表明"一带一路"倡议的实施促进了中国同共建国家间的后向产业关联趋于更加紧密,推动了中国同共建国家间的价值链后向重构进程。第(3)列和第(4)列则报告了前向重构视角下"一带一路"倡议政策效应的检验结果,回归结果表明,双重差分项的系数分别在1%和5%的显著性水平为正值。该结果同样肯定了"一带一路"倡议在深入推进过程中促进了中国同"一带一路"共建国家间前向产业关联的提升,假说1a初步得到验证。

表4-2 基准回归结果

变量	后向视角		前向视角	
	（1）	（2）	（3）	（4）
BRI	0. 267 *** （0. 080）	0. 233 *** （0. 061）	0. 177 *** （0. 057）	0. 130 ** （0. 065）
pgdp		0. 872 *** （0. 144）		0. 753 *** （0. 753）
hc		- 0. 238 ** （0. 117）		0. 064 （0. 182）
is		- 0. 044 * （0. 026）		- 0. 075 * （0. 039）
exp		1. 430 *** （0. 138）		0. 716 *** （0. 218）
rca		1. 112 *** （0. 015）		0. 234 *** （0. 016）
常数项	- 11. 758 *** （0. 023）	- 22. 380 *** （1. 700）	- 10. 466 *** （0. 019）	- 20. 423 *** （2. 232）
国家固定效应	是	是	是	是
时间固定效应	是	是	是	是
行业固定效应	是	是	是	是
N	26881	24157	25717	22859
R^2	0. 529	0. 705	0. 622	0. 671

　　注：***、**、*分别代表在1%、5%和10%的显著性水平，回归系数下方的括号内为标准误。下同。

　　就控制变量的回归结果而言，无论是在前向还是后向视角下，经济发展水平的回归系数均显著为正，这表明特定国家经济发展水平的提升同样有助于强化两国间的产业关联，这一点同引力模型的结论基本一致。经济发展水平的提升不仅能够有效地克服地理距离与贸易摩擦系数对双边产业关联的抑制作用。在全球范围内分工日趋深化的大背景下，经济增长所带动的本国国内价值链的发展同样是双边产业关联得以强化的重要原因。人均资本对中国价值链后向重构的影响为负值，表明相较于资本更为充沛的国家，在"一带一路"倡议的推动下，中国显然更加倾向于增强同人均资本较低的国家之间的后向产业关联。产业结构升级的影响同样显著的为负，这一点无论是对于以吸收国外增加值为核心的价值链后向重构还是以增加值出口衡量的价值链前向重构皆是如此。结合前文的研究结论来看，当前中国仍然处在价值逐步升级的阶段，国家间不同行业的发展水平存在梯度差异仍然是中国同各国间得以实现价值链重构的重要现实基础。特别是在中国目前仅在部分行业实现了向全球价值链分工中高端环节的演进、整体国际竞争力仍然与世界顶尖水平存在一定差距的大背景下，显然，中国同产业发展水平较低的共建国家之间产业互补性更强。加之中国价值链升级正在推动中国与产业发展水平较高的国家之间形成同位竞争，因此特定国家的产业结构高级化进程将显著抑制同中国同其的重构潜力。出口占比的回归结果同样为正，这主要是由于即使在剔除了重复计算仅保留增加值贸易的情况下，国家间进出口贸易仍然是构建跨境产业关联的主要路径，因而中国同各国间的产业关联将随对外依存度的上升而得到强化。各个行业的显示比较优势与价值链重构之间的关系同样为正值，这表明中国同"一带一路"共建国家的产业关联将随比较优势的增强而提升，再一次证明了比较优势互补是中国同共建国家间价值链重构得以推进的重要前提。

4.2.2 平行趋势检验

满足平行趋势假设是双重差分方法得出无偏估计的必要前提，即如果没有政策冲击事件的发生，处理组和对照组将会保持相似的发展趋势。本书借鉴林辉和孙煦初（2022）的研究框架，采用事件分析法来验证平行趋势假设并进一步探索"一带一路"倡议对中国价值链重构的政策动态效应。具体而言，将基准回归模型［公式（4-1）］中的核心解释变量（BRI）替换为"一带一路"倡议发生前和发生后若干年的哑变量，同时保持被解释变量不变，通过检验不同年份哑变量的回归系数来验证是否满足平行趋势假设，其具体估计方程如下：

$$gvc_{rsijt} = \alpha_0 + \sum_{n=1}^{N} \alpha_{1n} BRI\_b_{it} + \alpha_2 BRI\_o_{it}$$

$$+ \sum_{n=1}^{N} \alpha_{3m} BRI\_p_{it} + X_{it} + \nu_i + \nu_j + \nu_t + \varepsilon \qquad (4-4)$$

其中，BRI_b 表示某一国家正式加入共建"一带一路"开始前 n 年的年份虚拟变量与处理变量的交互项，BRI_o 表示一国正式签署共建"一带一路"相关合作文件当年的年份虚拟变量与处理变量的交互项，BRI_p 则表示某一国家正式通过签署谅解备忘录或者合作文件宣布共建"一带一路"后 m 年的年份虚拟变量与处理变量的交互项。如果 BRI_b_{it} 的估计系数 α_{1n} 显著为零，表明在外部政策冲击发生之前，处理组和对照组之间的趋势不存在显著差异，满足共同趋势的基本假设。

图 4-1（a）和（b）分别报告了不同年份双重差分项回归系数的大小以及 95% 置信区间。根据本书对"一带一路"共建国家的定义，只有同中国正式签署谅解备忘录或者各类文件方才视为"一带一路"共建国家。事实上，在本书的考察期内，哈萨克斯坦和斯里兰卡最先于 2014 年 11 月同中国正式签署共建"一带一路"谅解备忘录从而正式加入共建国家的行列，因此图 4-1 中将"一带一路"倡议作为政策冲击开始的年份设为 2014 年。从图 4-1（a）的变化趋势不

难看出：对于中国价值链后向重构进程而言，尽管并未在政策冲击发生前所有年份内双重差分项均接近于0。但是进一步观察不难发现，双重差分项的回归系数以"一带一路"倡议首次有国家正式签署相关文件的2014年为拐点，2014年以后双重差分项的回归系数，即政策效应，相较于2014年之前有明显的提高，这同样说明中国与共建国家间的价值链后向重构指数因"一带一路"倡议的逐步深化而得到了进一步提升，据此也应当肯定"一带一路"倡议对中国同共建国家间价值链后向重构领域的积极作用。

同时，从图4-1（a）所反映的后向重构视角下双重差分项的系数变化趋势可以进一步得出"一带一路"倡议政策影响的动态效应。显然，在"一带一路"倡议正式实施之前，中国同"一带一路"共建国家间的后向关联程度就已经有所加深。反映在图4-1（a）当中即为2007~2013年间，部分年份的双重差分项（*BRI*）的系数为正，且至少通过5%的显著性水平检验。这也说明"一带一路"倡议的提出建立在一定的现实基础之上：在"一带一路"倡议正式实施之前，中国与共建国家之间不仅在经贸往来上，在以增加值进口为载体的价值链后向重构领域双方的产业关联就已经有所加深，而"一带一路"倡议的提出和实施则从对外政策的角度顺应并强化了这一进程。此外，值得注意的是，随着陆续有更多国家正式加入"一带一路"倡议，2014年以后"一带一路"倡议对中国价值链重构积极的政策效应逐步趋于增强，反映为图中*BRI*的系数以2014年为拐点逐步增大。这一结果也证明，随着"一带一路"倡议政策的实施与扩大，中国同共建国家间的后向重构潜力也随之得到了进一步释放，因而政策效应呈逐步增强的趋势，这一点与前文理论分析以及典型事实分析部分的结论得以相互印证。最后，值得注意的是，"一带一路"倡议对于中国价值链后向重构的积极政策效应自 2019 年开始未通过显著性检验。这主要是由于始于 2019 年的新冠疫情严重冲击了中国的国内生产，作为全球最大的制造业中心和枢纽节点，中国因受疫情影响所造成的短期损失也同时传递至跨国产业关联的上游和下游生产环节（邓世专和林桂军，2020）。

与后向重构视角不同的是，图 4 - 1（b）中基于前向重构视角的平行趋势检验结果表明，在"一带一路"倡议正式提出之前，双重差分项的回归系数整体围绕着 0 在 95% 的统计水平上显著（其中，仅有 2011 年双重差分项系数为正且通过了 5% 显著性水平检验），表明对照组和处理组在政策冲击开始前满足平行趋势假设，保证了双重差分的估计结果是无偏的。

同时也能从图 4 - 1（b）中得出前向重构视角下"一带一路"倡议政策影响的动态效应。从中不难看出，2014 年"一带一路"倡议的政策效应达到了最大值。随着"一带一路"倡议的持续推进，前向

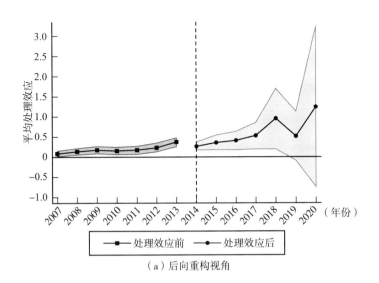

（a）后向重构视角

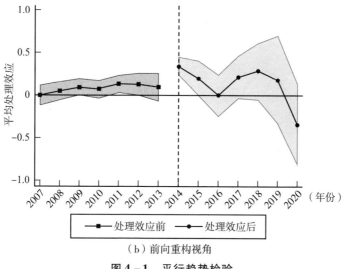

（b）前向重构视角

图 4 - 1 平行趋势检验

重构的政策冲击效应尽管略有减小，但是在其后长期保持稳定。但是 2019 年后同样受到新冠肺炎疫情冲击的影响，"一带一路"的政策效应有所衰退。

4.2.3 安慰剂检验

为了排除可能的变量遗漏对政策效应估计结果的影响，本书借鉴戴翔和宋婕（2021）的方法，随机抽取国家作为处理组进行安慰剂检验。前文的处理组主要为同中国签署共建"一带一路"倡议相关文件的国家。在安慰剂检验中，本书从尚未加入"一带一路"倡议的 21 个国家中随机抽取作为处理组，用以构建伪处理变量 $treat\_placeb$，并对其进行回归得到伪政策效应 α_placeb。为了避免随机抽样的过程中可能因小概率事件导致的反事实变量与真实变量大范围重合的可能，本书随机抽取了 500 次作为安慰剂检验，其估计结果的核密度曲线如

图 4 - 2 所示。

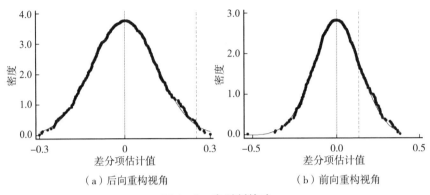

（a）后向重构视角　　　　（b）前向重构视角

图 4 - 2　安慰剂检验

从图 4 - 2 中不难看出，无论是前向重构视角还是后向重构视角，伪处理变量的估计系数整体服从均值为 0 的正态分布，这表明在随机分组情况下，"一带一路"倡议的政策效应接近于 0。相比较之下，在基准回归中，后向重构视角下双重差分项的估计系数为 0.233，前向重构视角下双重差分项的估计系数为 0.130，均与 0 值有明显的距离。据此可以认为前文得出的"一带一路"倡议能够有效推动中国同共建国家间的价值链后向和前向重构进程只有在小概率下是一个随机结果。

4.2.4　稳健性检验

为了进一步验证基准回归结果的稳健性，本书还从以下几个角度进行了一系列稳健性检验：

（1）指标替换检验

在基准回归模型中，本书将中国价值链前向重构与后向重构指数分别定义为中国进口特定国家的国内增加值或中国出口的自身国内增加值占中国总产出的比重。为了验证本章核心结论的稳健性，本部分使用中国的增加值（即 GDP）替换价值链重构指数计算过程中的总产出作为分母重新构建被解释变量，该指标反映了中国从特定国家某一行业进口国外增加值或者中国自身出口的国内增加值对中国 GDP 的拉动作用。表 4 – 3 和表 4 – 4 的第（1）列分别报告了替换被解释变量后，后向以及前向重构视角下"一带一路"倡议政策效应的估计结果。其中，核心解释变量的回归系数均为正值，且分别通过了 1% 和 5% 的显著性水平检验。同基准回归结果相比，政策效应的系数方向和显著性水平均未发生明显变化，验证了本章核心结论的稳健性。

（2）删除规模较小的国家

在基准回归模型中，本书将 ADB – MRIO 数据库中包含的 60 个国家均统计在内，但是某些经济体量较小的国家因政治因素、产业结构、经济规模等因素的限制，中国同其的产业关联可能受到其他因素的干扰从而偏离价值链重构的范畴。因此，在开展稳健性检验的过程中选择删除了占世界经济总量不足千分之一的国家重新构建样本并检验"一带一路"倡议对中国价值链重构的政策效应。表 4 – 3 和表 4 – 4 的第（2）列分别报告了后向重构与前向重构视角下的回归结果。从中可以发现，即使在排除经济规模较小的国家可能对本章核心结论的影响后，"一带一路"倡议对中国同共建国家之间的价值链重构进程的影响仍然显著为正，从而再一次验证了基准回归结果的稳健性。

表 4 - 3   稳健性检验：后向重构视角

变量	（1） 指标更换检验	（2） 删除规模较小的 国家	（3）① 更换估计方法	（4） 排除外部政策的 干扰
BRI	0. 233 *** （0. 062）	0. 244 *** （0. 076）	0. 429 *** （0. 102）	0. 155 ** （0. 070）
控制变量	是	是	否	是
常数项	- 21. 192 *** （1. 703）	- 28. 417 *** （4. 850）	—	- 19. 19 *** （0. 000）
国家固定效应	是	是	是	是
时间固定效应	是	是	是	是
行业固定效应	是	是	是	是
N	26881	10879	26797	18933
R^2	0. 716	0. 612	—	0. 724

（3）更换估计方法

"一带一路"倡议作为近年来由中国倡议的国家间合作与顶层对话机制，共建各国正式加入"一带一路"倡议的时间也不尽相同，这也就意味着在双重差分模型中需要为每个国家设定单独的政策冲击年份，如此便使得本书研究内容与经典双重差分模型中政策发生时间节点具有一致性的设定并不完全相同。由于处理组内不同国家政策冲击发生的时间具有明显的异质性，导致随时间推移不断有新的样本被纳入到处理组中。但是在经典双重差分模型对政策效应的估计过程中，在第 t 期首次被干预的处理组样本在估计第 $t+1$ 期新加入的处理组样本的政策效应时会被列入对照组，由于在第 t 期首次被干预的处理组

---

① 目前布鲁斯雅克等（Borusyak et al.，2021）提供的关于多时点双重差分的 stata 估计命令未报告 R^2 以及暂时不能加入控制变量，故此处未报告相关结果。表 5 - 5 的第（3）列同。

样本实际上已经受到政策冲击的影响。后续随着对照组范畴的逐步扩大，继续沿用经典估计方法可能导致针对整个处理组的平均处理效应的估计显著低于或偏离真实政策处理效应的大小。

近期的研究在认识到这一问题后，诸多的学者就多时点双重差分模型的估计策略进行了修正，从而尽可能避免经典估计策略对于平均处理效应的低估。本书选择应用布鲁斯雅克等（Borusyak et al.，2021）改进的加权平均处理效应估计策略来重新评估"一带一路"倡议对中国价值前向重构和后向重构的政策效应。布鲁斯雅克等将不同时间段的双重差分项的系数进行单独估计，并以加权平均的方式得出多时点双重差分模型下政策效应的加权估计量，从而在一定程度上减小传统估计方法可能对政策效应的低估。基于该方法的估计结果如表 4-3 和表 4-4 的第（3）列所示，结果表明"一带一路"倡议政策效果的估计系数仍然为正，且均通过了 1% 的显著性水平检验，表明即使在克服因估计方法可能导致的结果偏误后，"一带一路"倡议仍然显著促进了中国同共建国家之间的价值链重构进程，进一步验证了基准回归结果的稳健性。

表 4-4　　　　　　　　稳健性检验：前向重构视角

变量	（1） 指标更换检验	（2） 删除规模较小的国家	（3） 更换估计方法	（4） 排除外部政策的干扰
BRI	0.132 ** (0.065)	0.259 *** (0.070)	0.195 *** (0.091)	0.155 ** (0.074)
控制变量	是	是	否	是
常数项	-19.191 *** (2.232)	-7.143 *** (5.260)	——	-20.605 *** (2.864)

变量	（1） 指标更换检验	（2） 删除规模较小的国家	（3） 更换估计方法	（4） 排除外部政策的干扰
国家固定效应	是	是	是	是
时间固定效应	是	是	是	是
行业固定效应	是	是	是	是
N	26881	16999	25440	17892
R^2	0.702	0.653	——	0.678

（4）排除外部冲击的影响

全球价值链生产与国际经济周期的联动使得中国价值链重构的演进历程不能忽视外部冲击的影响（文武和詹森华，2021）。始于2008年的金融危机导致了全球范围内的贸易萎缩，而全球价值链生产模式下的序贯式生产则对贸易崩溃起到了放大效果（戴晓芳等，2014）。金融危机在全球范围内的扩散同样对中国对外贸易和全球价值链生产活动造成了负面影响。在外部需求缩减的情况下，中国在全球分工中的垂直专业化分工也受到了阻碍，甚至存在价值链断裂的风险（马涛和杜晓萌，2011）。新冠疫情不仅对全球经济发展造成重创，对中国宏观经济发展也产生了严重负面影响（孙嘉泽等，2021）。因此，为了排除外部冲击可能对本章核心结论的干扰，本书选择剔除金融危机与新冠疫情影响最为严重的2009年、2020年两个年份的样本并重新进行回归。表4-3和表4-4的第（4）列分别报告了结果，从中不难看出"一带一路"倡议的政策效应同基准回归结果基本一致，表明本章的基本结论在排除了外部冲击干扰后依然是稳健的。

4.2.5 异质性检验

前文从全样本的角度讨论了"一带一路"倡议对中国价值链重构的影响。但是共建各国参与全球价值链分工的方式、深度以及各国的比较优势等方面具有显著的异质性，上述异质性特征同样有可能导致不同情形下"一带一路"倡议对中国价值链重构的政策影响也表现出异质性特征。基于此，本节试图从重构方式、行业特征、共建深度与区域异质性四个角度进一步揭示不同情形下"一带一路"倡议政策对中国价值链重构指数影响的更多细节。

（1）重构方式异质性

参考第 3 章中关于重构方式异质性的探讨，本小节分别将不同重构方式下的价值链重构指数作为被解释变量代入基准回归模型中重新检验。表 4-5 报告了基于后向视角下重构方式异质性的估计结果。结果表明，无论是以最终产品的形式、还是中间产品的形式，"一带一路"倡议对中国同共建国家间的价值链后向重构进程的政策效应均为正值，且均通过了 1% 的显著性水平检验。这表明，无论是以何种方式实现的中国价值链后向重构，"一带一路"倡议均显著增强了中国同共建国家之间的后向产业关联。事实上，"一带一路"倡议在贸易自由化和便利化的相关安排不仅大幅度降低了中国同共建各国开展增加值贸易的成本，也有效地推动中国市场对共建国家的开放，吸引更多共建国家更加深入的参与中国主导的"一带一路"区域价值链体系。随着中国总产出的持续高速增长，相应地，中国对于共建国家的增加值吸收能力进一步增强，共建国家受到的经济拉动和增加值溢出效应也更加明显（王腊芳等，2020）。这一点也从侧面充分说明"一带一路"倡议所倡导的共同发展的理念正在逐步转换为实际行动：经由"一带一路"倡议的推动，共建国家从与中国的价值链重构进程中实现了本国增加值产出的扩张与出口市场的拓展，并在这一过程中更好地发挥了自身比较优势，推动了本国经济的发展。

表 4 – 5　　　　　　　　　后向视角下重构方式异质性回归结果

变量	(1) gvc_rsb_fd	(2) gvc_rsb_int	(3) $gvc\_rsb\_int\_s$	(4) $gvc\_rsb\_int\_c$
BRI	0. 310 *** (0. 067)	0. 231 *** (0. 065)	0. 232 *** (0. 065)	0. 221 *** (0. 065)
控制变量	是	是	是	是
常数项	– 24. 760 *** (1. 884)	– 21. 818 *** (1. 763)	– 21. 860 *** (1. 763)	– 24. 646 *** (1. 768)
国家固定效应	是	是	是	是
时间固定效应	是	是	是	是
行业固定效应	是	是	是	是
N	23929	23929	23929	23929
R^2	0. 681	0. 690	0. 689	0. 700

表 4 – 6 报告了前向视角下"一带一路"倡议对中国价值链以不同方式实现重构的政策效应估计结果。从表 4 – 6 中可以看出，"一带一路"倡议仅对中国同共建国家间以复杂的全球价值链生产活动所实现重构的政策效应通过了 10% 的显著性水平检验。这表明尽管经由一带一路倡议的推动，中国同共建国家间的前向产业关联已经有所加深，但是这一进程主要以中间产品多次跨境作为主要实现形式。复杂的全球价值链生产活动意味着共建国家在进口中国的中间产品后会将

其进一步加工并用于自身的出口。一方面，促进了中国相关产业从
"一带一路"倡议实施的过程中实现中间产品出口的增长，从而推动
中国在全球价值链分工中迈向中高端分工的进程。另一方面，这一事
实也从侧面表明"一带一路"倡议也有助于共建各国发展自身的国内
价值链体系，促进公平发展的实现。但是值得注意的是，"一带一路"
倡议的实施和扩大仍未能显著推动中国同共建国家间以其他方式所实
现的重构。这一事实仍然提醒我们对于中国的出口市场拓展而言，受
限于中国所处的分工环节以及国内价值链发展阶段的限制，中国想要
实现更广范围与更深层次的前向重构仍然有赖于中国价值链升级的推
进以及继续深入挖掘共建国家的市场潜力。

表4-6　　　　　　　前向视角下重构方式异质性回归结果

变量	（1） gvc_rsf_fd	（2） gvc_rsf_int	（3） gvc_rsf_int_s	（4） gvc_rsf_int_c
BRI	0.067 (0.060)	0.085 (0.054)	0.084 (0.053)	0.093 * (0.055)
控制变量	是	是	是	是
常数项	-22.120 *** (1.497)	-19.722 *** (1.341)	-19.109 *** (1.342)	-23.009 *** (1.368)
国家固定效应	是	是	是	是
时间固定效应	是	是	是	是
行业固定效应	是	是	是	是
N	22455	22714	22714	23929
R^2	0.681	0.709	0.705	0.723

（2）行业异质性

本小节旨在从实证的角度揭示行业异质性情形下，"一带一路"促

进中国价值链重构的更多细节。同前文的划分方法相同，参考 ADB - MRIO 数据库中对于 35 个细分行业的具体分类，将各个细分行业按所属行业大类划分为初级行业、低技术制造业、中高技术制造业、商业服务业、个人和社会服务业五个大类并分别就子样本进行回归。

表 4 - 7　　　　　　　　　　　后向视角行业异质性回归结果

变量	（1） 基础行业	（2） 低技术制造业	（3） 中高技术 制造业	（4） 商业服务业	（5） 个人和社会 服务业
BRI	0. 327 ** （0. 164）	0. 208 ** （0. 086）	0. 141 （0. 087）	0. 320 *** （0. 069）	0. 160 （0. 273）
控制变量	是	是	是	是	是
常数项	- 15. 528 *** （3. 727）	- 24. 148 *** （2. 647）	- 26. 825 （2. 334）	- 23. 028 *** （3. 292）	- 17. 404 *** （6. 281）
国家固定效应	是	是	是	是	是
时间固定效应	是	是	是	是	是
行业固定效应	是	是	是	是	是
N	1326	6709	4988	8235	2898
R^2	0. 858	0. 797	0. 855	0. 739	0. 631

表 4 - 7 报告了基于后向重构视角的行业异质性估计结果。显然，"一带一路"倡议推动了中国基础行业、低技术制造业、商业服务业的价值链后向重构进程向共建国家的方向倾斜，即"一带一路"倡议作为外部政策，显著推动了中国同共建国家在上述行业的后向产业关联。但是中高技术制造业、个人和社会服务业并未通过显著性检验。这主要是由于共建国家主要依托自身具有比较优势的行业积极融入全球价值链分工体系，在国际分工中负责出口原材料及低级制成品，并

进口自身不具有比较优势中高技术产品。中国长期嵌入全球价值链分工的生产性环节决定了中国需要进口大量的原材料以及初级产品用于本国的生产，而"一带一路"倡议的持续推进恰好为中国扩展了相关产品的来源，因而"一带一路"倡议所推动的中国同共建国家间的价值链后向重构进程首先从共建国家具备比较优势的基础行业和低技术制造业开始。对于商业服务业而言，作为实现各类联通的重要媒介，"一带一路"倡议自然也加强了中国同共建国家在商业服务业领域的产业关联（邱雪情等，2021；王钰等，2018）。相比较之下，一方面，中国个人和社会服务业的产业链内部循环能力较强，在一定程度制约了"一带一路"倡议对这一行业后向重构的政策效应。另一方面，"一带一路"共建国家在个人和社会服务业的国际竞争力较弱也是"一带一路"倡议在这一行业的政策效应并不明显的重要原因。

表 4 – 8　　　　　　　　　前向视角行业异质性回归结果

变量	（1）基础行业	（2）低技术制造业	（3）中高技术制造业	（4）商业服务业	（5）个人和社会服务
BRI	0.095 (0.138)	0.098 (0.095)	0.302 *** (0.116)	0.343 *** (0.128)	– 0.660 *** (0.213)
控制变量	是	是	是	是	是
常数项	– 32.305 *** (8.033)	– 21.072 *** (3.568)	– 14.439 *** (3.232)	– 13.732 *** (4.204)	– 44.002 *** (6.965)
国家固定效应	是	是	是	是	是
时间固定效应	是	是	是	是	是
行业固定效应	是	是	是	是	是
N	1333	6686	5000	7220	2620
R^2	0.6635	0.764	0.628	0.547	0.639

基于前向重构视角的行业异质性检验表明，"一带一路"倡议仅对中国同共建国家在中高技术制造业以及商业服务业等行业的前向重构进程产生了积极的政策效应，同时"一带一路"倡议削弱了中国同共建国家在个人和社会服务领域的前向重构，而基础行业和低技术制造业则未通过显著性检验。这主要是由于同共建国家相比，中国具备比较优势的行业主要集中在中高技术制造业，同时上述行业也是大部分"一带一路"共建国家的弱势产业，比较优势互补使得"一带一路"倡议显著推动了中国同共建各国在上述行业内的前向重构进程。对于商业服务业而言，正如前文所论述的那样，各类产品和服务的联通离不开生产性服务业的支持。加之生产性服务业作为商业服务业的主要构成部分，中国同共建国家在制造业领域产业的关联强化同样会带动包含在其中的商业服务业的发展，因而在这一领域"一带一路"倡议的政策效应同样显著的为正值。

（3）共建深度异质性

"一带一路"倡议作为非强制性的国际合作平台与国家间顶层对话机制，一国主要通过签署谅解备忘录或合作文件的方式参与共建"一带一路"倡议。在国际关系中，谅解备忘录常用于双方经过协商、谈判达成共识后的文本记录，本身不具备强制性。而共建国家在以签署正式的合作文件的方式宣布共建"一带一路"的过程中，往往会附带关于经济与贸易领域合作、能源贸易、制度协调等其他方面的正式安排，这类合作文件涵盖范围更广、内容更为全面，并具备一定的强制约束力，理论上对促进中国同共建国家之间的产业关联领域更具效力。由于谅解备忘录与正式合作文件在约束力、涵盖领域的明显差异，本书根据"一带一路"共建国家签署共建"一带一路"相关协定中是否附带更多领域的合作文件作为共建深度的评判标准。若共建国家仅签署"一带一路"谅解备忘录,即为浅层次的合作。若共建国家在签署谅解备忘录或者合作协议的同时附带涵盖更多领域的双边合作文件则认为是深层次参与共建"一带一路"。基于共建深度的划分,本小节分别构建了样本并代入基准回归方程中展开实证检验以揭示其异质性。

具体回归结果如表 4-9 所示。结果表明,无论是以何种方式宣布共建"一带一路","一带一路"倡议对中国价值链重构的正向政策效应均通过了显著性检验。但是通过对系数的对比可以表明,显然深层次共建"一带一路"的政策效应大于浅层次,无论是前向重构视角还是后向重构视角皆是如此。这一点表明,尽管"一带一路"倡议作为开放性的国家间合作平台和顶层对话机制不同于其他国际组织,参与共建"一带一路"本身并不附带强制性的义务安排,各国在该合作平台与对话机制下拥有极强的自主性和灵活性,但是显然同中国在"一带一路"倡议的框架下展开更宽领域、更深层次的合作将更加有助于加强同中国的产业关联,中国和共建国家均将从中国价值链重构进程中获益更多。因而适时、适机推动"一带一路"倡议向深层次开展,强化各类制度保障,尝试开展自贸区建设是未来提升"一带一路"共建深度的重要内容。

表 4-9   共建深度异质性回归结果

变量	gvc_rsb		gvc_rsf	
	(1) 浅层次	(2) 深层次	(3) 浅层次	(4) 深层次
BRI	0.206 *** (0.072)	0.469 *** (0.072)	0.124 * (0.067)	0.155 * (0.081)

续表

变量	gvc_rsb		gvc_rsf	
	（1） 浅层次	（2） 深层次	（3） 浅层次	（4） 深层次
控制变量	是	是	是	是
常数项	− 21.147 *** （2.167）	1.840 （7.000）	− 15.123 *** （1.729）	− 28.050 *** （6.238）
国家固定效应	是	是	是	是
时间固定效应	是	是	是	是
行业固定效应	是	是	是	是
N	19062	14207	18065	13357
R^2	0.676	0.796	0.640	0.738

（4）地区异质性

为了进一步识别"一带一路"倡议对中国同不同地区国家间价值链重构的政策效应的异质性，本书根据地理位置进一步将"一带一路"共建国家区分为亚洲国家和欧洲两个样本，并分别与原对照组展开政策效应识别。具体结果如表4－10所示。结果表明，无论是对于前向重构视角还是后向重构而言，"一带一路"倡议仅对中国同欧洲国家间的价值链重构进程产生了明显的正向政策效应，而针对亚洲国家的政策效应识别则未能通过显著性检验。出现这一现象可能的原因在于：一方面中国同亚洲国家间因地理距离的邻近、长期的经贸往来使得双边在价值链合作领域已经具备了一定的基础，"一带一路"倡议仅仅巩固了这一进程。同时，早在2010年中国与东盟十国就已经签署自由贸易协定，自贸区本身在贸易自由化和便利化的更深层次安排在一定程度上抵消了"一带一路"倡议的政策效应。另一方面，亚洲国家目前在中国紧缺的中高技术中间产品领域以及全球分工的关键环节仍然与欧洲国家的发展水平有着相当的距离，欧洲国家在经济发展领域的先发优势以及对于部分价值链关键环节的掌控力使得中国与其间的产业关联可替代性较弱，经"一带一路"倡议的推动，产业梯度互补与较低的阿明顿弹性使得中国对来自欧洲"一带一路"共建国家的价值链重构更为敏感。

表 4 - 10　　　　　　　　　　地区异质性回归结果

变量	gvc_rsb		gvc_rsf	
	（1） 亚洲国家	（2） 欧洲国家	（3） 亚洲国家	（4） 欧洲国家
BRI	0.073 (0.109)	0.417 *** (0.049)	− 0.099 (0.105)	0.400 *** (0.072)
控制变量	是	是	是	是
常数项	− 20.056 *** (2.167)	− 27.245 *** (4.127)	− 19.676 *** (2.763)	− 15.003 *** (5.027)
国家固定效应	是	是	是	是
时间固定效应	是	是	是	是
行业固定效应	是	是	是	是
N	15983	17695	15176	16615
R^2	0.674	0.799	0.631	0.753

4.3　路径机制检验

前文的分析已经从理论和实证两个角度论证了"一带一路"倡议对中国价值链重构的政策效应，使得全书的核心假说 1a 得到验证。进一步从其理论机制来看，理论分析部分业已表明"五通"建设是

"一带一路" 倡议得以对中国价值链重构产生积极政策效应的主要路径。为了验证这一机制是否存在，本书借鉴巴龙和肯尼（Baron and Kenny，1986）提出的经典中介效应框架对这一问题展开探讨：

$$gvc\_rs_{ijt} = \alpha_0 + \alpha_1 DID_{it} + \alpha_2 X_{it} + \nu_i + \nu_j + \nu_t + \varepsilon \qquad (4-5)$$

$$M_{ijt} = \beta_0 + \beta_1 DID_{it} + \beta_2 X_{it} + \nu_i + \nu_j + \nu_t + \varepsilon \qquad (4-6)$$

$$gvc\_rs_{ijt} = \gamma_0 + \gamma_1 DID_{it} + \gamma_2 M_{ijt} + \gamma_3 X_{it} + \nu_i + \nu_j + \nu_t + \varepsilon \qquad (4-7)$$

其中，M_{ijt} 表示中介变量。根据经典中介效应模型的检验思路（如图 4-3 所示）。首先需要对公式（4-1）中的核心解释变量，即双重差分项的系数 α_1 进行检验。只有当 α_1 通过显著性检验时才能继续中介效应的检验。中介效应检验的第二步需要将核心解释变量与中介变量进行回归，验证核心解释变量对中介变量的系数 β_1。第三步检验则是验证中介变量对被解释变量的系数 γ_2。若 β_1、γ_2 均显著则中介效应得到证实。如果在 β_1、γ_2 均显著的同时，在公式（4-7）中，系数 γ_1 不显著，则称为完全中介。系数 β_1、γ_2 至少有一个不显著便要进行 Sobel 检验，构造统计量 $S_{\alpha\beta_1} = (\widehat{\alpha_1}^2 se_{\alpha_1}^2 + \widehat{\beta_1}^2 se_{\beta_1}^2)^{1/2}$，其中 $\widehat{\alpha_1}$ 和 $\widehat{\beta_1}$ 分别是系数 α_1 和 β_1 的估计值，se_{α_1} 和 se_{β_1} 分别为系数 α_1 和 β_1 的标准误，由此得到统计量 $z = \widehat{\alpha_1}\widehat{\beta_1}/se_{\alpha\beta_1}$，$z$ 服从正态分布。将 z 值与对应的临界值进行对比，如果 z 的绝对值大于临界值，则 M 的中介效应显著，反之则可以认为不存在中介效应。

就中介变量的具体构建而言：第一，政策沟通的具体指标主要参考张馨月和吴信如（2022）的研究，使用中国同各国间高级官员互访次数作为政策沟通（wt_pc）的替代变量。第二，在设施联通方面，本书结合许培源和姚尧（2021）的做法，使用物流绩效指数作为设施联通（wt_fc）的替代变量。第三，双边进出口总量作为中国同共建国家间贸易畅通水平的直接体现，直观地反映了贸易畅通领域所取得实际成效。

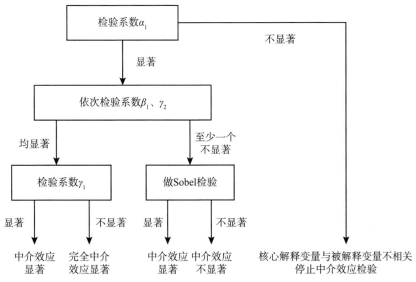

图 4 - 3　中介效应检验思路

因此,本书选择特定国家同中国的贸易流量来表示双边贸易畅通水平。同时考虑价值链前向重构主要是基于出口视角,而后向重构则是反映了中国从特定国家的增加值进口。因此,在构建中介变量时基于贸易流向的角度区分了进口贸易(wt_imp)和出口贸易(wt_exp),并分别作为后向和前向视角下贸易畅通机制的替代变量。第四,资金融通方面,本书参考赵红军等(2022)和戴翔、王如雪(2021)的研究,同时结合产业上下游关联所表达的生产关系,将"一带一路"共建国家对中国的 FDI 存量作为后向资金融通(wt_fdi)的替代变量,将中国对共建国家的 OFDI 存量作为前向资金融通(wt_ofdi)的替代变量。第五,民心相通领域,由于该领域数据的连续性和代表性较差,在综合对比已有研究的基础上,本书最终选择了中国各国与友好城市的数据作为民心相通(wt_vc)的替代变量。

(1) 政策沟通

根据中介效应检验的三步法，本小节首先就政策沟通作为"一带一路"倡议推动中国价值链重构的机制进行检验，如表 4 - 11 所示。关于中介效应的第一步检验，即核心解释变量对被解释变量的影响已经在基准回归中得到证实。因此，关于中介效应的分析主要从第二步开始。就具体结果来看，"一带一路"倡议对中国同共建国家间政策沟通系数的影响显著为正，这表明经由"一带一路"倡议的推动，中国同共建国家间顶层对话日益频繁，显然这一变化将有助于增进双边政治互信，开展更多顶层制度层面的协调安排。但是中介效应的第三步回归结果则否定了中介效应的存在。其可能的原因在于政策沟通推动中国同共建国家间的产业关联仍需通过诸如贸易畅通以及设施联通等实体渠道方能实现，政策沟通仅仅是为其提供了前置条件。同时，政策沟通效应的发挥还有待于合作意愿的落实以及更加具体性制度协调文件的签署与正式生效，上述过程使得政策沟通效应具有明显的滞后性。因而总的来看，单纯的政策沟通对中国价值链同共建国家间价值链重构进程的影响十分有限。

表 4 - 11   政策沟通机制检验

变量	(1) wt_pc	(2) gvc_rsb	(3) gvc_rsf
BRI	0. 145 *** (0. 012)	0. 181 *** (0. 070)	0. 140 ** (0. 072)
wt_pc		− 0. 053 * (0. 028)	− 0. 036 (0. 031)
控制变量	是	是	是

变量	(1) wt_ pc	(2) gvc_rsb	(3) gvc_rsf
常数项	- 1.254 *** (0.298)	- 22.485 *** (1.869)	- 21.284 *** (2.384)
国家固定效应	是	是	是
时间固定效应	是	是	是
行业固定效应	是	是	是
N	23598	22392	21146
R^2	0.620	0.699	0.682

（2）设施联通

从表 4 - 12 的回归结果来看，设施联通中介效应第二步的检验结果同样为正值，且通过了 1% 的显著性水平检验。表明"一带一路"倡议的实施诚然推动了共建国家在基础设施领域的大规模改善，这也使得中国同共建国家开展增加值贸易的成本得以大幅度下降。而第（2）列和第（3）列的实证结果表明，无论是前向视角还是后向视角，中介变量和核心解释变量均通过了显著性检验，且系数均为正值，这一结果表明设施联通作为中介变量推动了中国同共建国家间价值链前向和后向重构指数的提升，从而直接肯定了假说 1b 中设施联通中介效应的存在。

表 4 - 12   设施联通机制检验

变量	(1) wt_ fc	(2) gvc_rsb	(3) gvc_rsf
BRI	0.022 *** (0.001)	0.236 *** (0.059)	0.238 *** (0.055)

变量	（1） wt_fc	（2） gvc_rsb	（3） gvc_rsf
wt_fc		0. 335 *** (0. 143)	0. 238 * (0. 106)
控制变量	是	是	是
常数项	0. 830 *** (0. 045)	− 16. 336 *** (1. 484)	− 21. 530 *** (1. 401)
国家固定效应	是	是	是
时间固定效应	是	是	是
行业固定效应	是	是	是
N	24436	21922	23188
R^2	0. 922	0. 676	0. 706

（3）贸易畅通

表 4 - 13 报告贸易畅通机制检验的相关结果。其中，表 4 - 13 的第（1）列和第（3）列回归结果表明，"一带一路"倡议对中国同共建国家间贸易畅通的政策效应同样为正值，且分别通过了 1% 和 5% 的显著性检验，肯定了"一带一路"倡议的实施有效促进了中国同共建国家间贸易畅通的实现。而第（2）列和第（4）列关于中介效应第三步的检验结果表明，无论是以当年进口总量还是出口总量为中介变量的回归结果均为正值且通过了显著性检验。这一点表明在"一带一路"倡议的推动下，中国与共建国家之间以进出口流量为路径，强化了中国同共建国家之间的重构进程，从而验证了假说 1b 中贸易畅通作为中介机制的合理性。

表 4 – 13 贸易畅通机制检验

变量	gvc_rsb		gvc_rsf	
	(1) wt_imp	(2) gvc_rsb	(3) wt_exp	(4) gvc_rsf
BRI	0.268 *** (0.061)	– 0.004 (0.007)	0.137 ** (0.065)	– 0.003 (0.002)
wt_imp		0.989 *** (0.001)		
wt_exp				0.985 *** (0.002)
控制变量	是	是	是	是
常数项	– 8.803 *** (1.701)	– 6.717 *** (0.407)	– 7.415 *** (0.482)	– 13.415 *** (0.154)
国家固定效应	是	是	是	是
时间固定效应	是	是	是	是
行业固定效应	是	是	是	是
N	24964	24157	22858	22857
R^2	0.701	0.996	0.684	0.997

(4) 资金融通

表 4 – 14 的第（1）列和第（3）列分别报告了资金融通机制下中介效应第二步的检验结果。实证结果表明"一带一路"倡议对中国同共建国家间资金融通的系数为正值，且均通过了显著性检验。这表明"一带一路"倡议打通了中国同"一带一路"共建国家在金融与资本跨境领域的堵点，促进了中国同共建国家之间的资金融通。但是中介效应的第三步回归结果表明，FDI 的回归系数为负值，且通过了显著性检验，将该路径机制的系数连接后，其中介效应综合表现为负。表

明 FDI 的中介作用表现为遮掩效应，即以 FDI 为代表的资金融通更多地表现为中国同共建国家间以跨国公司本地化生产为主要方式的产业转移或者产能合作，在一定程度上挤出了以增加值贸易为载体的价值链重构进程。而前向资金融通的路径机制未通过显著性检验。

表 4-14　　　　　　　　　　　资金融通机制检验

变量	gvc_rsb		gvc_rsf	
	（1） wt_fdi	（2） gvc_rsb	（3） wt_ofdi	（4） gvc_rsf
BRI	0.051 *** （0.017）	0.240 （0.062）	0.103 *** （0.019）	0.108 （0.074）
wt_fdi		−0.002 （0.020）		
wt_ofdi				−0.041 ** （0.020）
控制变量	是	是	是	是
常数项	18.549 *** （0.448）	−22.742 *** （1.856）	20.839 *** （0.482）	−20.045 *** （2.652）
国家固定效应	是	是	是	是
时间固定效应	是	是	是	是
行业固定效应	是	是	是	是
N	23880	22761	21785	19495
R^2	0.931	0.694	0.940	0.694

（5）民心相通

与其他机制不同的是，关于民心相通的中介机制检验止步于第二步（见表 4-15），即"一带一路"倡议并没有能够显著推动中国同共建国家间的民间友好往来。一方面，这主要是由于共建国家众多，"一带一路"倡议作为非强制性的国际合作机制与顶层对话平台，本身缺少强制性举措推动中国同共建国家的民间往来，加之地理距离与文化距离较远，自发形成的民间往来和了解十分有限。另一方面，民心相通与增加值跨境流动间的关联性较弱，难以直接形成协同作用，因此这一机制并未能通过中介效应的相关检验。

表 4 - 15　　　　　　　　　　民心相通机制检验

变量	(1) wt_vc	(2) gvc_rsb	(3) gvc_rsf
BRI	0.010 (0.006)	0.176 ** (0.070)	0.137 * (0.071)
wt_vc		− 0.255 *** (0.076)	− 0.140 * (0.074)
控制变量	是	是	是
常数项	0.074 (0.182)	− 22.364 (1.858)	− 21.215 (2.392)
国家固定效应	是	是	是
时间固定效应	是	是	是
行业固定效应	是	是	是
N	23598	22392	21146
R^2	0.982	0.700	0.682

4.4　本章小结

基于前文关于"一带一路"倡议对中国价值链重构影响的理论演绎与典型事实刻画，本章重点使用双重差分模型从实证的角度对这一问题展开检验。其中，基准回归结果表明，"一带一路"倡议显著增强了中国同共建国家之间的产业关联，推动中国价值链重构进程向共建国家的方向倾斜。基于事件分析法，本书在平行趋势检验中验证了本书的模型设定符合双重差分法的前置条件，并从安慰剂检验以及一系列稳健性检验中确保了基准回归结论的稳健性。从"一带一路"倡议的动态效应来看，后向重构视角下，"一带一路"倡议的政策动态效应表现为随政策的扩大和深入而逐步递增。而前向视角下，"一带一路"倡议的政策动态效应则表现为短时间推动，此后政策效应趋于稳定。针对重构方式、行业、共建深度、地区导致的异质性影响研究结果表明，后向视角下，"一带一路"倡议对中国价值链重构的政策效应，无论是以最终产品的方式，还是以中间产品的方式均表现为正值。但是对于前向重构而言，"一带一路"倡议的政策效果更多地反映在以中间产品多次跨境为代表的复杂全球价值链生产活动所实现的重构中。针对行业异质性检验结果表明，后向视角下，"一带一路"倡议推动了中国同共建国家在基础产品、低技术制造业、商业服务业等行业大类的重构进程，而在前向视角下则是在中高技术制造业、商业服务业等行业大类发挥了积极的政策效应，折射出比较优势互补是中国同共建国家间价值链重构得以推进的重要前提。考虑在国际关系中，谅解备忘录与具体合作文件在约束力、深度以及覆盖范围等方面的显著差异，本章还从共建国家签署共建"一带一路"倡议相关文件的深度展开了异质性探讨。结果表明，共建国家同中国签署附带更多合作领域的双边合作文件显然更加有助于"一带一路"倡议推动中国同共建国家间的价值链重构进程。在异质性分析的最后还对共建国家的区域归属可能导致的"一带一路"倡议政策效应的异质性影响展开研究。结果表明，中国价值链重构进程对于来自欧洲国家的增加值更加敏感，产业互补性较弱以及自贸协议的影响使得"一带一路"倡议对中国与亚洲国家间价值链重构进程的影响并不明显。在本章节的最后，结合经典的三步法中介效应模型，基于前文的理论演绎，就"一带一路"倡议得以推动中国价值链重构的路径机制展开检验。结果表明，"一带一路"倡议实施的过程中仅有以贸易互通、设施联通为中介机制推动了中国同共建国家之间的价值链重构进程，"五通"的其他领域则并未能发挥中介变量的作用。

第5章

"一带一路"倡议与中国价值链重构效应：全球价值链参与度视角

前文针对中国全球价值链参与度的研究业已表明，得益于中国国内价值链体系的发展，中国对进口中间产品的依赖程度已经有所下降，但是对于中国当前所处的生产环节和发展阶段而言，后向视角下中国仍然需要更加稳定的中间产品来源以满足本国生产需要与保障上游供应链安全，同时还需要包含在中间产品中的关键技术以支持中国价值链升级进程。而全球价值链前向参与度的优化则需要进一步扩大中间产品占总出口的比重。关于"一带一路"倡议对中国价值链重构政策影响的研究表明，"一带一路"倡议的实施显著地强化了中国同共建国家之间的产业关联，推动了中国价值链重构向共建国家的方向倾斜。更进一步的，根据本书关于中国价值链重构的概念解析，显然中国价值链重构所反映的产业关联变化不可避免地会对中国全球价值链参与度产生影响。那么，经由"一带一路"倡议所推动的中国价值链重构进程是否有助于优化中国的全球价值链参与度，促进重构效应向积极的方向发展，就成为必须要回答的问题。为此，作为"一带一路"倡议推动中国价值链重构议题的第一个纵向延伸，本章的重点在于探讨中国价值链重构效应的现实经济意义，即中国同"一带一路"共建国家间的价值链重构是否有助于中国全球价值链参与度的改善。

5.1 模型设定与变量选择

5.1.1 计量模型设定

为了检验上述问题，本章基于中国 2007～2020 年 35 个细分行业全球价值链参与度的相关数据，分别从前向和后向重构的角度就这一问题展开实证。根据前文的理论探讨，计量模型构建如下：

$$gvc\_par\_b_{jt} = \alpha_0 + \alpha_1 gvc\_rcb_{jt}^{bd} + \alpha_2 X_{jt} + \nu_j + \nu_t + \varepsilon \quad (5-1)$$

$$gvc\_par\_f_{jt} = \beta_0 + \beta_1 gvc\_rcf_{jt}^{bd} + \beta_2 X_{jt} + \nu_j + \nu_t + \varepsilon \quad (5-2)$$

其中，j 表示行业，t 表示时间。gvc_par 作为被解释变量，表示 t 时间点上中国 j 行业的全球价值链参与度。gvc_rc^{bd} 为本章的核心解释变量，表示中国同"一带一路"共建国家间的价值链重构指数。考虑多区域投入产出表行列平衡所反映的生产关系及其所表达经济学含义的差异，公式（5-1）和公式（5-2）分别从后向和前向视角探讨不同方向的价值链重构进程对与其相对应的全球价值链参与度的影响。X 表示控制变量的合集，ν_j、ν_t 分别表示行业固定效应与时间固定效应，ε 表示随机误差项。

5.1.2　变量选择

（1）被解释变量

本章的被解释变量为中国各细分行业的全球价值链后向参与度指数（gvc_par_b）和前向参与度指数（gvc_par_f）。

（2）核心解释变量

本章的核心解释变量为中国同"一带一路"共建国家间的价值链重构指数。根据多区域投入产出表行列平衡所反映的生产关系以及增加值流动的实际方向，本章同样将中国同共建国家间的价值链重构指数分为前向重构指数（gvc_rcf^{bd}）与后向重构指数（gvc_rcb^{bd}）。在具体指标的计算方面，结合第3章与第4章的核心结论与处理方法，以及考虑构建面板数据的现实需要，本书选择以中国与共建国家间各细分行业的产业关联为基础，进而构建中国同"一带一路"共建国家之间的价值链重构指数（gvc_rc^{bd}），以此来反映中国价值链重构进程中受"一带一路"倡议的影响程度。具体计算公式如下：

$$gvc\_rcf^{bd}_{jt} = \sum_{i \in BRIs} gvc\_rs\_f_{ijt} \qquad (5-3)$$

$$gvc\_rcb^{bd}_{jt} = \sum_{i \in BRIs} gvc\_rs\_b_{ijt} \qquad (5-4)$$

其中，i表示国家，j表示行业，t表示时间。$BRIs$表示"一带一路"共建国家的合集。共建国家作为"一带一路"倡议政策的实施对象以及政策效应的核心载体，显然，中国各细分行业同"一带一路"共建国家间的价值链重构指数等于中国各细分行业与所有共建国家相对应行业的价值链重构指数之和，反映了中国各细分行业同共建国家间的整体价值链重构水平。

（3）控制变量

本章还选择将如下控制变量加入到回归方程中以控制其他可能影响中国各细分行业全球价值链参与度的因素，具体包括：出口依赖度（exr），即特定行业的总产出中用于出口的比例，该指数反映了特定行业对于出口市场的依赖程度。行业产出的规模（tl），用该行业的总产出来衡量。中间产品投入占比（imr），用特定行业的中间产品投入占总产出的比重表示，该指标反映了垂直专业化分工对该行业的渗透率。单位产出（unl），该指标反映了特定行业中企业单位的平均生产规模，具体指标则是由行业总产出与该行业中法人单位数之比计算所得。人均资本（kl），该指标反映了特定行业中资本要素的充裕度，具体指标则是通过计算特定行业的资产总量与从业人员数量之比所得。

本章的被解释变量与核心解释变量的数据均来自 ADB – MRIO 数据库，研究的时间范围为 2007～2020 年中国的 35 个细分行业，控制变量相关数据的主要根据《中国统计年鉴》、中经网数据、《中国劳动统计年鉴》等整理所得。具体变量的描述性统计如表 5 – 1 所示。

表 5 – 1　　　　　　　　　　变量描述性统计

变量		变量含义	有效样本数	平均值	标准差	最小值	最大值
被解释变量	gvc_par_b	全球价值链前向参与度	462	0.120	0.060	0.012	0.348
	gvc_par_f	全球价值链后向参与度	462	0.111	0.070	0.002	0.419

续表

变量		变量含义	有效样本数	平均值	标准差	最小值	最大值
核心解释变量	gvc_rcb^{bd}	中国同"一带一路"共建国家价值链后向重构指数	490	0.034	0.049	0.000	0.363
	gvc_rcf^{bd}	中国同"一带一路"共建国家价值链前向重构指数	490	0.057	0.086	0.000	0.634
控制变量	exr	出口依赖度	418	-9.497	3.325	-20.941	-1.960
	tl	行业产出的规模	462	13.267	0.961	10.433	15.292
	imr	中间产品投入占比	462	-0.513	0.350	-1.997	-0.140
	$unit$	单位产出	395	3.056	1.503	-0.547	6.221
	kl	人均资本	437	3.961	1.776	-3.080	7.221

5.2　实证结果与分析

5.2.1　基准回归结果

考虑重构方向与全球价值链参与度方向的一致性，本章分别基于多区域投入产出表行列平衡所反映的前向与后向视角，将中国价值链重构与全球参与度的前后方向相对应并分别验证其影响。表 5-2 所示的第（1）列和第（2）列报告了基于后向重构视角下，中国同"一带一路"共建国家间的价值链后向重构指数对中国全球价值链后向参与度的回归结果。结果表明，在仅包含被解释变量而不加入控制变量的情形下，核心解释变量的回归系数为负值，且通过了 1% 的显著性水平检验，但是这一效应在加入控制变量后未通过显著性水平检验。事实上，由于"一带一路"共建国家具有比较优势的行业主要集中在能源、矿产、农产品等原材料领域以及低技术制造业的部分产品中，产品之间具有较强的可替代性是上述行业的共同特点。正如前文多次论证的那样，"一带一路"倡议的实施通过"五通"建设显著降低了中国同共建国家间的贸易成本，并通过点对点的贸易便利化举措改善了贸易条件。"一带一路"倡议在打通中国与共建国家间贸易堵点的同时由于共建国家优势产品的可替代性，中国从共建国家的进口对非"一带一路"国家的同类产品形成了明显的贸易转移效应。加之随着中国自身国内价值链体系的不断完善，进一步降低了对于进口中间产品的过度依赖。在贸易转移与中国经济结构转型的叠加影响下，"一带一路"倡议对中国中间产品进口的拉动效应并不明显，因而未能带动全球价值链后向参与度的提升。进一步结合第 3 章的研究结论来看，由于中国所处的加工、制造等生产性环节需要进口中间产品作为必要的投入，而"一带一路"倡议所推动的中国价值链后向重构进程集中反映为对现有中间产品来源的部分替代。因此，从这一视角来看，"一带一路"倡议在事实上促进了中国全球价值链后向参与度的优化，即丰富了部分中间产品上游供给来源的同时，避免了对少数国家提供的中间产品的过度依赖，使得假说 2a 初步得到验证。

表 5 - 2 基准回归结果

变量	后向视角		前向视角	
	（1）	（2）	（3）	（4）
gvc_rcb^{bd}	- 0.047 *** (0.009)	- 0.010 (0.008)		

续表

变量	后向视角		前向视角	
	（1）	（2）	（3）	（4）
gvc_rcf^{bd}			0.029 ** （0.012）	0.040 * （0.017）
exr		− 0.000 （0.001）		0.001 （0.004）
tl		− 0.023 （0.018）		− 0.255 *** （0.051）
imr		0.957 *** （0.050）		− 0.064 （0.160）
unit		− 0.002 （0.005）		− 0.011 （0.014）
kl		− 0.010 * （0.005）		− 0.041 *** （0.015）
常数项	− 2.525 *** （0.049）	− 1.428 *** （0.228）	− 2.381 *** （0.067）	1.396 * （0.694）
行业固定效应	是	是	是	是
时间固定效应	是	是	是	是
N	462	373	458	373
R^2	0.980	0.989	0.971	0.978

第（3）列和第（4）列报告了基于前向视角下中国同共建国家的价值链重构进程对中国全球价值链前向参与度的影响。结果表明，核心解释变量的回归系数分别为 0.029 与 0.040，且分别通过了 5%和 10%的显著性水平检验。这一结果表明，"一带一路"倡议下中国与共建国家产业关联的提升将进一步与中国全球价值链前向参与度产

生正向联动，进而促进中国全球价值链前向参与度的提升。中国同"一带一路"共建国家价值链前向重构的加深，其经济学含义可以理解为中国与共建国家间以增加值出口为载体的前向产业关联加强。得益于前向重构对中国出口国内增加值的带动作用，相应地，其中的中间产品出口也将有所增加，进而推动中国全球价值链前向参与度的提高，从而在一定程度上化解当前中国面临的陷入"低端嵌入"和"低端锁定"的风险，产生正向的重构效应，使得假说2b初步得到验证。

5.2.2 稳健性检验

为了进一步验证基准回归结果的可靠性，本章采用指标替换检验、控制固定效应的交互项以及排除外部政策干扰等方法对基准回归的结论展开稳健性检验。

（1）替换核心解释变量

同上一章节的处理方法类似，本小节将中国的增加值（即 GDP）替换价值链重构指数计算过程中的总产出作为分母进而重新构建核心解释变量，并带入基准回归模型中就本章核心结论的稳健性展开检验。表 5-3 的第（1）列和第（2）列分别报告替换核心解释变量后基于前向和后向重构视角的实证检验结果，从回归结果中不难看出核心解释变量的回归系数方向和显著性水平均未发生明显变化，从而初步验证了基准回归结果的稳健性。

表 5 - 3　　　　　　　　　　　　稳健性检验

变量	替换核心解释变量		固定效应交互项		排除外部政策冲击	
	（1）	（2）	（3）	（4）	（5）	（6）
gvc_rcb^{bd}	- 0.006 （0.007）		- 0.001 （0.006）		- 0.008 （0.009）	
gvc_rcf^{bd}		0.048 *** （0.018）		0.051 *** （0.017）		0.028 * （0.017）
控制变量	是	是	是	是	是	是
常数项	- 1.446 *** （0.230）	1.361 ** （0.692）	0.208 （0.260）	0.193 （0.556）	- 1.480 *** （0.264）	0.408 （0.723）
行业固定效应	是	是	是	是	是	是
时间固定效应	是	是	是	是	是	是
N	373	373	374	374	299	299
R^2	0.989	0.978	—	—	0.989	0.983

（2）固定效应交互项

在基准回归模型中同时固定了时间固定效应和行业固定效应，以排除样本中不随行业变化的时间差异和不随时间变化的行业差异。白（Bai，2007）的研究表明，对于面板数据而言，普通固定效应仅仅考虑了针对时间或者个体的同质性外部因素，但是外部因素即使在同一时间点对于个体的影响仍然具有异质性，因此有必要考虑固定效应的交互项。在宏观经济学中，互动效应代表了不可观察的共同冲击及其对横截面的异质性影响，从而将不可观测的异质性冲击加以控制。结合本书的具体研究来看，本小节在展开稳健性检验的过程中在基准回归模型中加入时间 - 行业的固定效应交互项以控制在不同时间当中不同行业各自的趋势，并使用 Stata 软件中 regife 命令对结果进行估计。

结果表明，核心解释变量的方向和显著性水平相较基准回归模型并未发生明显变化，再一次验证了其稳健性。

（3）排除外部冲击的影响

在本书的考察期内，全球分工因 2008 年全球金融危机与新冠疫情先后两次遭受到严重的负面冲击。金融危机期间全球范围内贸易保护主义抬头加剧了中国产业链断裂的风险，而新冠疫情不仅对中国经济直接造成了负面影响，同时暴露出发达国家内部产业空心化问题。为了避免上述外部冲击对本章研究结论的影响，在进行稳健性检验时删除了金融危机与新冠疫情影响最为严重的 2009 年和 2020 年两个年份并重新构建样本进行检验。回归结果如表 5 - 3 的第（5）列和第（6）列所示，结果表明在排除了因金融危机和新冠疫情等外部冲击可能对本章核心造成的影响后基准回归依然是稳健的。

5.2.3 异质性检验

为了进一步揭示"一带一路"倡议对中国价值链重构效应影响的异质性特征，本小节尝试从行业异质性、重构方式等角度展开异质性探讨来探索"一带一路"倡议下，中国同共建国家间价值链重构进程对中国全球价值链参与度影响的更多细节。

（1）重构方式异质性

诚如前文所论述的那样，"一带一路"倡议重构中国与共建国家的价值链关联可以通过最终产品或中间产品为具体实现形式，而中间产品又可以进一步细分为以中间产品单次跨境为代表的简单的全球价值链生产活动与以中间产品多次跨境为代表的复杂全球价值链生产活动。遵循这一思路，本小节重点在于探讨不同重构方式下中国同共建国家间的价值链重构进程对中国全球价值链参与度的异质性影响。

如表 5 - 4 所示，后向视角下重构方式异质性的回归结果表明，"一带一路"倡议下，无论是以最终产品的形式还是基于中间产品的形式所推动的中国与共建国家之间价值链后向重构进程，由于贸易转移效应的存在，均未能推动中国全球价值链后向参与的变化，这一点与基准回归的结论保持了一致。

表 5 - 4　　　　　　后向视角下重构方式异质性回归结果

变量	（1）	（2）	（3）	（4）
$gvc\_rsb\_fd^{bd}$	− 0.009 （0.007）			
$gvc\_rsb\_int^{bd}$		− 0.002 （0.008）		
$gvc\_rsb\_int\_s^{bd}$			0.002 （0.008）	
$gvc\_rsb\_int\_c^{bd}$				0.001 （0.008）
控制变量	是	是	是	是
常数项	− 1.469 *** （0.261）	− 1.537 *** （0.259）	− 1.537 *** （0.258）	− 1.535 *** （0.259）
行业固定效应	是	是	是	是
时间固定效应	是	是	是	是
N	299	299	299	299
R^2	0.989	0.991	0.989	0.981

表 5-5 则报告了前向视角下重构方式异质性的回归结果。结果表明，中国同"一带一路"共建国家以最终产品的方式所推动的前向重构进程并未能够显著的促进中国全球价值链前向参与度的提升。相比较之下，以中间产品跨境所实现的前向重构均有效的促进了中国全球价值链前向参与度的提高。从其反映的经济学现象来看，由于中国同"一带一路"共建国家间的价值链前向重构所拉动的增加值贸易当中既包含了最终产品的形式，也包含了中间产品的形式，显然由于贸易创造效应的存在，以增加值出口为载体的价值链前向重构指数的提升将同时促进包含在其中的各类中间产品增加值的增量出口，进而提高中国的全球价值链前向参与度水平。

表 5-5 前向视角下重构方式异质性回归结果

变量	(1)	(2)	(3)	(4)
$gvc\_rsf\_fd^{bd}$	0.012 (0.014)			
$gvc\_rsf\_int^{bd}$		0.076*** (0.018)		
$gvc\_rsf\_int\_s^{bd}$			0.075*** (0.018)	
$gvc\_rsf\_int\_c^{bd}$				0.070*** (0.016)
控制变量	是	是	是	是
常数项	0.430 (0.732)	0.839 (0.711)	0.818 (0.713)	1.176 (0.728)
行业固定效应	是	是	是	是
时间固定效应	是	是	是	是
N	299	299	299	299
R^2	0.983	0.984	0.984	0.984

（2）行业异质性①

前文的研究业已表明，由于各细分行业在要素投入、技术水平、开放程度以及政策约束等领域存在显著差异，中国参与全球价值链分工体系的过程中各细分行业的价值链升级过程也并非完全同步。因此，本小节根据 ADB – MRIO 中对于行业大类的划分，进一步将 35 个细分行业分为低技术制造业、中高技术制造业、商业服务业、个人和社会服务业等四个行业大类并分别探讨其异质性特征。

表 5 – 6 报告了基于后向视角下行业异质性的回归结果。其中，在低技术制造业、商业服务业领域核心解释变量的回归系数均为负值，且均通过了 10% 的显著性水平检验，表明对于低技术制造业以及商业服务业而言，中国同"一带一路"共建国家之间的价值链后向重构进程显著降低了中国对于进口中间产品的过度依赖，并进一步引致中国相关行业全球价值链后向参与度的降低。正如前文所分析的那样，在"一带一路"倡议的推动下，中国不仅从共建国家获得了更为廉价和多元化的中间产品供给，且这一转变主要是通过以共建国家的相关产品取代来自非"一带一路"国家的同类产品的形式所实现。这一结论一方面进一步肯定了"一带一路"倡议优化中国全球价值链后向参与度的相关事实，另一方面异质性分析的结果也进一步补充了相关细节：显然贸易转移主要发生在阿明顿替代弹性较高的低技术制造业以及商务服务业领域。中国同"一带一路"共建国家在个人和社会服务行业的后向重构有效地促进了中国全球价值链参与后向参与程度的提升。这可能是由于中国在个人和社会服务行业的开放程度较低，

---

① 由于中国的基础行业以下各细分行业的样本量不足，未能满足回归方法所要求的最低样本数，因而本章在行业异质性分析中没有报告基准行业的回归结果，下同。

中国同"一带一路"共建国家在该行业的产业关联主要反映为合作领域和深度的逐步加深所引致的增量增长，而不存在显著的替代关系所致。

表 5 - 6 后向视角行业异质性回归结果

变量	（1） 低技术制造业	（2） 中高技术制造业	（3） 商业服务业	（4） 个人和社会服务业
gvc_rcb^{bd}	- 0. 047 * （0. 018）	- 0. 030 （0. 036）	- 0. 027 * （0. 015）	0. 082 *** （0. 010）
控制变量	是	是	是	是
常数项	- 1. 705 *** （0. 502）	0. 128 （0. 897）	0. 671 （0. 671）	- 2. 903 *** （0. 339）
行业固定效应	是	是	是	是
时间固定效应	是	是	是	是
N	92	76	95	22
R^2	0. 980	0. 978	0. 988	0. 999

表 5 - 7 报告了基于前向重构视角下行业异质性的回归结果。从中不难发现，中国与共建国家在中高技术制造业领域前向产业关联加深有效促进了中国在该行业全球价值链前向参与度的提升。而在低技术制造业、商业服务业以及个人和社会服务业等行业内，这一拉动作用并不显著。其可能的原因仍然在于中国在中高技术制造业的部分细分行业内正在经历价值链升级，在全球范围的国际竞争力有所提升。而"一带一路"共建国家大部分国家在中高技术制造业领域并不具备比较优势，同时对机械制造业、电子和光学设备等行业有着明显的需求，因此在比较优势互补的前提下，仅有该领域通过了显著性检验。

而其他领域回归系数并不显著，暴露出中国在低技术制造业、商业服务业以及个人与社会服务业的全球竞争力仍然较弱，与国际顶尖水平仍然有一定的差距。因而尽快推动各行业的价值链升级仍然是中国未来产业发展的长期主题。

表 5 –7 前向视角行业异质性回归结果

变量	（1）低技术制造业	（2）中高技术制造业	（3）商业服务业	（4）个人和社会服务业
gvc_rcf^{bd}	− 0.043 (0.036)	0.177*** (0.052)	0.018 (0.035)	0.032 (0.089)
控制变量	是	是	是	是
常数项	0.010 (0.502)	0.030 (1.478)	− 2.462 (2.173)	3.195 (6.829)
行业固定效应	是	是	是	是
时间固定效应	是	是	是	是
N	92	76	95	22
R^2	0.988	0.975	0.945	0.729

5.3 路径机制检验

从价值链重构与全球价值链参与度的互动关系来看，当中国同"一带一路"共建国家的价值链重构指数提升时，表明中国与共建国家间以增加值进口或者出口为载体的产业关联程度的提升，理论上包含在增加值进出口中的中间产品的变化将进一步推动中国全球价值链参与度也随之发生相应的变动，即产生重构效应。但是前文的实证结果已经表明，中国同共建国家间的价值链后向重构与中国全球价值链后向参与度之间没有明显的统计学关联，基于第 2 章的理论分析，其原因可能在于发生了贸易转移。而在前向视角下，由"一带一路"倡议推动的中国同共建国家间的价值链重构进程集中表现为拓展了中国中间产品的出口市场所引致增加值增量出口，即贸易创造效应。从理论分析的结果来看，这一转变将进一步引致中国全球价值链前向参与度的提高。本节旨在通过构建计量经济学模型来验证这一机制。

5.3.1　模型设定

本节所关注的重点在于"一带一路"倡议的提出是否引致了贸易转移和贸易创造效应，同样属于政策研究的范畴。为此，本节参考陈勇兵等（2021）关于贸易转移和贸易创造效应的研究，构建如下双重差分模型来展开"一带一路"倡议政策效应的评估：

$$fva\_int_{ijt} = \theta_0 + \theta_1 \, DID\_nbd_{it} + \theta_2 X_{it} + \nu_i + \nu_j + \nu_t + \varepsilon \quad (5-5)$$

$$dva\_int_{ijt} = \gamma_0 + \gamma_1 \, DID\_bd_{it} + \gamma_2 X_{it} + \nu_i + \nu_j + \nu_t + \varepsilon \quad (5-6)$$

其中，i 表示国家，j 表示行业，t 表示时间。ν_i、ν_j、ν_t 分别表示国家固定效应、行业固定效应与时间固定效应。ε 表示随机误差项。X 为控制变量的集合，具体控制变量同第 4 章的控制变量选取类似，将人均 GDP、要素禀赋、产业结构高级化指数、出口依存度以及比较优势等作为控制变量加入到回归方程中，以控制可能影响贸易转移或者贸易创造效应的其他因素。fva_int 表示中国以中间产品的形式从特定国家进口的国外增加值，用于检验后向视角下"一带一路"倡议的贸易转移效应。dva_int 则表示中国向特定国家以中间产品的形式出口当中包含的国内增加值，用于检验前向视角下"一带一路"倡议的贸易创造效应。DID 表示双重差分项，同上一章的处理方法类似，其系数即为政策效应的估计结果。

对于后向视角而言，为了验证贸易转移效应的存在，DID_nbd 中对照组为"一带一路"共建国家，而处理组为非"一带一路"国家。这样做的原因在于，根据双重差分模型的基本思路，在政策冲击开始之前处理组和对照组应当拥有共同的趋势，但是当政策冲击发生之后，如果 θ_1 为负，则表示因"一带一路"倡议政策的冲击，中国从非"一带一路"国家进口中间产品增加值的轨迹相较于共建国家明显降低。考虑同时期中国从国外进口中间产品的增加值总量整体保持增长，可以证明因"一带一路"倡议的影响，中国从非"一带一路"国家进口的中间产品明显低于没有政策冲击发生时的进口增长轨迹，即发生了贸易转移效应。更进一步地，由于来自共建国家的中间产品在一定程度上取代了来自非"一带一路"国家的同类产品，导致以 Y_GVC 为代表的后向全球价值链生产活动的变动并不明显，最终造成了中国同共建国家间的价值链后向重构指数对中国全球价值链后向参与度的影响未通过显著检验，从而验证前文的猜想。

在估计贸易创造效应时，将 DID_bd 的处理组设定为共建国家，而对照组为非"一带一路"国家。根据双重差分模型，当 DID_bd 的估计系数 γ_1 为正时，结合前文的研究来看，表明在"一带一路"倡议政策推动下，相较于非"一带一路"国家，中国向共建国家以中间产品的形式出口的国内增加值拥有更快的增长速度，从而肯定贸易创造效应的存在。更进一步地，由于"一带一路"倡议所推动的中国同共建国家的贸易自由化和便利化举措并没有对非"一带一路"国家产生影响，仅仅是推动了对于共建国家的增量增长。在此情形下，显然经由"一带一路"倡议推动的中国同共建国家间的价值链前向重构进程将进一步引致中国前向全球价值链生产活动（V_GVC）的增长，进而促进中国的全球价值链前向参与度的提升。

5.3.2 实证结果与分析

表5-8报告了基于双重差分模型对贸易转移和贸易创造效应的估计结果。其中，DID_nbd 的回归系数为负值，且通过了1%的显著性检验，从而验证了前文关于"一带一路"倡议将引致贸易转移效应的猜想。而上一小节关于行业异质性的探讨则进一步揭示了贸易转移效应可能主要发生在共建国家具有比较优势的原材料以及低技术制造业以及由此拉动的商业服务业等领域。显然，由于上述行业的相关产品可替代性较强。在"一带一路"倡议的推动下，来自成本更低、供应链体系安全更有保障的共建国家的中间产品部分取代了非"一带一路"国家的同类中间产品进口，直观的表现为贸易转移效应。更进一步从其经济学关联来看，这一变化将不会引起中国后向全球价值链生产活动占比的变迁，使得假说2a得到进一步验证。

表5-8   "一带一路"倡议的贸易转移和贸易创造效应

变量	(1) fva_int	(2) dva_int
DID_nbd	-0.213*** (0.058)	
DID_bd		0.229*** (0.057)
控制变量	是	是

续表

变量	(1) fva_int	(2) dva_int
常数项	- 16.632 *** (1.411)	- 6.975 * (4.148)
国家固定效应	是	是
时间固定效应	是	是
行业固定效应	是	是
N	24733	22714
R^2	0.629	0.390

表 5 – 8 的第 (2) 列报告了前向视角下,"一带一路"倡议对中国中间产品增加值出口的影响。回归结果表明,"一带一路"倡议不仅显著增强了中国同共建国家之间的前向重构,同时还促进了中国同共建国家之间的中间产品贸易,直观的表现为 DID_bd 的回归系数为正,且通过了 1% 的显著性水平检验。由于贸易创造效应的存在,中国中间产品拓展了出口市场,进而推动了中国全球价值链前向参与度的提升,客观上有助于中国价值链升级的实现,全面验证了假说 2b 的合理性。总的来看,上述事实表明,"一带一路"倡议在增强中国同"一带一路"共建国家之间产业关联的同时发挥了类自由贸易区的作用,通过贸易转移和贸易创造进一步实现了积极的重构效应。因而从长期来看,适时相机推动中国同共建国家的自贸区建设,将"一带一路"倡议向更深层次推进将有助于进一步释放中国同共建国家间的重构潜力、深度优化中国的全球价值链参与。

5.4　本章小结

全球价值链参与度作为特定国家参与全球分工特征的重要维度，同时也是价值链重构效应的重要组成部分，中国同"一带一路"共建国家间的价值链重构进程将不可避免地会对中国全球价值链参与度产生影响，即产生重构效应。本章正是基于前文已经论证的"一带一路"倡议推动了中国同共建国家间价值链重构进程的典型事实，对这一转变引致的重构效应展开探讨。具体研究结果表明，"一带一路"倡议以"五通"为主要建设内容推进了中国同共建国家间的贸易自由化与便利化的进程，发挥了类自由贸易区的作用。其中，由于贸易转移效应，中国同共建国家之间的价值链后向重构进程与中国的全球价值链后向参与度之间没有明显的统计学关联，表明"一带一路"倡议并未加剧中国对于进口中间产品的依赖程度，反而在一定程度上丰富了相关产品的供给，优化了中国的全球价值链后向参与。前向重构则因贸易创造效应的存在，有效提升了中国的全球价值链前向参与度，从而在一定程度上有助于化解中国面临的潜在陷入"低端嵌入"和"低端锁定"的风险，加速了中国价值链升级的实现。

第6章

"一带一路"倡议与中国价值链重构效应：全球价值链分工位置视角

从总量来看，中国已经是当之无愧的世界第一大贸易国。2020年，中国商品和服务出口总额达到 2.732 万亿美元，占到当年世界出口总量的 12.43%。但是正如前文研究表明，中国当前在全球价值链分工中仍然主要从事加工、制造等生产性环节，长期处在全球分工的中低端。随着中国人口老龄化速度加快与人力成本的不断上涨，中国传统比较优势领域愈发受到来自发达国家的纵向压榨与其他发展中国家的横向挤压，借助价值链重构的契机实现向国际分工的上游环节延伸成为中国摆脱中低端定位、推动外贸持续发展的必然路径（刘金全和郑获，2022）。基于此，本章同样基于前文已验证的"一带一路"倡议推动中国价值链重构的基本事实，重点关注于中国价值链重构效应的另一个维度，即中国在全球价值链分工位置的变化，检验"一带一路"倡议下中国价值链重构进程会对中国的全球价值链分工位置产生何种影响。

6.1 模型设定与变量选择

作为"一带一路"倡议推动中国价值链重构相关议题的第二个纵向延伸，同上一章的计量模型设定类似，基于前文的理论探讨，可以得到如下回归方程：

$$gvc\_pos_{jt} = \alpha_0 + \begin{pmatrix} \alpha_{11}gvc\_rcb_{jt}^{bd} \\ \alpha_{12}gvc\_rcf_{jt}^{bd} \end{pmatrix} + \alpha_2 X_{jt} + \nu_j + \nu_t + \varepsilon \qquad (6-1)$$

其中，j 表示行业，t 表示时间。gvc_pos 为被解释变量，表示中国各细分行业的全球价值链分工位置指数。结合"微笑曲线"理论，同时基于中国在全球价值链分工中主要从事加工、制造等生产性环节的典型事实，可以发现中国的生产具有明显的"两端在外"、面向最终市场的典型特征。因此中国价值链升级的方向主要以向上游环节实现核心零部件和进口中间产品的国产化替代，推动中国在全球价值链中的分工位置向上游延伸的功能升级为主。直观表现为，gvc_pos 指数越大，表明中国在全球价值链分工中越发靠近上游环节，相应的，价值链升级也越发明显。gvc_rc^{bd} 为本章的核心解释变量，表示在"一带一路"倡议推动下，中国同倡议的实施对象与政策效应的核心载体——共建国家之间价值链重构指数。根据多区域投入产出表所反映的产业关联，gvc_rc 可以被进一步细分为前向重构（gvc_rcf）和后向重构（gvc_rcb）两个指标。X 表示控制变量的合集，本章同样选取了特定行业的出口依赖度、行业总产出、行业的中间产品投入占比、行业内单位企业的产出以及人均资本等控制变量加入到回归方程中，以控制除核心解释变量外其他可能影响中国全球价值链分工位置的其他因素，具体变量选择以及计算方法与第 5 章一致，此处同样不再赘述。ν_j、ν_t 分别表示行业固定效应与时间固定效应，ε 表示随机误差项。

6.2　实证结果与分析

6.2.1　基准回归结果

表 6-1 报告了中国同"一带一路"共建国家间的价值链重构指数对中国全球价值链分工位置影响的回归结果。其中，基于后向重构视角的实证结果表明，在加入控制变量后，核心解释变量的系数为正，且通过了 5% 的显著性检验，表明中国同共建国家间的后向重构显著促进了中国全球价值链分工位置的提升，有助于中国摆脱中低端生产环节，进而向全球价值链分工的中高端环节迈进。结合前文的分析来看，"一带一路"倡议的持续推进为中国参与全球价值链分工提供了多样化的能源、原材料以及中间产品供应，补齐了中国部分不具备比较优势的细分行业。同时，中国与共建国家间比较优势的互补使得中国同共建国家间鲜见利益冲突，而中国同各国政府级层面长期友好往来也使得上游供应链因政治摩擦导致负面冲击的可能性大幅度降低。得益于"一带一路"倡议的推进，在上述因素的共同推动下，中国可以聚焦于强化自身的比较优势，深耕生产性环节，专注于价值链升级的实现，并最终促进中国在全球价值链分工中向上游环节攀升。

同时，表 6-1 的第（3）列和第（4）列的回归结果表明，中国同共建国家间的价值链前向重构指数对中国全球价值链分工位置的回归系数同样为正值。这表明中国与共建国家间价值链的前向重构同样有助于中国全球价值链分工位置的提升，进而推动中国价值链升级的实现。正如前文研究已经表明的那样，"一带一路"倡议的实施显著降低了中国同共建国家之间的贸易成本，提升了贸易便利化程度，为中国增加值出口拓展了新的市场。中国出口规模的扩张一方面有助于进一步发挥规模优势，并以此为契机为中国价值链升级提供市场保障与资金、技术的积累。同时，由于比较优势与国际贸易间具备双向互动机制，中国同共建国家间的增加值贸易会对中国的比较优势产生正向回馈，并推动中国在全球价值链分工的角色由参与者向治理者转变。因而总的来看，"一带一路"倡议所推动的中国价值链前向重构诚然有助推动中国各行业尽快向全球价值链分工的中高端环节演进，对包含全球价值链分工位置在内的中国价值链重构效应具有积极的影响，并初步验证了假说3。

表6-1　　　　　　　　　　　基准回归结果

变量	后向视角		前向视角	
	(1)	(2)	(3)	(4)
gvc_rcb^{bd}	-0.003 (0.005)	0.021^{**} (0.007)		
gvc_rcf^{bd}			0.009^{***} (0.003)	0.013^{**} (0.005)
exr		-0.002 (0.001)		-0.003^{**} (0.001)
tl		0.083^{***} (0.016)		0.065^{***} (0.014)
imr		0.194^{***} (0.044)		0.146^{***} (0.045)

续表

变量	后向视角		前向视角	
	（1）	（2）	（3）	（4）
unit		-0.004 (0.004)		0.004 (0.004)
kl		0.003 (0.004)		0.004 (0.004)
常数项	-0.050 * (0.029)	-0.962 *** (0.199)	0.014 (0.017)	0.805 ** (0.195)
行业固定效应	是	是	是	是
时间固定效应	是	是	是	是
N	462	373	458	373
R^2	0.922	0.935	0.923	0.934

6.2.2 稳健性检验

为了验证"一带一路"倡议推动的中国价值链重构对中国全球价值链分工位置具有积极作用这一结论的稳健性，本章节从核心解释变量与被解释变量的重新构建、纳入固定效应交互项以及排除外部政策冲击等角度展开了稳健性检验。

（1）替换核心解释变量

参考前文的构建方法，本章采用将中国的增加值（即 GDP）替换价值链重构指数计算过程中总产出作为分母重新构建核心解释变量，并带入到基准回归模型当中重新进行检验。表 6-2 的第（1）列和第（2）列分别报告基于前向和后向重构视角的实证检验结果，从回归结果中不难看核心解释变量的系数方向和显著性水平均未发生明显变化，验证了本章基准回归结果的稳健性。

表 6 - 2   稳健性检验 1 - 指标替换检验

变量	替换核心解释变量		替换被解释变量	
	（1）	（2）	（3）	（4）
gvc_rcb^{bd}	0.014 ** （0.006）		0.018 *** （0.006）	
gvc_rcf^{bd}		0.010 ** （0.005）		0.018 *** （0.004）
控制变量	是	是	是	是
常数项	- 0.934 *** （0.202）	- 0.820 *** （0.196）	0.045 （0.230）	- 0.212 * （0.113）
行业固定效应	是	是	是	是
时间固定效应	是	是	是	是
N	373	373	374	374
R^2	0.934	0.934	—	—

（2）替换被解释变量

在稳健性检验中，本章通过引入安赖斯和楚（Antràs & Chor, 2018）提出的上游度的概念替换王等（Wang et al., 2017b）构建的全球价值链分工位置指数，并重新构建被解释变量带入到基准回归方程中。

就上游度指数的具体构建而言，同王等（Wang et al., 2017b）定义的全球价值链分工位置指数类似，安赖斯和楚认为特定国家或者行业的上游度取决于该国家或者特定行业距离最终产品之间的距离。特定国家或者行业所从事的分工环节与最终产品的之间的生产环节越少，表明该行业越发靠近全球价值链分工的下游环节，反之，则处在全球价值链的上游环节。对于典型行业 s 国 i 行业而言，根据式（3-1）反映的投入产出关系，可以得到 s 国 i 行业如何被使用：

$$X_s^i = \sum_r \sum_j a_{sr}^{ij} X_r^j + Y_s^i \tag{6-2}$$

其中，上式右边的 X_r^j 继续按照式（6-2）所示展开并重复代入式（6-2）中可以得到 s 国 i 行业在多区域投入产出表中被如何使用的无穷数列：

$$X_s^i = Y_s^i + \sum_r \sum_j a_{sr}^{ij} X_r^j + \sum_r \sum_j \sum_t \sum_k a_{sr}^{ij} a_{rt}^{jk} X_t^k + \cdots \tag{6-3}$$

同特定国家某一行业的平均生产长度（plv）的计算思路类似，式（6-3）等式右边的第一项表示直接作为最终产品被使用，因此距离最终产品的距离为1、第二项因经历了一次跨国生产活动（即 s 国 i 行业的产品被 r 国 j 行业作为中间产品使用），因此距离最终产品的距离为2，以此类推。显然，借用平均生产长度的概念，特定国家或者行业的上游度（U_s^i）可以由该行业在总产出中被平均使用的次数计算得出（Antràs & Chor，2013）：

$$U_s^i = 1 \times \frac{Y_s^i}{X_s^i} + 2 \times \frac{\sum_r \sum_j a_{sr}^{ij} X_r^j}{X_s^i} + 3 \times \frac{\sum_r \sum_j \sum_t \sum_k a_{sr}^{ij} a_{rt}^{jk} X_t^k + \cdots}{X_s^i}$$

$$\tag{6-4}$$

其中，U_s^i 越大表示典型行业（s 国 i 行业）将更多的被用作上游投入被使用，相应地，其距离最终产品之间的生产环节数也更多，因而该国家或者行业的上游度也更高。

但是，正如法利（Fally，2011）指出的那样，s 国 i 行业的总产出在被用作下游生产的中间投入时显然将不成比例的被消耗，即 s 国 i 行业在被用作中间投入时，不同国家或者行业对其的消耗比例是不同的。为修正这一问题，其提出应该加入完全消耗系数来修正上游度（$\tilde{U}_s^i$）的计算：

$$\tilde{U}_s^i = 1 + \sum_r \sum_j b_{sr}^{ij} \tilde{U}_r^j \qquad (6-5)$$

其中，$b_{sr}^{ij} = Z_{sr}^{ij}/Y_s^i = a_{sr}^{ij}X_r^j/X_s^i$，表示 s 国 i 行业的产出中被 r 国 j 行业完全消耗的部分。s 国 i 行业经过修正后的上游度（$\tilde{U}_s^i$）等于在该行业的产出被用作最终产品时的生产长度 [即式（6-5）中等式右边的 1] 以及其被其他国家或者行业（如 r 国 j 行业）用作中间产品时的生产长度与完全消耗系数所表达的投入比例的加权平均。

在将全球价值链分工位置指数替换为上游度指数后的回归结果如表 6-2 的第（3）列和第（4）列所示。结果表明，核心解释变量的符号和显著性水平均未发生明显变化，再一次印证了本章核心结论的稳健性。

（3）固定效应交互项

为了避免互动效应代表了不可观察的共同冲击及其对横截面的异质性影响，本小节同样将固定效应的交互模型纳入回归方程中进行了稳健性检验。结合回归结果来看，核心解释变量的方向和显著水平同基准回归模型基本一致，再一次验证了本章基准回归结论的稳健性。

（4）排除外部冲击的影响

参考上一章的处理方式，为了避免外部冲击对本章研究结论的影响，在进行稳健性检验时删除了金融危机和新冠疫情冲击最为明显的 2009 年和 2020 年两个年份并重新构建样本进行检验。回归结果如表 6-3 的第（3）列和第（4）列所示，结果表明在排除了可能因金融危机和新冠疫情对本章核心结论造成的影响后基准回归结果依然具有稳健性。

表 6 - 3　　　　稳健性检验 2 - 固定效应交互项与排除外部政策冲击

变量	固定效应交互项		排除外部政策冲击	
	（1）	（2）	（3）	（4）
gvc_rcb^{bd}	0.018 *** （0.006）		0.026 *** （0.007）	
gvc_rcf^{bd}		0.018 *** （0.004）		0.011 ** （0.005）
控制变量	是	是	是	是
常数项	0.045 （0.230）	- 0.212 * （0.113）	- 0.779 *** （0.207）	- 0.578 *** （0.206）
行业固定效应	是	是	是	是
时间固定效应	是	是	是	是
N	374	374	299	299
R^2	—	—	0.946	0.944

6.2.3　异质性检验

（1）重构方式异质性检验

为了考察重构方式异质性的影响，本小节同样根据重构方式的差异将中国价值链重构分为以最终产品和中间产品的形式所实现的重构，并分别展开异质性检验。表 6 - 4 报告了基于后向视角下重构方式异质性回归结果。回归结果表明，对于后向重构而言，中国同共建国家间无论是以最终产品还是以中间产品所实现的重构，其核心解释变量的回归系数均为正值，且均通过了显著性水平检验。这一结果表明,共建国家对中国的出口较为完整的填补中国国内价值链的部分空缺,为中国的生产提供了所必需的原材料和中间产品,从而使得中国可以聚焦于自身具有比较优势的生产环节,并保障上游供应链的安全(赵德海和贾晓琳,2020)。

表 6 - 4　　　　　　　　后向视角重构方式异质性回归结果

变量	(1)	(2)	(3)	(4)
$gvc\_rsb\_fd^{bd}$	0.017 *** (0.006)			
$gvc\_rsb\_int^{bd}$		0.016 *** (0.006)		
$gvc\_rsb\_int\_s^{bd}$			0.016 *** (0.006)	
$gvc\_rsb\_int\_c^{bd}$				0.018 *** (0.007)
控制变量	是	是	是	是
常数项	- 0.715 *** (0.208)	- 0.653 *** (0.206)	- 0.648 *** (0.205)	- 0.665 *** (0.206)
行业固定效应	是	是	是	是
时间固定效应	是	是	是	是
N	297	299	299	299
R^2	0.945	0.945	0.945	0.945

如表 6 - 5 所示,从前向重构视角来看,"一带一路"倡议所推动的中国价值链重构进程仅仅通过最终产品重构的形式得以提升中国在全球分工中的位置,以中间产品的形式所实现的重构则未通过显著性水平检验。其可能的原因在于:对于中国这样的大国而言,发展全产

业链覆盖是其价值链升级的主要路径之一。中国本身的经济规模使得中国国内价值链得以涵盖制造业和服务业的主要环节，而相对完整国内价值链体系同样是中国竞争优势的重要来源之一。随着中国不断将更多的上游环节纳入国内，中国在生产性环节的比较优势也逐步增强，相应的，最终产品和服务在增加值贸易中的占比逐渐增加。而"一带一路"倡议的实施和扩大则为中国相关产品拓展了新的出口市场，中国也得以在生产规模扩张的过程中实现价值链升级和分工位置的攀升。

表 6 – 5   前向视角重构方式异质性回归结果

变量	（1）	（2）	（3）	（4）
$gvc\_rsf\_fd^{bd}$	0.010 ** （0.004）			
$gvc\_rsf\_int^{bd}$		0.001 （0.005）		
$gvc\_rsf\_\_int\_s^{bd}$			0.000 （0.005）	
$gvc\_rsf\_\_int\_c^{bd}$				– 0.001 （0.005）
控制变量	是	是	是	是
常数项	– 0.537 *** （0.207）	– 0.597 *** （0.210）	– 0.598 *** （0.210）	– 0.613 *** （0.215）
行业固定效应	是	是	是	是
时间固定效应	是	是	是	是
N	299	299	299	299
R^2	0.944	0.943	0.943	0.943

（2）行业异质性检验

为探讨行业异质性对本章核心结论的影响，本小节同样将 35 个细分行业划分为低技术制造业、中高技术制造业、商业服务业以及个人和社会服务业四个行业大类并分别从前向和后向重构视角展开异质性检验。

表 6 - 6 报告了基于后向重构视角下的回归结果。其中，仅在低技术制造业中中国同共建国家之间的价值链重构进程有效促进了中国相关行业在全球价值链中分工位置的提升。究其原因同样在与中国同共建国家间比较优势的互补。共建国家在低技术制造业的相对比较优势一方面为中国同共建国家间的价值链重构提供了必要的前提，同时也促进了中国资源配置效率的提升以及比较优势的强化，进而推动了中国在全球价值链中分工位置的提升与价值链升级。

表 6 - 6　　　　　后向视角行业异质性回归结果

变量	（1） 低技术制造业	（2） 中高技术制造业	（3） 商业服务业	（4） 个人和社会服务业
gvc_rcb^{bd}	0.052 *** （0.015）	0.015 （0.025）	- 0.012 （0.012）	0.004 （0.028）
控制变量	是	是	是	是
常数项	- 1.203 *** （0.418）	- 0.753 （0.613）	- 0.375 （0.535）	1.470 （1.026）
行业固定效应	是	是	是	是
时间固定效应	是	是	是	是
N	92	76	95	22
R^2	0.965	0.977	0.911	0.956

　　表6-7则报告了前向分工视角的回归结果。其结果表明，仅有在中国具有的比较优势的中高技术制造业中，"一带一路"推动的中国价值链重构进程方才促进了中国相关行业向全球价值链分工上游环节的演进。而在中国尚不具备比较优势的其他行业则未能够有效的促进全球价值链分工位置指数的提升。这一结果表明，尽管中国拥有完备的工业体系与世界上最强大的工业生产能力，但是除部分中高技术制造业外，其他行业的规模优势尚未转化为国际竞争优势，中国在多个行业内仍然是价值链的追随者，对于全产业链的控制能力仍然较弱。中国未来仍然需要充分利用好"一带一路"倡议的契机，继续推动的中国同共建国家之间的贸易成本下降和贸易便利化程度提升，扩大向共建国家的出口，提升服务业的发展质量和国际竞争力，推动制造业和服务业的协调发展。

表6-7　　　　　　　　　　前向视角行业异质性回归结果

变量	（1） 低技术制造业	（2） 中高技术制造业	（3） 商业服务业	（4） 个人和社会服务业
gvc_rcf^{bd}	0.011 （0.014）	0.041 * （0.022）	-0.000 （0.010）	0.008 （0.010）
控制变量	是	是	是	是
常数项	-1.300 *** （0.460）	-0.353 （0.641）	-0.511 （0.617）	1.453 （0.779）
行业固定效应	是	是	是	是
时间固定效应	是	是	是	是
N	92	76	95	22
R^2	0.959	0.978	0.910	0.959

6.3　路径机制检验

前文已经较为深入地探讨了"一带一路"倡议对中国价值链重构效应的影响，验证了"一带一路"倡议所推动的中国同共建国家之间的价值链重构进程有助于中国在全球价值链分工中向上游环节演进的重要意义。本小节旨在借助中介效应的经典三步法检验思路，基于前文的理论研究，探究其内在机理。具体而言，中介效应模型构建如下：

$$gvc\_pos_{it} = \alpha_0 + \alpha_1\, gvc\_rc_{it}^{bd} + \alpha_2 X_{it} + \nu_i + \nu_t + \varepsilon \qquad (6-6)$$

$$M_{ijt} = \beta_0 + \beta_1\, gvc\_rc_{it}^{bd} + \beta_2 X_{it} + \nu_i + \nu_j + \nu_t + \varepsilon \qquad (6-7)$$

$$gvc\_pos_{it} = \gamma_0 + \gamma_1\, gvc\_rc_{it}^{bd} + \gamma_2 M_{ijt} + \gamma_3 X_{it} + \nu_i + \nu_j + \nu_t + \varepsilon \qquad (6-8)$$

根据前文的理论研究，"一带一路"倡议所推动中国同共建国家间价值链重构进程有助于中国扩大出口市场从而推动规模经济效应的发挥，同时有助于强化中国自身的比较优势进而推动中国在全球价值链中向上游环节移动。因此，本书选择将规模效应与显示比较优势作为中介变量展开检验。就中介变量的构建而言，本书选择王等（Wang et al. ，2013）改进的基于增加值的显示比较优势指数（*nr-ca*）表征中国比较优势。另外，根据前文的理论分析，"一带一路"倡议主要推动中国向共建国家的出口以拓展新的市场，因此本书选择中国对"一带一路"共建国家的出口额（*exp_bd*）作为规模经济的表征指标。

表 6-8 报告了比较优势作为中介变量的三步法回归结果。结果表明，后向视角下，"一带一路"倡议推动的中国同共建国家间的价

值链后向重构对中国各细分行业的显示比较优势存在负面影响。但如果将中介效应的关联加以连接，仍然可以发现尽管中国各细分行业的显示比较优势在同"一带一路"共建国家价值链后向重构的过程中略有减弱，但是这一路径仍然能够发挥中介效应促进中国全球价值链升级的实现。基于前向视角的回归结果表明，中国同共建国家间的前向重构有助于增强中国的出口比较优势，而第三步检验结果进一步肯定了中介效应的存在。

表 6-8   比较优势机制检验

变量	后向视角		前向视角	
	(1) nrca	(2) gvc_rsb	(3) nrca	(4) gvc_rsf
gvc_rcb^{bd}	-0.045 * (0.023)	0.013 ** (0.006)	0.117 *** (0.017)	
gvc_rcf^{bd}				0.016 *** (0.015)
nrca		-0.031 *** (0.015)		0.010 *** (0.002)
控制变量	是	是	是	是
常数项	-7.139 *** (0.736)	-1.153 *** (0.228)	-7.405 *** (0.672)	-1.201 *** (0.227)
时间固定效应	是	是	是	是
行业固定效应	是	是	是	是
N	373	373	373	373
R^2	0.931	0.935	0.939	0.936

表 6 - 9 报告了规模经济作为中介变量的中介效应三步法的回归结果。结果表明，中国同共建国家间的价值链后向与前向重构指数对中国向"一带一路"共建国家出口规模的回归系数分为 0.155 和 1.006，且分别通过了 5% 和 1% 的显著性水平检验，表明"一带一路"倡议推动的中国价值链重构无论是前向还是后向视角，均有助于中国对共建国家开展更大的规模的贸易，拓展出口产品市场。中介效应的第三步检验结果表明，对于后向视角而言，"一带一路"倡议显著有益于中国出口产品市场的拓展，进而通过规模经济优势获取在全球分工中的优势地位，助推中国价值链升级。基于前向视角下中介效应第三步的回归结果同样肯定了出口产品市场扩张在推动中国向全球价值链上游分工演进的积极意义，使得假说 3 得到了完整的验证。

表 6 - 9　　　　　　　　　　　　　**规模经济机制检验**

变量	后向视角		前向视角	
	(1) exp_bd	(2) gvc_pos	(3) exp_bd	(4) gvc_pos
gvc_rcb^{bd}	0.155 ** (0.073)	0.012 * (0.006)		
gvc_rcf^{bd}			1.006 *** (0.012)	− 0.067 *** (0.024)
exp_bd		0.012 ** (0.005)		0.076 *** (0.023)
控制变量	是	是	是	是
常数项	− 2.701 (2.293)	− 0.902 *** (0.200)	− 0.835 *** (0.465)	− 0.756 *** (0.194)
时间固定效应	是	是	是	是
行业固定效应	是	是	是	是

变量	后向视角		前向视角	
	（1） *exp_bd*	（2） *gvc_pos*	（3） *exp_bd*	（4） *gvc_pos*
N	373	373	373	373
R^2	0.944	0.935	0.944	0.936

6.4 扩展性分析

在全球价值链分工模式下，各国主要获取与其所从事的分工环节相匹配的收益。而近年来关于微笑曲线的研究表明，事实上不同国家的价值链升级路径存在显著差异。对于中国而言，实现向全球价值链分工的上游环节攀升是其价值链重构与升级的核心诉求，但是在此过程中实现出口国内附加值率的提升同样是价值链升级的重要内涵之一（倪红福，2016）。基于此，本节旨在研究价值链升级的另一个维度，即中国同"一带一路"共建国家之间价值链重构是否促进了中国出口内增加值率的上升，从而对本章的核心研究结论进行必要的扩展与补充。

6.4.1 模型设定

参考本章关于基准回归的模型设定，本节设定的检验模型如下：

$$gvc\_dvar_{jt} = \theta_0 + \begin{pmatrix} \theta_{11}gvc\_rcb_{jt}^{bd} \\ \theta_{12}gvc\_rcf_{jt}^{bd} \end{pmatrix} + \theta_2 X_{jt} + \nu_j + \nu_t + \varepsilon \qquad (6-9)$$

其中除被解释变量（*gvc_dvar*）外，其他变量设定均与本章基准回归中的变量设定保持一致，在此不再赘述。本节的被解释变量（*gvc_dvar*）——出口国内附加值率较低一直以来被认为是中国嵌入全球价值链中低端生产环节的重要表现之一（吕越和尉亚宁，2020；金洪飞和陈秋羽，2021）。特别是当前关于微笑曲线的理论研究表明，对于个别行业而言，单纯向全球价值链的上游或者下游延伸并不能完全提升参与全球分工过程中的获利，因此通过使用单位出口中包含的国内附加值率来判断中国是否实现了价值链升级就显得尤为重要。其中，出口国内增加值率可以通过如下公式计算得出：

$$gvc\_dvar_{sr} = \frac{DVA_{sr}}{E_{sr}} \qquad (6-10)$$

DVA 表示中国特定行业出口中包含的国内增加值部分，*E* 表示中国特定行业的出口总值。出口国内增加值率（*gvc_dvar*）等于两者之比，反映了特定国家或者行业每单位出口中来自本国国内创造的增加值的比例。显然，*gvc_dvar* 越高，表明特定国家或者行业每单位的出口中本国创造的国内增加值所占的比重越高。相应地，该国家或者该行业在全球价值链生产模式下的获利也将随出口规模的扩大而提升。出口国内增加值的另一个重要意义在于该指标反映了中国出口对于上游进口产品的依赖程度，特别是对于中国当前所处的生产环节而言，中国为完成最终产品的生产仍然需要从上游进口各类原材料、能源和必需的中间产品，出口国内增加值率提升的同时也意味着中国国内价值链体系在一定程度上降低了对于进口产品的依赖，是价值链升级的重要标志之一。

6.4.2 实证结果与分析

表 6-10 的第（1）列和第（2）列分别报告了后向视角下仅包含

核心解释变量与加入控制变量后的回归结果。结果显示,中国同"一带一路"共建国家之间的后向重构对中国出口国内附加值率的回归系数为正值,且均通过了显著性水平检验。出口国内附加值率作为中国价值链升级的一个重要侧面,该指标的上升意味着中国单位出口中包含的进口产品的比重有所下降,相应的,中国从单位出口中获取增加值的能力也更强。进一步结合前文的研究来看,"一带一路"倡议显著促进了中国同共建国家之间的价值链后向重构进程,这一促进作用实际上是以对非"一带一路"国家增加值进口的贸易转移效应实现的,使得中国即使从共建国家扩大了中间产品的进口但是这一过程并未加剧中国生产对于中间产品的过度依赖。相反,由于"一带一路"共建国家提供的多样化中间产品和原材料供应,降低了中国产业链上游的成本。同时,中国同"一带一路"共建国家之间的优势产业互补使得双边能够更好地发挥比较优势,最终导致中国同"一带一路"共建国家之间的价值链后向重构对中国出口国内增加值率的影响表现为正值。

表 6 - 10 扩展性回归结果

变量	后向视角		前向视角	
	(1)	(2)	(3)	(4)
gvc_rcb^{bd}	0.119 *** (0.040)	0.131 ** (0.047)		
gvc_rcf^{bd}			0.251 *** (0.021)	0.335 *** (0.030)
控制变量	否	是	否	是
常数项	-0.920 *** (0.186)	-0.302 (1.421)	0.022 (0.120)	1.127 (1.188)
行业固定效应	是	是	是	是

续表

变量	后向视角		前向视角	
	（1）	（2）	（3）	（4）
时间固定效应	是	是	是	是
N	458	373	458	373
R^2	0.716	0.741	0.784	0.811

从前向视角的回归结果来看，无论加入控制变量与否，"一带一路"倡议所推动的中国同共建国家之间的价值链重构对中国出口国内增加值率的影响同样显著为正。这仍然是由于在"一带一路"倡议的积极推动下，中国同共建国家之间价值链前向重构的增强一方面扩大了中国出口市场规模，促进中国发挥规模经济优势的同时有效强化了中国具有比较优势的生产性环节，从而推动了中国每单位出口中获利的提升。

6.5 本章小结

前文已证明"一带一路"倡议有助于强化中国同共建国家之间的产业关联，推动中国价值链重构的大背景下，对于这一转变的经济意义，特别是对中国价值链重构效应的影响为本章重点解决的问题。基于此，本章基于前文的理论分析，主要就"一带一路"倡议助推中国价值链重构后对中国在全球价值链分工中所处位置的影响展开实证检验。结果表明，"一带一路"倡议所推动的价值链重构进程在前向视角和后向视角下均有助于中国在全球价值链中分工位置的提升，"一带一路"倡议引致出口规模扩张以及强化中国在生产性环节的比较优势是其得以实现的内在机制。关于重构方式异质性的探讨表明,后向重构视角下,中国同"一带一路"共建国家间无论是以最终产品还是中间产品所实现的后向重构均有助于中国全球价值链分工位置的提升。前向重构视角下仅有以最终产品的形式方能助推中国全球价值链升级的实现。行业异质性的实证结果表明,后向重构视角下的低技术制造业与前向重构视角下中高技术制造业是中国同共建国家价值链重构进程得以助推中国价值链升级的主要行业。此外,针对近年来对微笑曲线理论的批评,本章还扩展了研究的边界。将出口国内增加值率,这一价值链升级的另一个侧面纳入研究内容当中,其研究结论同样肯定了"一带一路"倡议助推中国价值链重构后有助于进一步实现出口国内附加值率提升的事实。

第 7 章

研究结论、政策启示与研究展望

7.1 研究结论

　　全球价值链作为国际分工深入到产品层面的必然结果，不仅深刻改变了全球分工格局与利益分配体系，同时也为各国发展提供了全新机遇。中国同样在积极参与全球价值链分工的过程中得以充分发挥自身在生产性环节的比较优势，进而有效地推动了本国经济的高速增长与产业结构的转型升级。但是也应该看到，中国长期嵌入全球价值链分工中低端环节的情况仍然没有得到根本性的改观，对进口关键技术和环节的高度依赖使得中国仍然面临陷入"低端嵌入"和"低端锁定"的风险。因而尽快推动中国价值链重构进程，实现由生产性环节向全球分工中的高技术、高附加值环节演进仍将是中国未来继续深度参与全球价值链分工所要实现的重要诉求之一。"一带一路"倡议作为近年来中国倡议的国家间合作平台与顶层对话机制，不仅为共建国家提供了实现公平发展的机会，更是通过"五通"建设促进了中国与共建国家之间的产业关联，为中国价值链重构提供了新的历史机遇。基于此，本书从中国价值链重构的视角切入，系统梳理了全球价值链重构、"一带一路"倡议与中国价值链领域的相关研究，从产业关联的角度将全球范围内价值链重构的概念推广到了特定国家，并通过理论演绎的方法区分了价值链重构的产业关联层和重构效应层，深入探讨了"一带一路"倡议、中国价值链重构与重构效应间的理论关联。在典型事实分析部分，基于全球价值链分解框架，构建了中国价值链重构指数并刻画了其演进特征，同时就中国嵌入全球价值链分工的典型事实展开了分析。实证检验部分则是在理论分析与典型事实分析的基础上，通过构建计量经济模型，实证检验"一带一路"倡议对中国价值链重构的政策效应，并探索了这一转变将引致价值链重构效应的变化，从而全面呈现了"一带一路"倡议对中国价值链重构的影响。具体而言，经过系统的研究，本书的主要研究结论如下：

（1）典型事实分析部分的主要结论

本书在典型事实分析部分主要沿"一带一路"倡议、中国价值链重构、中国全球价值链参与度以及分工位置的脉络逐级展开。"一带一路"倡议作为中国倡议的国家间合作平台与顶层对话机制，自提出以后经中国的大力推动，参与倡议的国家逐渐增多，并已经在"五通"领域取得了一定的成果，"一带一路"倡议增进中国同共建国家的合作以及促进共同发展的重要意义得到初步显现。

就中国价值链重构的演进趋势而言。首先，本书的考察期内，中国同各国间的价值链重构指数无论是前向视角还是后向视角均表现为明显的下降，中国总产出的快速增长以及国内价值链的发展使得中国将更多的生产环节纳入到国内是出现这一现象的核心原因。其次，以

"一带一路"倡议逐步扩大的 2016 年为拐点，在此之前中国同共建国家间价值链重构指数持续下降，在此之后因"一带一路"的实施和扩大，在中国同共建国家间无论是价值链前向还是后向重构指数均有所上升。显然，随着非"一带一路"国家与中国价值链重构的发展潜力逐步被挖掘殆尽以及"一带一路"倡议的深入发展，中国同共建国家间的价值链重构的相对重要性有了明显提升。从重构方式来看，后向重构视角下，中国同各国间价值链重构仍然以中间产品为主要实现形式。而在前向重构视角下，中国同非"一带一路"国家间的价值链前向重构进程以最终产品为主要形式，而在中国同共建国家的前向重构进程中，显然中间产品发挥了更加重要的作用。

作为价值链重构效应的重要维度之一，针对中国全球价值链参与度的测度结果表明：在本书的考察期内，尽管中国增加值进出口的绝对数量均有所增加，但是中国国家层面的全球价值链前向和后向参与度的演进轨迹整体呈下降趋势，金融危机的冲击、中国经济增长动能转换、出口转型升级以及中国国内价值链的发展和完善是造成这一现象的主要原因。由于中国长期处在加工、制造等生产环节，后向为主的嵌入方式仍然是中国参与国际分工的典型特征，对于进口中间产品的过度依赖使得中国亟待价值链重构来破解当前面临的陷入"低端锁定"和"低端嵌入"的风险。但是值得注意的是，随着中国国内价值链体系的发展以及在关键技术和环节国产化替代领域的大力投入，近年来中国制造业已经在一定程度降低了对于进口中间产品的依赖程度，全球价值链后向参与度表现出了向好的趋势。但是中国全球前向参与度整体较低的典型事实仍旧表明，中国在以中间产品出口所表征的全球价值链中高端分工领域的渗透仍然有待进一步提升。

针对中国全球价值链分工位置测算与分析发现：尽管基于国家层

面的角度审视中国在全球价值链分工中所处的相对位置时，中国明显处在全球价值链分工的中上游环节。但是在制造业领域，中国长期处在加工、制造等中下游环节的基本现状没有得到根本性的转变，与其他区域价值链核心国家所处的分工位置仍然有较大的差距。值得注意的是，2014年开始中国部分制造业已经逐步向美国、德国和日本等区域性制造中心国家所处的分工环节靠拢，出现这一现象的主要原因在于中国制造业的产业转型升级。服务业在2012年前在全球价值链中的分工位置持续下降，但是以2012年为拐点，在拐点之后开始快速向上游环节移动，对于国民经济的带动和支持作用显著增强。

（2）实证分析部分的主要结论

进入实证部分，本书的研究主要沿线性纵向展开。为了验证"一带一路"倡议对中国价值链重构的政策效应。实证分析部分，首先基于多时点双重差分模型对这一问题展开了实证检验。研究结果表明，"一带一路"倡议以设施联通与贸易畅通为中介机制，显著强化了中国同共建国家之间的价值链重构进程。"一带一路"倡议的政策动态效应在后向重构视角下表现为随时间的推移而逐步增强，前向重构视角下的政策效应集中表现为短时间的拉动作用，此后政策效应趋于平稳。其次考虑"一带一路"倡议对中国价值链重构的影响可能因行业、重构方式、共建深度以及地理位置等因素表示出的异质性特征，本书进一步基于多重视角展开了异质性检验。结果表明："一带一路"倡议普遍推动了中国与共建国家之间以最终产品和中间产品的方式所实现的价值链后向重构。而在前向视角下，"一带一路"倡议仅对中国同共建国家间以复杂全球价值链生产活动所实现的重构进程具有显著的促进作用。比较优势互补作为价值链重构的重要前提，基于行业异质性的实证结果进一步证实了中国同共建国家之间的价值链重构主要从双方具有比较优势的行业展开。此外，共建国家同中国签署共建"一带一路"倡议相关文件时附带更多领域的明确安排显然更加有助于"一带一路"倡议释放中国同共建国家间的价值链重构潜力。最后，中国与共建国家之间的价值链重构进程对于欧洲国家参与共建"一带一路"倡议更为敏感。产业互补性较弱以及自贸协议的影响使得"一带一路"倡议对中国与亚洲国家间价值链重构进程的影响并不明显。

中国同"一带一路"共建国家间的价值链重构作为中国与共建国家跨国产业联特征变化的高度总结，不可避免地会对中国全球价值链参与度产生影响，即产生重构效应。"一带一路"倡议以"五通"为主要建设内容推进了中国同共建国家间的贸易自由化与便利化的进程，发挥了类自由贸易区的作用。其中，由于贸易转移效应，中国同共建国家间的价值链后向重构进程与中国的全球价值链后向参与度之间没有明显的统计学关联，表明"一带一路"倡议并未加剧中国对于进口中间产品的依赖程度，反而在一定程度上丰富了相关产品的上游供给，优化了中国的全球价值链后向参与。前向重构则因贸易创造效应的存在，有效提升了中国的全球价值链前向参与度，从而在一定程度上化解中国面临的潜在陷入"低端嵌入"和"低端锁定"的风险，加速了中国价值链升级的实现。

尽快价值链升级是中国摆脱中低端嵌入和实现向全球价值链中高端升级的重要路径。而全球价值链分工位置作为特定国家参与全球价值链分工体系的重要特征之一，同时也是价值链重构效应的重要维度，本书同样从纵向的角度延伸了价值链重构的议题，探讨了中国同共建国家间的价值链重构进程对中国各细分行业在全球价值链分工中所处位置的影响。总的来看，"一带一路"倡议对中国价值链的重构效应无论是在前向视角还是后向视角上，均有助于中国向全球价值链分工的上游环节演进，进而助推价值链升级的实现。"一带一路"倡议所引致的规模经济效应以及强化中国的比较优势是其得以实现的内在机制。此外，针对近年来对微笑曲线理论的批评，本章还扩展了研究的边界。将出口国内增加值率，这一价值链升级的另一个侧面纳入到研究内容当中，其研究结论同样肯定了"一带一路"倡议助推中国价值链重构后有助于进一步实现出口国内附加值率提升的事实。

7.2 政策启示

基于本书的主要研究结论，可以得到如下政策启示：

(1) 补足关键环节，助推中国国内价值链体系发展质量提升

尽管中国在深度参与全球价值链分工的过程中，已经开始逐步基于生产性环节向全球价值链的中高端分工延伸。但是仍然应该看到，中国经济的崛起也招致了多方打压，其中尤以中美贸易摩擦最具代表性。从中美贸易摩擦背后折射出的经济现象来看，目前中国在部分关键环节和技术仍然受制于少数发达国家，芯片制造、工业软件、高端化工、生物医药以及高端制造装备和服务业等仍然是中国的突出短板。为此，中国应当注重在市场机制下推动国家力量与社会资本在相关行业的深度整合。发挥中国的体制优势，首先在涉及国家安全的核心技术和关键环节集结科研力量对产业链的断点、堵点环节开展重点研究和突破，打破国外对相关技术的垄断。在这一过程中还应当适时

培育相关产业的发展，增强国内价值链安全的同时抢占价值链分工的高地。此外，中国还应当注重将积累的科研成果加速向现实成果转化，构建普惠性的技术共享平台，降低新技术、新成果的商用化难度和成本，依托国家优势将高新技术尽快推广至国内价值链的主要环节。另外需要以优惠性的政策支持与市场力量为依托，引导资本、人力资源、科研力量向短板行业倾斜，推动以社会资本为代表的市场性力量发展相关产业。

中国还应当借助于自身相对完整的国内价值链体系发展"战略纵深"，提升现有产业的国际竞争能力。其中的重点就在于鼓励以各类企业为主体，逐步向全球价值链上游的设计和核心零部件制造以及下游的品牌建设和分销等环节延伸，扩展企业内部价值链的长度。另外，针对中国目前在全球价值链分工中获利仍然有待提升的事实，中国还应当鼓励和支持中国企业在自身所从事的分工领域深度耕耘，特别是在关键领域和关键环节不断提升技术含量，抓住全球范围内产业转型升级的浪潮，以信息化促进高端制造业和服务业的发展，打造领军企业，加快推动互联网、5G 和智能化制造在传统制造业中的比重，通过增加自身所处分工环节的技术含量逆转全球价值链上的利益分配，实现获利的提升。

（2）推动传统优势产业价值链升级，加速中国价值链重构进程

改革开放以来，中国凭借在生产性环节的比较优势首先从中低端制造业和服务业领域积极融入全球分工。这一举措不仅显著推动了中国经济的增长，为中国积累了产业升级的资本与技术，同时完整的国内价值链体系也是中国得以有效化解诸如中美贸易摩擦、新冠疫情等冲击的内在优势所在，更是中国得以借助"一带一路"倡议实现价值

链重构的重要基础。但是随着中国人口红利的消退，中国传统优势产业不得不面对来自发达国家的纵向压榨以及来自其他发展中国家的横向挤压。巩固传统优势分工环节同样是未来中国实现价值链升级、深入推进价值链重构的重要举措。为此，中国一方面应当维护自身在中低端制造环节的传统优势地位。特别是要发挥中低端制造业在资本积累、解决就业、发展对外贸易等领域的传统优势，加速中国人口红利向人力资本的转变，通过培养高素质的劳动力在差异化赛道培育比较优势。另一方面也要组织中低端制造业继续巩固在国际市场的价格优势和竞争优势，通过产业转移的方式推动中低端制造业向国内劳动成本较低的区域转移。其中，重点应当考虑在中西部地区设立产业转移承接基地，给予转移企业一定的土地、财政领域的优惠政策，以产业转移帮助当地实现经济发展与解决欠发达地区人口外流的问题。

此外，中国还应当积极促进传统制造业的转型升级，特别是利用当前数字化、智能化领域的相关成果，将信息化技术与传统制造业深入结合，不断提高中低端制造业国际竞争优势的同时，鼓励特色化、专业化、高品质的制造业生产，有序推进中国传统优势产业向高附加值、高技术环节转移，进一步巩固中国国内价值链体系的全产业链覆盖。此外，还需要充分发挥中国在生产性服务业与信息技术领域所取得的长足进步，加速高端服务业在中国传统优势产业的垂直专业化渗透。特别是要推动各类生产性服务业与制造业深度融合，引导各类金融服务机构参与传统产业转型升级。鼓励各类研发部门更多的关注实用技术向传统产业的倾斜，加速人工职能、机器人等智能化制造在传统制造业领域中的占比，从而在全面维护中国在传统制造业的优势，推动国际竞争力的提升与抢占未来发展的制高点。

（3）持续推进"一带一路"倡议，打造区域价值链体系

在"一带一路"倡议已经得到深入推进、相关合作领域取得丰硕成果的大背景下，中国应当进一步拓展"一带一路"倡议的内涵，充分发挥"一带一路"倡议促进中国价值链重构、推动中国价值链升级的积极意义，将合作的范围从基础设施建设推向以经贸规则制定、双边开放以及产能合作等深层次领域，加快在"一带一路"倡议的合作框架下，对双边投资、市场准入、贸易争端调解与仲裁等领域给予全面的规范，打造更加互惠互利的"一带一路"倡议。同时，中国应当注重"一带一路"倡议合作框架的深化，积极推动以自贸区建设为代表的深层次国际贸易关系的建设，进一步释放中国同共建国家间经贸往来与产能合作的潜力。中国现如今已经有中以自贸协定、中国与东盟十国自由贸易区等成功的双边和区域性的自由贸易协定，可以以此为样本，大力推进中国与共建其他国家的自贸协定，尝试以以点带面的形式推广"一带一路"倡议已经取得的成果。此外，鉴于共建大部分国家的经济规模较小、产业链发展和覆盖不完整，中国在持续推进"一带一路"倡议的过程中应当注重有序整合不同国家的价值链分工体系，根据各国的比较优势为其配套适应的分工环节。以中国的经贸能力为载体，依托中国与共建国家的产业梯度构建起区域价值链体系，将中国的价值链重构进程进一步扩展，从而在中国充分享受"一带一路"倡议所带来的政策红利的同时，为共建国家提供更加公平的发展机遇。

（4）发挥中国在全球价值链中的枢纽地位，促进中国与世界各国共同发展

中国在全球分工中地位的提升与"一带一路"倡议的持续推进离不开良好的国际大环境作为支撑。尽管"一带一路"已经成为中国价

值链重构过程中极具潜力的一部分，但是总的来看，来自非"一带一路"国家的各类技术、中间产品仍然是中国价值链重构过程中不可替代的重要组成部分，中国"以进口促进出口"的基本格局仍然没有得到根本性转变。为此，中国一方面需要充分利用"一带一路"倡议的平台优势，继续深入挖掘中国与共建国家的产业互补潜力，推动该倡议向更深层次发展。另一方面需要积极团结世界上仍然坚持多边主义的其他国家，继续推进在已有国际合作框架下的协同发展。同时，"一带一路"倡议与中国对外开放从来都不是非此即彼的过程，中国未来的发展仍然需要充分发挥非"一带一路"国家在中国实现技术引进、关键技术和环节供应领域的积极作用，强化自身在全球价值链生产网络中的枢纽地位。对于上游而言，中国需要继续扩大开放，引进来自非"一带一路"国家的技术服务于中国价值链升级进程。同时还应当充分利用国际竞争盘活国内市场，促进市场机制在资源配置中决定性作用的发挥，以竞争促发展，在竞争中谋发展。对下游而言，中国需要发挥"世界工厂"的优势地位，将来自上游的技术进步传递至下游，从而推进世界范围内的共同发展。此外，中国还需要积极维护自身的国际形象，引导更多的海外投资者来中国投资创新，吸引更多的外国资本、技术、人才来中国参与建设，以实际行动将"一带一路"倡议与中国实现共同发展的理念推广至全世界。

7.3　不足与展望

　　总的来看，本书从产业关联的角度将全球价值链重构的概念推广至特定国家，并结合双重差分的方法实证检验了"一带一路"倡议对中国价值链重构的政策影响。由于价值链重构指标与全球价值链参与特征的高度关联，中国全球价值链参与特征不可避免地会受到"一带一路"倡议所推动的中国同共建国家间的价值链重构的影响，即产生重构效应。为此，本书并进一步分析了"一带一路"倡议所推动的中国同共建国家间的价值链重构进程对中国参与全球价值链参与度、分工位置的影响。尽管在本书设计、撰写的过程中做出了非常的努力，然而囿于个人能力以及全球价值链本身即是内容繁复、宏大的研究主题，本书尚有许多未尽之处值得在未来进一步展开：第一，现有的研究中关于贸易转移效应的实证检验尚未提出完备的研究范式，已有的方法在论证这一问题时或多或少均有缺陷。尽管已经尽可能地为其寻找合适的检验方法，但是对于这一部分的机制检验并未能达到理想状态，这也成为本书写作过程中的一大遗憾。第二，本书虽然研究了"一带一路"倡议对中国价值链重构的政策影响以及由此导致的重构效应，但是全球分工作为比较优势、要素禀赋和规模经济等要素综合作用的结果，本书仅仅揭示了以产业关联为特征的特定国家价值链重构对中国全球价值链参与度特征的影响。但是对于国际分工底层逻辑如何传递至产业关联层面未能给出完整的测度和说明。对于中国价值链重构将如何影响全球范围内价值链重构也尚未做出分析。如果能够将上述因素与本书的研究纳入更加完整的框架内，将有助于更加深入地揭示价值链重构的相关内容。第三，本书仅探讨了"一带一路"倡议所推动的中国同共建国家之间的价值链重构进程如何影响重构效应。但是全球价值链参与特征的演化与价值链升级不仅受到价值链重构的影响，国内价值链的发展同样是重要影响因素之一，然而囿于篇幅和个人能力的限制，在本书当中也未能将这一问题加以详尽的论述，这些都有待于未来继续深入的研究。

附录　ADB－MRIO 数据库中包含的"一带一路"共建国家与非"一带一路"国家对照表

（截至 2022 年 6 月 22 日）

"一带一路"共建国家				非"一带一路"国家（部分）	
ADB－MRIO 国家代码	国家	加入"一带一路"倡议的时间	合作层次	ADB－MRIO 国家代码	国家
KAZ	哈萨克斯坦	2014.12	谅解备忘录	AUS	澳大利亚
SRI	斯里兰卡	2014.12	谅解备忘录	BEL	比利时
BGR	保加利亚	2015.11	谅解备忘录	BRA	巴西
CZE	捷克	2015.11	谅解备忘录	CAN	加拿大
KOR	韩国	2015.11	谅解备忘录	SWI	瑞士
SVK	斯洛伐克	2015.11	谅解备忘录	GER	德国
TUR	土耳其	2015.11	谅解备忘录	DEN	丹麦
BAN	孟加拉国	2016.1	谅解备忘录	SPA	西班牙
CAM	柬埔寨	2016.1	合作文件	FIN	芬兰
LAO	老挝	2016.9	合作文件	FRA	法国
EST	爱沙尼亚	2017.11	合作文件	UKG	英国
LTU	立陶宛	2017.11	合作文件	IND	印度
SVN	斯洛文尼亚	2017.11	合作文件	IRE	爱尔兰
VIE	越南	2017.11	谅解备忘录	JPN	日本
MLD	马尔代夫	2017.12	谅解备忘录	LUX	卢森堡
LVA	拉脱维亚	2017.3	谅解备忘录	MEX	墨西哥
RUS	俄罗斯	2017.3	谅解备忘录	NET	荷兰
HRV	克罗地亚	2017.5	谅解备忘录	NOR	挪威

续表

"一带一路"共建国家				非"一带一路"国家（部分）	
ADB－MRIO 国家代码	国家	加入"一带一路"倡议的时间	合作层次	ADB－MRIO 国家代码	国家
ROM	罗马尼亚	2017.5	谅解备忘录	SWE	瑞典
MAL	马来西亚	2017.5	谅解备忘录	USA	美国
MON	蒙古国	2017.5	谅解备忘录	BHU	不丹
PAK	巴基斯坦	2017.5	谅解备忘录		
NEP	尼泊尔	2017.5	谅解备忘录		
SIN	新加坡	2017.5	谅解备忘录		
THA	泰国	2017.9	谅解备忘录		
BRU	文莱	2017.9	合作文件		
INO	印度尼西亚	2018.11	谅解备忘录		
MLT	马耳他	2018.11	合作文件		
PHI	菲律宾	2018.11	谅解备忘录		
POR	葡萄牙	2018.12	全面战略合作伙伴关系		
KGZ	吉尔吉斯斯坦	2018.12	谅解备忘录		
AUT	奥地利	2018.4	合作文件		
FIJ	斐济	2018.5	谅解备忘录		
GRC	希腊	2018.8	合作文件		
HUN	匈牙利	2019.1	谅解备忘录		
POL	波兰	2019.1	谅解备忘录		
ITA	意大利	2019.3	合作文件		
CYP	塞浦路斯	2019.4	合作文件		

参 考 文 献

[1] 包群，张志强. 地震的余波：价值链断裂、进口停滞与贸易危机传染 [J]. 经济学（季刊），2021，21（02）：577 - 596.

[2] 蔡礼辉，任洁，朱磊. 中美制造业参与全球价值链分工程度与地位分析——兼论中美贸易摩擦对中国全球价值链分工的影响 [J]. 商业研究，2020（03）：39 - 48.

[3] 曹明福，李树民. 全球价值链分工的利益来源：比较优势、规模优势和价格倾斜优势 [J]. 中国工业经济，2005（10）：22 - 28.

[4] 陈贵富，吴腊梅. 中国服务业全球价值链位置变化及驱动因素 [J]. 厦门大学学报（哲学社会科学版），2021（03）：79 - 90.

[5] 陈继勇，陈大波. 中国对 "一带一路" 沿线国家出口商品贸易潜力的实证研究 [J]. 湖北大学学报（哲学社会科学版），2018，45（01）：109 - 117，168.

[6] 陈守东，刘琳琳. 国际金融危机对我国进出口贸易的冲击——基于贸易方式视角的实证研究 [J]. 吉林大学社会科学学报，2012，52（04）：117 - 127，160.

[7] 陈淑梅，高敬云. 后 TPP 时代全球价值链的重构与区域一体化的深化 [J]. 世界经济与政治论坛，2017（04）：124 - 144.

[8] 陈向博，郑凯. "一带一路" 供应链安全研究 [J]. 宏观经济研究，2022（03）：59 - 66.

［9］陈晓华，刘慧，张若洲．高技术复杂度中间品进口会加剧制造业中间品进口依赖吗？［J］．统计研究，2021，38（04）：16－29．

［10］陈晓君，张云云．"一带一路"战略下中国加工贸易供给侧改革的契机及对策［J］．经济纵横，2016（04）：88－92．

［11］陈勇兵，王进宇，潘夏梦．对外反倾销与贸易转移：来自中国的证据［J］．世界经济，2020，43（09）：73－96．

［12］崔琪涌，张源，王胜．"一带一路"国际宏观经济政策协调：机制基础与中国角色［J］．经济学家，2020（08）：49－58．

［13］戴翔．扩大服务业开放与制造业全球价值链参与［J］．山西财经大学学报，2020，42（12）：68－80．

［14］戴翔，宋婕．"一带一路"倡议的全球价值链优化效应——基于沿线参与国全球价值链分工地位提升的视角［J］．中国工业经济，2021（06）：99－117．

［15］戴翔，宋婕．"一带一路"有助于中国重构全球价值链吗？［J］．世界经济研究，2019（11）：108－121，136．

［16］戴翔，王如雪．"一带一路"倡议与对外直接投资："五通"作用机制分析［J］．财经研究，2022，48（04）：79－93．

［17］戴翔，王如雪．"一带一路"、互联互通与OFDI：中国特色促进机制研究［J］．经济纵横，2021（10）：44－58．

［18］戴翔，王如雪．中国"一带一路"倡议的沿线国家经济增长效应：质还是量［J］．国际贸易问题，2022（05）：21－37．

［19］戴翔．新冠肺炎疫情下全球价值链重构的中国机遇及对策［J］．经济纵横，2020（06）：71－79，2．

［20］戴翔，张雨，刘星翰．数字技术重构全球价值链的新逻辑与中国对策［J］．华南师范大学学报（社会科学版），2022（01）：

116 - 129，207.

[21] 戴晓芳，郑圆圆，戴翔 . 危机冲击下全球贸易如何“崩溃”[J]. 国际贸易问题，2014（12）：25 - 36.

[22] 邓世专，林桂军 . 新冠疫情全球蔓延对亚洲工厂的影响研究 [J]. 国际贸易问题，2020（07）：32 - 45.

[23] 丁一兵，宋畅 . 中间品进口转换能否促进中国企业出口转型升级 [J]. 国际贸易问题，2021（09）：17 - 32.

[24] 东艳，马盈盈 . 疫情冲击、中美贸易摩擦与亚太价值链重构——基于假设抽取法的分析 [J]. 华南师范大学学报（社会科学版），2020（04）：110 - 123，191.

[25] 杜传忠，杜新建 . 第四次工业革命背景下全球价值链重构对我国的影响及对策 [J]. 经济纵横，2017（04）：110 - 115.

[26] 樊增强，尚涛，陈静 . 中国与“一带一路”沿线国家制造业比较优势研究 [J]. 亚太经济，2021（06）：60 - 70.

[27] 范德成，刘凯然 . GVC 嵌入对中国工业可持续发展影响研究 [J]. 科学学研究，2021，39（03）：432 - 441，462.

[28] 傅晓冬，杜琼 . 数字经济对中国文化产品出口贸易的影响研究 [J]. 宏观经济研究，2022（03）：82 - 93.

[29] 高敬峰，王彬 . 进口价值链质量促进了国内价值链质量提升吗？[J]. 世界经济研究，2019（12）：77 - 88，132 - 133.

[30] 高翔，黄建忠，袁凯华 . 中国制造业存在产业“微笑曲线”吗？[J]. 统计研究，2020，37（07）：15 - 29.

[31] 高运胜，杨阳 . 全球价值链重构背景下我国制造业高质量发展目标与路径研究 [J]. 经济学家，2020（10）：65 - 74.

[32] 古柳，宋婕 . “一带一路”背景下中国对外直接投资的价

值链构建效应［J］．国际经贸探索，2020，36（11）：99－114．

［33］郭惠君，王黎瑶．全球价值链重构下中国贸易高质量发展的机制及对策［J］．国际经济合作，2020（06）：87－102．

［34］郭泽林，陈琪．新冠肺炎疫情对全球经济治理的影响研究［J］．经济体制改革，2020（06）：29－35．

［35］韩晶，孙雅雯．借助"一带一路"倡议构建中国主导的"双环流全球价值链"战略研究［J］．理论学刊，2018（04）：33－39．

［36］韩亚峰，李凯杰，赵叶．价值链双向重构与企业出口产品质量升级［J］．产业经济研究，2021（02）：85－100．

［37］何颖珊．产业联动视角下共建"一带一路"价值链治理模式研究［J］．广东社会科学，2020（06）：39－46．

［38］洪俊杰，詹迁羽．"一带一路"设施联通是否对企业出口有拉动作用——基于贸易成本的中介效应分析［J］．国际贸易问题，2021（09）：138－156．

［39］侯启缘．"一带一路"多边合作的优势、问题与对策——基于"一带一路"倡议促进国际大循环视角［J］．福建论坛（人文社会科学版），2020（11）：60－72．

［40］胡昭玲．国际垂直专业化与贸易理论的相关拓展［J］．经济评论，2007（02）：135－139．

［41］黄华华，赵凯，徐圣翔．"一带一路"倡议与沿线国家贸易畅通——基于2006—2018年中国对外贸易的双重差分检验［J］．调研世界，2020（05）：9－16．

［42］黄先海，余骁．以"一带一路"建设重塑全球价值链［J］．经济学家，2017（03）：32－39．

[43] 姜峰，段云鹏.数字"一带一路"能否推动中国贸易地位提升——基于进口依存度、技术附加值、全球价值链位置的视角 [J]. 国际商务（对外经济贸易大学学报），2021（02）：77 – 93.

[44] 姜峰，蓝庆新，张辉.中国出口推动"一带一路"技术升级：基于88个参与国的研究 [J]. 世界经济，2021，44（12）：3 – 27.

[45] 金碚，吕铁，邓洲.中国工业结构转型升级：进展、问题与趋势 [J]. 中国工业经济，2011（02）：5 – 15.

[46] 金凤君，姚作林.新全球化与中国区域发展战略优化对策 [J]. 世界地理研究，2021，30（01）：1 – 11.

[47] 金洪飞，陈秋羽.产学研合作与价值链低端困境破解——基于制造业企业出口国内附加值率的视角 [J]. 财经研究，2021，47（11）：94 – 108.

[48] 景跃军，李涵."一带一路"背景下中国产业结构调整面临的挑战及对策 [J]. 社会科学战线，2018（12）：246 – 250.

[49] 蓝庆新，姜峰."一带一路"与以中国为核心的国际价值链体系构建 [J]. 人文杂志，2016（05）：29 – 34.

[50] 李春顶，郎永峰，何传添.中国扩大进口战略的经济效应 [J]. 中国工业经济，2021（02）：23 – 41.

[51] 李春顶，张瀚文.新冠疫情全球蔓延的就业和经济增长效应 [J]. 国际经贸探索，2021，37（07）：4 – 19.

[52] 李芳芳，张倩，程宝栋，熊立春，侯方淼."一带一路"倡议背景下的全球价值链重构 [J]. 国际贸易，2019（02）：73 – 79.

[53] 李广杰，刘晓宁."一带一路"背景下中国对东盟直接投资的布局优化研究 [J]. 东岳论丛，2017，38（09）：125 – 132，2.

［54］李璟，屈韬，陈勇姗，等．服务业驱动制造业转型升级的路径和机制研究——基于佛山市 2010—2018 年制造业的实证检验［J］．广东财经大学学报，2022，37（01）：75－86.

［55］李静，许家伟．全球价值链重构演变趋势与中国的对策——基于供给侧结构性改革的视角［J］．江淮论坛，2017（05）：46－50，88.

［56］李俊久，蔡琬琳．对外直接投资与中国全球价值链分工地位升级：基于"一带一路"的视角［J］．四川大学学报（哲学社会科学版），2018（03）：157－168.

［57］李坤望，马天娇，黄春媛．全球价值链重构趋势及影响［J］．经济学家，2021（11）：14－23.

［58］李优树，唐家愉．终端市场转移趋势下"一带一路"区域价值链与中国全球价值链升级研究［J］．经济问题，2020（06）：1－7，40.

［59］林辉，孙煦初．"一带一路"倡议与沿线国家融资环境的促进作用［J］．经济与管理评论，2022，38（01）：33－46.

［60］刘春艳，赵军，徐俊．"一带一路"国家设施联通对中国对外直接投资效率的影响［J］．中国流通经济，2022，36（03）：70－79.

［61］刘洪愧，谢谦．新兴经济体参与全球价值链的生产率效应［J］．财经研究，2017，43（08）：18－31，121.

［62］刘洪钟．全球价值链治理、政府能力与中国国际经济权力提升［J］．社会科学，2021（05）：3－20.

［63］刘慧岭，凌丹．全球价值链重构与中国制造业转型升级——基于价值链分布的视角［J］．中国科技论坛，2019（07）：84－95.

［64］刘建，姚纹倩，陈妙莲．贸易摩擦冲击下深化"一带一

路"贸易合作研究 [J]．国际贸易，2021（08）：78－88.

［65］刘金全，郑荻．中国在全球价值链中的地位变迁与路径升级 [J]．西安交通大学学报（社会科学版），2022，42（02）：14－21.

［66］刘娟．新进入者劣势、累积学习经验与中国对外直接投资——兼论"五通指数"的调节作用 [J]．国际商务（对外经济贸易大学学报），2020（02）：94－109.

［67］刘莉君，刘雪婧，刘友金．东道国金融发展影响中国与"一带一路"国家间产业转移的实证检验 [J]．财经理论与实践，2021，42（06）：19－26.

［68］刘敏，赵璟，薛伟贤．"一带一路"产能合作与发展中国家全球价值链地位提升 [J]．国际经贸探索，2018，34（08）：49－62.

［69］刘维林．劳动要素的全球价值链分工地位变迁——基于报酬份额与嵌入深度的考察 [J]．中国工业经济，2021（01）：76－94.

［70］刘滢泉．后TPP时代原产地规则与全球价值链的互构 [J]．哈尔滨工业大学学报（社会科学版），2019，21（05）：27－32.

［71］刘志彪．从全球价值链转向全球创新链：新常态下中国产业发展新动力 [J]．学术月刊，2015（02）：05－14.

［72］刘志彪，吴福象．"一带一路"倡议下全球价值链的双重嵌入 [J]．中国社会科学，2018（08）：17－32.

［73］刘志彪，张杰．从融入全球价值链到构建国家价值链：中国产业升级的战略思考 [J]．学术月刊，2009，41（09）：59－68.

［74］刘志彪．中国参与全球价值链分工结构的调整与重塑——学习十九大报告关于开放发展的体会 [J]．江海学刊，2018（01）：

77 - 84.

[75] 卢伟，申兵，李大伟，等. 推进"一带一路"建设高质量发展的总体构想研究 [J]. 中国软科学，2021（03）：9 - 17.

[76] 卢潇潇，梁颖."一带一路"基础设施建设与全球价值链重构 [J]. 中国经济问题，2020（01）：11 - 26.

[77] 吕延方，王冬."一带一路"有效实施：经济规模、地理与文化距离 [J]. 经济学动态，2017（04）：30 - 40.

[78] 吕越，陈帅，盛斌. 嵌入全球价值链会导致中国制造的"低端锁定"吗？[J]. 管理世界，2018，34（08）：11 - 29.

[79] 吕越，尉亚宁. 全球价值链下的企业贸易网络和出口国内附加值 [J]. 世界经济，2020，43（12）：50 - 75.

[80] 罗伯特·C·芬斯特拉. 高级国际贸易：理论与实证 [M]. 北京：中国人民大学出版社，2013.

[81] 罗皓文，赵晓磊，王煜. 当代经济全球化：崩溃抑或重生？——一个马克思主义的分析 [J]. 世界经济研究，2021（10）：3 - 12，134.

[82] 马丹，何雅兴，郁霞. 双重价值链、经济不确定性与区域贸易竞争力——"一带一路"建设的视角 [J]. 中国工业经济，2021（04）：81 - 99.

[83] 马涛，杜晓萌. 金融危机下国际生产体系对全球贸易的冲击及福利影响 [J]. 国际商务（对外经济贸易大学学报），2011（02）：5 - 13.

[84] 马涛，盛斌. 亚太互联经济格局重构的国际政治经济分析——基于全球价值链的视角 [J]. 当代亚太，2018（04）：86 - 112，158 - 159.

［85］马永飞. 全球价值链重构背景下中国对外贸易发展研究［J］. 国际贸易，2021（02）：47－54.

［86］毛蕴诗，郑奇志. 论国际分工市场失效与重构全球价值链——新兴经济体的企业升级理论构建［J］. 社会科学文摘，2016（05）：51－52.

［87］孟祺. 基于"一带一路"的制造业全球价值链构建［J］. 财经科学，2016（02）：72－81.

［88］倪红福. 全球价值链中产业"微笑曲线"存在吗？——基于增加值平均传递步长方法［J］. 数量经济技术经济研究，2016，33（11）：111－126，161.

［89］倪红福，王丽萍，田野. 全球价值链重构中服务业位置及其政策逻辑［J］. 湖南大学学报（社会科学版），2021，35（01）：72－83.

［90］欧定余，侯思瑶. 双循环新格局下东亚区域价值链重构在我国经济外循环中的支撑作用研究［J］. 湘潭大学学报（哲学社会科学版），2021，45（03）：87－92.

［91］欧定余，田野."一带一路"国家全球价值链中的中国角色——基于国家间投入产出表的分析［J］. 经济科学，2020（04）：19－32.

［92］欧定余，易佳慧. RCEP区域价值链重构对双循环新发展格局的促进作用［J］. 消费经济，2021，37（04）：20－32.

［93］欧阳康. 全球治理变局中的"一带一路"［J］. 中国社会科学，2018（08）：5－16.

［94］欧阳艳. 中国制造业在"一带一路"价值增值能力的驱动因素［J］. 中国流通经济，2017，31（09）：82－88.

［95］彭定赟，王磊．跨越中等收入阶段与中国制造业升级路径选择［J］．华中师范大学学报（人文社会科学版），2020，59（06）：55-68．

［96］彭冬冬，林珏．"一带一路"沿线自由贸易协定深度提升是否促进了区域价值链合作？［J］．财经研究，2021，47（02）：109-123．

［97］彭继增，王怡．"一带一路"沿线国家设施联通对贸易利益的影响［J］．吉首大学学报（社会科学版），2020，41（03）：87-95．

［98］彭薇，熊科．全球价值链嵌入下"一带一路"沿线国家产业转移研究——基于世界投入产出模型的测度［J］．国际商务（对外经济贸易大学学报），2018（03）：38-48．

［99］邱雪情，卓乘风，毛艳华．"一带一路"能否助推中国全球价值链攀升——基于基础设施建设的中介效应分析［J］．南方经济，2021（06）：20-35．

［100］邵安菊．全球价值链重构与我国产业跃迁［J］．宏观经济管理，2016（02）：74-78．

［101］沈维萍，张莹．"一带一路"建设中"贸易畅通"的区域经济效应——基于GTAP模拟的比较分析［J］．西部论坛，2020，30（04）：110-124．

［102］石建勋，卢丹宁，徐玲．新一轮全球产业链重构和中国产业链升级研究［J/OL］．财经问题研究：1-13［2022-04-29］．

［103］史丹，余菁．全球价值链重构与跨国公司战略分化——基于全球化转向的探讨［J］．经济管理，2021，43（02）：5-22．

［104］宋怡茹，喻春娇，白旻．中国高技术产业如何参与全球价

值链重构？[J].科学学研究，2021，39（09）：1564－1573，1603.

[105] 宋耘，王婕，曾子欣，陈浩泽.中国企业是如何重构全球价值链的？——基于扎根理论的研究 [J/OL].南开管理评论：1－23 [2022－04－29].http：//kns.cnki.net/kcms/detail/12.1288.F. 20210428.1746.004.html

[106] 孙嘉泽，李慧娟，杨军.新冠肺炎疫情对全球宏观经济和价值链结构的影响 [J].财经问题研究，2022（01）：52－62.

[107] 谭人友，葛顺奇，刘晨.全球价值链重构与国际竞争格局——基于40个经济体35个行业面板数据的检验 [J].世界经济研究，2016（05）：87－98，136.

[108] 田文，张亚青，佘珉.全球价值链重构与中国出口贸易的结构调整 [J].国际贸易问题，2015（03）：3－13.

[109] 王兵，李雪，吴福象."一带一路"倡议下的国际产能合作与世界经贸格局重塑 [J].海南大学学报（人文社会科学版），2021，39（02）：96－106.

[110] 王聪.以全球价值链为切入点融入丝绸之路经济带投资建设 [J].经济纵横，2016（08）：67－71.

[111] 王桂军，张辉."一带一路"与中国 OFDI 企业 TFP：对发达国家投资视角 [J].世界经济，2020，43（05）：49－72.

[112] 王腊芳，谢锐，阳立高，等.中国与"一带一路"沿线国家经济增长的双向溢出效应 [J].中国软科学，2020（12）：153－167.

[113] 王岚.全球价值链嵌入与贸易利益：基于中国的实证分析 [J].财经研究，2019，45（07）：71－83.

[114] 王灵桂，杨美姣.发展经济学视阈下的"一带一路"与

可持续发展［J］.中国工业经济，2022（01）：5－18.

［115］王领，胡晓涛.“一带一路”背景下中国企业主导的全球价值链构建［J］.云南社会科学，2017（01）：1－5，186.

［116］王勤，赵雪霏.论中国－东盟自贸区与共建“一带一路”［J］.厦门大学学报（哲学社会科学版），2020（05）：99－106.

［117］王恕立，吴楚豪.“一带一路”倡议下中国的国际分工地位——基于价值链视角的投入产出分析［J］.财经研究，2018，44（08）：18－30.

［118］王晓萍，胡峰，张月月.全球价值链动态优化架构下的中国制造业升级——基于价值“三环流”协同驱动的视角［J］.经济学家，2021（02）：43－51.

［119］王彦芳，陈淑梅.全球价值链视角下中国钢铁产能过剩形成机制［J］.北京理工大学学报（社会科学版），2018，20（04）：9－18.

［120］王昱睿，祖媛.东道国政治风险与中国大型能源项目投资——基于“一带一路”沿线国家的考察［J］.财经问题研究，2021（07）：110－119.

［121］王钰，张维今，孙涛.“一带一路”沿线区域服务业发展水平评价研究［J］.中国软科学，2018（05）：101－109.

［122］魏龙，王磊.从嵌入全球价值链到主导区域价值链——“一带一路”战略的经济可行性分析［J］.国际贸易问题，2016（05）：104－115.

［123］魏龙，王磊.全球价值链体系下中国制造业转型升级分析［J］.数量经济技术经济研究，2017，34（06）：71－86.

［124］文武，程惠芳，詹森华.全球价值链嵌入与国际经济周期

非对称联动 [J]. 统计研究, 2021, 38 (03): 71 – 88.

[125] 文武, 詹淼华. 全球价值链嵌入、国际经济周期非对称传导与稳增长 [J]. 经济学家, 2021 (01): 119 – 128.

[126] 吴博. "一带一路" 区域价值链构建与中国产业转型升级研究 [J]. 经济问题探索, 2020 (07): 102 – 109.

[127] 谢志超, 曾忠东, 杜江. 美国金融危机对我国进出口贸易冲击的实证研究 [J]. 经济问题, 2012 (03): 88 – 93.

[128] 徐坡岭, 那振芳. 我国制造业在 "一带一路" 的产业链布局问题——竞争优势互补与中间品贸易视角 [J]. 东北亚论坛, 2018, 27 (03): 88 – 109, 128.

[129] 徐卓, 杨正东, 李富强. "一带一路" 产业转移创新驱动研究 [J]. 宏观经济研究, 2019 (12): 112 – 118, 147.

[130] 许培源, 姚尧. "一带一路" 交通基础设施联通的经济效应 [J]. 东南学术, 2021 (02): 111 – 123.

[131] 闫东升, 马训. "一带一路" 倡议、区域价值链构建与中国产业升级 [J]. 现代经济探讨, 2020 (03): 73 – 79.

[132] 闫晗, 乔均, 邱玉琢. 生产性服务业发展能促进粮食生产综合技术效率提升吗？——基于 2008—2019 年中国省级面板数据的实证分析 [J]. 南京社会科学, 2022 (02): 18 – 29.

[133] 闫雪凌, 林建浩. 领导人访问与中国对外直接投资 [J]. 世界经济, 2019, 42 (02): 147 – 169.

[134] 杨成平, 林卿. 美国加征关税导致中国出口贸易转移了吗？——基于断点回归设计 [J]. 当代经济管理, 2020, 42 (04): 33 – 39.

[135] 杨丹辉, 渠慎宁. 百年未有之大变局下全球价值链重构及

国际生产体系调整方向 [J]. 经济纵横, 2021 (03): 61-71, 2.

[136] 杨合湘, 李天健. 改革开放 40 年工业发展成就与展望 [J]. 宏观经济管理, 2019 (01): 28-36, 43.

[137] 杨继军. 增加值贸易对全球经济联动的影响 [J]. 中国社会科学, 2019 (04): 26-48, 204-205.

[138] 杨静, 徐曼. 全球价值链的空间拓展机理探究——兼论"一带一路"建设的路径构想 [J]. 中国特色社会主义研究, 2017 (02): 34-40.

[139] 杨军, 周玲玲, 张恪渝. 中美贸易摩擦对中国参与区域价值链的重构效应 [J]. 中国流通经济, 2020, 34 (03): 93-103.

[140] 杨延杰. 后危机时代我国外贸政策的选择 [J]. 宏观经济管理, 2010 (10): 41-43.

[141] 易先忠, 欧阳峣. 大国如何出口: 国际经验与中国贸易模式回归 [J]. 财贸经济, 2018, 39 (03): 79-94.

[142] 易宇, 周观平. 全球产业链重构背景下中国制造业竞争优势分析 [J]. 宏观经济研究, 2021 (06): 34-49.

[143] 印梅, 张二震. 在构建新发展格局中重塑全球价值链分工新优势 [J]. 江苏行政学院学报, 2022 (01): 49-55.

[144] 于津平, 张艳艳. "一带一路"国家铁路联通对中国出口的影响 [J]. 世界经济与政治论坛, 2021 (01): 147-172.

[145] 余鹏翼, 曾楚宏. 全球价值链重构与中国制造业海外连续并购战略转型研究 [J]. 南京社会科学, 2016 (05): 16-21.

[146] 余振, 王净宇. 中国对外贸易发展 70 年的回顾与展望 [J]. 南开学报 (哲学社会科学版), 2019 (04): 36-47.

[147] 余振, 周冰惠, 谢旭斌, 等. 参与全球价值链重构与中美

贸易摩擦 [J]. 中国工业经济, 2018 (07): 24 - 42.

[148] 余智. "新新国际贸易理论"的最新发展 [J]. 经济学动态, 2013 (01): 112 - 117.

[149] 俞立平, 金珍珍. 双循环背景下技术创新对国内国际市场影响研究——基于对高技术制造业的分析 [J]. 现代经济探讨, 2021 (12): 81 - 92.

[150] 袁振邦, 张群群. 贸易摩擦和新冠疫情双重冲击下全球价值链重构趋势与中国对策 [J]. 当代财经, 2021 (04): 102 - 111.

[151] 原源, 吴朝阳. 微笑的内容生产链——内容产业的特点及演化轨迹 [J]. 经济问题, 2016 (11): 8 - 12, 117.

[152] 曾楚宏, 王钊. 中国主导构建"一带一路"区域价值链的战略模式研究 [J]. 国际经贸探索, 2020, 36 (06): 58 - 72.

[153] 占丽, 戴翔. 服务业开放与企业出口国内增加值率悖论及其解释 [J]. 经济与管理研究, 2021, 42 (06): 43 - 64.

[154] 张二震, 戴翔. 服务业开放与制造业 GVC 升级: 典型事实、理论反思与政策启示 [J]. 经济学家, 2022 (01): 96 - 103.

[155] 张涵嵋. 中国服务业国内价值链对"一带一路"区域价值链的影响研究 [J]. 宏观经济研究, 2021 (06): 50 - 61.

[156] 张辉, 易天, 唐毓璇. 一带一路: 全球价值双环流研究 [J]. 经济科学, 2017 (03): 5 - 18.

[157] 张良悦, 刘东. "一带一路"与中国经济发展 [J]. 经济学家, 2015 (11): 51 - 58.

[158] 张明之, 梁洪基. 全球价值链重构中的产业控制力——基于世界财富分配权控制方式变迁的视角 [J]. 世界经济与政治论坛, 2015 (01): 1 - 23.

［159］张茉楠．基于全球价值链的"一带一路"推进战略［J］.宏观经济管理，2016（09）：15－18.

［160］张韦恺镝，黄旭平．基于价值链重构的全球经济治理体系调整的趋势与出路［J］.世界经济与政治论坛，2021（06）：85－104.

［161］张卫华，温雪，梁运文．"一带一路"区域价值网结构演进与国家角色地位变迁——基于43国的社会网络动态分析［J］.财经理论与实践，2021，42（01）：133－140.

［162］张文宣．全球价值链重构的现实状况、内在逻辑与前景展望［J］.青海社会科学，2021（02）：110－116.

［163］张小溪．中国全球价值链升级的对策研究——基于"双循环"发展的视角［J］.福建论坛（人文社会科学版），2020（11）：49－59.

［164］张馨月，吴信如．中国对"一带一路"沿线国家投资的社会福利效应——兼论"五通"指数的调节作用［J］.云南财经大学学报，2022，38（06）：15－30.

［165］张彦．RCEP区域价值链重构与中国的政策选择——以"一带一路"建设为基础［J］.亚太经济，2020（05）：14－24，149.

［166］张幼文．要素流动条件下国际分工演进新趋势：兼评《要素分工与国际贸易理论新发展》［J］.世界经济研究，2017（09）：132－134.

［167］张远鹏．"一带一路"与以我为主的新型全球价值链构建［J］.世界经济与政治论坛，2017（06）：39－53.

［168］赵德海，贾晓琳．中国与"一带一路"共建国家进口贸易格局及其发展潜力分析［J］.商业研究，2020（09）：52－59.

[169] 赵红军，高恒宇，黄丹煌．"走出去"与"引进来"——"一带一路"倡议与外商直接投资的区位调整 [J]．财经研究，2022，48（03）：19－32，63．

[170] 赵景瑞，孙慧，郝晓．国内价值链技术进步与行业内贸易产品质量差异 [J]．国际商务（对外经济贸易大学学报），2022（02）：33－49．

[171] 赵瑞娜，倪红福．全球价值链重构的经济效应——兼论中美经贸摩擦的影响 [J]．中国流通经济，2020，34（05）：48－61．

[172] 郑航，韩剑．自由贸易协定中贸易便利化规则对价值链贸易的影响 [J]．世界经济研究，2022（02）：73－88，135－136．

[173] 郑健壮，朱婷婷，郑雯好．价值链曲线真的是"微笑曲线"吗？——基于7个制造业细分行业的实证研究 [J]．经济与管理研究，2018，39（05）：61－68．

[174] 周彦霞，张志明，陈嘉铭．亚太价值链重构与中国的角色变迁 [J]．世界经济研究，2021（04）：28－42，134－135．

[175] 邹宗森，郭昌明，冯等田．汇率变动、空间溢出与进口增长——中国自"一带一路"沿线国家进口的经验分析 [J]．国际商务（对外经济贸易大学学报），2021（05）：63－78．

[176] Antràs P, Chor D. On the Measurement of Upstreamness and Downstreamness in Global Value Chains [J]. NBER Working Paper, 2018（w24185）.

[177] Antràs P, Chor D. Organizing the global value chain [J]. Econometrica, 2013, 81（6）：2127－2204.

[178] Antràs P. Firms, contracts, and trade structure [J]. The Quarterly Journal of Economics, 2003, 118（4）：1375－1418.

[179] Azmeh S, Nadvi K. Asian firms and the restructuring of global value chains [J]. International Business Review, 2014, 23 (4): 708 – 717.

[180] Bai J. Panel Data Models With Interactive Fixed Effects [J]. Econometrica, 2009, 77 (4): 1229 – 1279.

[181] Baldwin R, Robert – Nicoud F. Trade-in-goods and trade-in-tasks: An integrating framework [J]. Journal of international Economics, 2014, 92 (1): 51 – 62.

[182] Baniya S, Rocha N, Ruta M. Trade effects of the New Silk Road: A gravity analysis [J]. Journal of Development Economics, 2020, 146: 102467.

[183] Baron R M, Kenny D A. The moderator-mediator variable distinction in social psychological research: Conceptual, strategic, and statistical considerations [J]. Journal of personality and social psychology, 1986, 51 (6): 1173.

[184] Basu S, Kirk M, Waymire G. Memory, transaction records, and The Wealth of Nations [J]. Accounting, Organizations and Society, 2009, 34 (8): 895 – 917.

[185] Borin A, Mancini M. Measuring what matters in global value chains and value-added trade [J]. World Bank policy research working paper, 2019 (8804).

[186] Borusyak K, Jaravel X, Spiess J. Revisiting event study designs: Robust and efficient estimation [J]. arXiv preprint arXiv: 2108. 12419, 2021.

[187] Butt A S, Shah S H H. Exploring potential implications of Belt

and Road Initiative for supply chain resilience: a comparative study of five South Asian countries [J]. Benchmarking: An International Journal, 2020.

[188] Dixit A, Norman V. Theory of international trade: A dual, general equilibrium approach [M]. Cambridge University Press, 1980.

[189] Dollar D. Technological innovation, supply chain trade, and workers in a globalized world [J]. Global Value Chain Development Report, 2019, 1.

[190] Draper P. The shifting geography of Global Value Chains: Implications for developing countries, trade policy, and the G20 [J]. Global Summitry Journal, 2013, 1 (1): 1 – 40.

[191] Ernst D. Asia's 'Upgrading Through Innovation' Strategies and Global Innovation Networks: An Extension of Sanjaya Lall's Research Agenda [J]. Transnational Corporations, 2008, 17 (3): 31 – 57.

[192] Fally T. On the Fragmentation of Production in the US [J]. University of Colorado mimeo, 2011.

[193] Falvey R E. Commercial policy and intra-industry trade [J]. Journal of international economics, 1981, 11 (4): 495 – 511.

[194] Ge J, Fu Y, Xie R, et al. The effect of GVC embeddedness on productivity improvement: From the perspective of R&D and government subsidy [J]. Technological Forecasting and Social Change, 2018, 135: 22 – 31.

[195] Gereffi G. A commodity chains framework for analyzing global industries [J]. Institute of Development Studies, 1999, 8 (12): 1 – 9.

[196] Gereffi G, Humphrey J, Sturgeon T. The governance of global

value chains [J]. Review of international political economy, 2005, 12 (1): 78 – 104.

[197] Gereffi G, Kaplinsky R. Introduction: Globalisation, value chains and development [J]. IDS bulletin, 2001, 32 (3): 1 – 8.

[198] Gereffi G, Miguel K. Commodity Chains and Global Capitalism [M]. Westport, CT, Praeger, 1994.

[199] Gereffi G. The organization of buyer-driven global commodity chains: How US retailers shape overseas production networks [J]. Commodity chains and global capitalism, 1994: 95 – 122.

[200] Ge Y, Dollar D, Yu X. Institutions and participation in global value chains: Evidence from belt and road initiative [J]. China Economic Review, 2020, 61: 101447.

[201] Group W B, IDE – JETRO, OECD, et al. Global Value Chain Development Report 2017 [J]. World Bank Publications, 2017.

[202] Gurgul H, Lach Ł. On using dynamic IO models with layers of techniques to measure value added in global value chains [J]. Structural Change and Economic Dynamics, 2018, 47: 155 – 170.

[203] Hearn J. How to read the Wealth of nations (or why the division of labor is more important than competition in Adam Smith) [J]. Sociological Theory, 2018, 36 (2): 162 – 184.

[204] Huang Y. Understanding China's Belt & Road initiative: motivation, framework and assessment [J]. China Economic Review, 2016, 40: 314 – 321.

[205] Hummels D, Ishii J, Yi K M. The nature and growth of vertical specialization in world trade [J]. Journal of international Economics,

2001, 54 (1): 75 – 96.

[206] Humphrey J, Schmitz H. Chain governance and upgrading: taking stock [M]. Local enterprises in the global economy. Edward Elgar Publishing, 2004.

[207] Humphrey J, Schmitz H. Governance and upgrading: linking industrial cluster and global value chain research [M]. Brighton: Institute of Development Studies, 2000.

[208] Humphrey J, Schmitz H. How does insertion in global value chains affect upgrading in industrial clusters? [J]. Regional studies, 2002, 36 (9): 1017 – 1027.

[209] Johnson R C, Noguera G. Proximity and production fragmentation [J]. American Economic Review, 2012, 102 (3): 407 – 11.

[210] Kaplinsky R, Terheggen A, Tijaja J. China as a final market: The Gabon timber and Thai cassava value chains [J]. World Development, 2011, 39 (7): 1177 – 1190.

[211] Kergroach S. National innovation policies for technology upgrading through GVCs: A cross-country comparison [J]. Technological Forecasting and Social Change, 2019, 145: 258 – 272.

[212] Koopman R, Wang Z, Wei S J. Tracing value-added and double counting in gross exports [J]. American Economic Review, 2014, 104 (2): 459 – 94.

[213] Krugman P R. Increasing returns, monopolistic competition, and international trade [J]. Journal of International Economics, 1979, 9 (4): 469 – 479.

[214] Krugman P, Venables A J. Globalization and the Inequality of

Nations [J]. The quarterly journal of economics, 1995, 110 (4): 857 –
880.

[215] Lanz R, Piermartini R. Specialisation within global value chains:
Transport infrastructure matter upstream [J]. The World Economy, 2021,
44 (8): 2410 – 2432.

[216] Luan C, Tien C. Should the smiling curve frown during an eco-
nomic downturn to enhance firm performance? [J]. Journal of Management
& Organization, 2015, 21 (5): 573 – 593.

[217] Maneschi A. How would David Ricardo have taught the princi-
ple of comparative advantage? [J]. Southern economic journal, 2008, 74
(4): 1167 – 1176.

[218] Melitz M J. The impact of trade on intra-industry reallocations
and aggregate industry productivity [J]. Econometrica, 2003, 71 (6):
1695 – 1725.

[219] Milberg W, Winkler D E. Trade crisis and recovery: Restruc-
turing of global value chains [J]. World Bank Policy Research Working Pa-
per, 2010 (5294).

[220] Morrow P M. Ricardian – Heckscher – Ohlin comparative ad-
vantage: Theory and evidence [J]. Journal of International Economics,
2010, 82 (2): 137 – 151.

[221] Peneder M, Streicher G. De-industrialization and comparative
advantage in the global value chain [J]. Economic Systems Research,
2018, 30 (1): 85 – 104.

[222] Peng F, Kang L, Liu T, et al. Trade agreements and global
value chains: New evidence from China's Belt and Road Initiative [J].

Sustainability, 2020, 12 (4): 1353.

[223] Shen C, Zheng J. Does global value chains participation really promote skill-biased technological change? Theory and evidence from China [J]. Economic Modelling, 2020, 86: 10 – 18.

[224] Shen J H, Deng K, Tang S. Re-evaluating the 'smile curve' in relation to outsourcing industrialization [J]. Emerging Markets Finance and Trade, 2021, 57 (5): 1247 – 1270.

[225] Sposi M, Yi K M, Zhang J. Trade integration, global value chains, and capital accumulation [J]. IMF Economic Review, 2021, 69 (3): 505 – 539.

[226] Sturgeon T, Lee J R. Industry co-evolution and the rise of a shared supply-base for electronics manufacturing [C]//Nelson and Winter Conference, Aalborg, June. 2001: 12 – 15.

[227] Tian K, Dietzenbacher E, Jong – A – Pin R. Global value chain participation and its impact on industrial upgrading [J]. The World Economy, 2022, 45 (5): 1362 – 1385.

[228] Vanek J. The factor proportions theory: The n—factor case [J]. Kyklos, 1968, 21 (4): 749 – 756.

[229] Wang Z, Wei S J, Yu X, et al. Characterizing global value chains: production length and upstreamness [R]. National Bureau of Economic Research, 2017.

[230] Wang Z, Wei S J, Yu X, et al. Measures of participation in global value chains and global business cycles [R]. National Bureau of Economic Research, 2017.

[231] Wang Z, Wei S J, Zhu K. Quantifying international production

sharing at the bilateral and sector levels ［R］. National Bureau of Economic Research, 2013.

［232］ Wu Z, Hou G, Xin B. Has the belt and road initiative brought new opportunities to countries along the routes to participate in global value chains? ［J］. Sage Open, 2020, 10 (1): 2158244020902088.

［233］ Yang L, Zeng H, Xu P. A comparative study of service trade competitiveness for green innovation development using the WWYZ model- based on China and the 26 countries along 'the Belt and Road' ［J］. In- ternational Journal of Technology Management, 2021, 85 (2 –4): 165 – 189.